조선시대 책의 문화사

이 책은 2006년도 한국학중앙연구원의 공동연구과제로 수행된 연구 결과물임.

조선시대 책의 문화사

삼강행실도를 통한 지식의 전파와 관습의 형성

한국학중앙연구원 편

주영하·옥영정·전경목·윤진영·이정원 지음

휴머니스트

'책의 문화사'로 살펴본 《삼강행실도》

이 책은 조선시대 500년 동안 가장 많이 출판된 책 중의 하나인 《삼강행실도(三綱行實圖)》를 전공 분야가 다른 다섯 명의 학자가 공동으로 연구한 결과물이다. 주지하듯이 《삼강행실도》는 조선시대를 대표하는 윤리서이다. 특히 충과 효에 대한 여러 가지 실천적 사례가 담겨 있기 때문에 최근까지도 아동서의 대상으로도 다루어진다. 하지만 이 책의 공동 저자 다섯 명은 《삼강행실도》에 대한 종래의 대중적인 이해와는 조금 다른 입장에서 연구를 출발하였다. 그것은 바로 《삼강행실도》가 조선시대에 여러 판본으로 인쇄된 책이라는 점이다. 즉 내용보다는 책이라는 물질(materials)에 더 주목하였다.

그래서 다섯 명의 공동 연구원은 《삼강행실도》라는 책 자체를 보려고 국립중앙도서관과 여러 대학의 도서관을 돌아다녔다. 다행히 고서실에 잘 보관되어 있는 《삼강행실도》를 실물 그대로 보는 행운을 누렸다. 너무 많이 보아서 한 귀퉁이가 너덜너덜해진 고서를 보면서 그 책을 읽은 독자의 입장이 되어보기도 하였다. 중앙에서 인쇄한 책은 글과 그림이 정연하여 수준급인 데 반해 지방의 책 중에는 조잡한 것도 있었다. 당연히 종이의 수준도 서로 달랐다.

다양한 판본을 접하면서 아무리 똑같은 내용을 담은 같은 제목의 책이라고 해도 책이라는 물질 그 자체에 담긴 역사적 또는 문화적 의미는 약간씩 다를 수 있다는 생각을 하게 되었다. 더욱이 서유럽 역사를 다루면서 제기된 '책의 문화사'라는 새로운 접근 방식을 한국학 연구에 적용하는 데는 《삼강행실도》만 한 대상도 없다는 판단이 들었다. 그래서 다섯 명의 저자는 한국에서 책과 지식, 그리고 관습이 지닌 상관성을 유기적으로 조망하는 첫 번째 연구 대상으로 《삼강행실도》를 선택하였다.

이 책의 첫 번째 글은 민속학을 전공한 주영하가 썼다. 이 글은 '책의 문화사'를 다룰 때 고려해야 할 여러 가지 측면들을 살폈다. 우선 한자로 된 책을 대상으로 할 경우, 동아시아 한자 문명권 안에서 출판되고 유통된 책에 주목할 필요가 있다고 보았다. 특히 한자 문명권의 여러 국가나 지역에서 지식을 장악하고, 그것을 책이라는 물질을 통해 유통시키는 엘리트 집단에 관심을 가져야 한다는 점을 분명히 했다. 이 점은 서유럽의 역사를 다루면서 제기된 '책의 문화사' 연구가 고려하지 못했던 것이다. 동시에 한 국가나 지역에서 한자라는 문자를 장악한 집단과 그렇지 않은 집단 사이에 각기 다른 양상으로 전개되는 관습이 책의 출판과 그것을 읽는 독자와 매우 밀접한 관련이 있음도 제기하였다. 이로써 한국학 연구에서 '책의 문화사'를 연구하는 데 대한 문제 제기가 이루어졌다.

하지만 이 첫 번째 글에서 제기된 이론적 조망은 하나의 문제 제기에 지나지 않는다. 다섯 명의 저자는 이 글에 대해 어느 정도 공감대를 형성했지만, 이 책에 실린 나머지 글에서 이 문제 제기를 충분히 소화하지는 못했다. 《삼강행실도》를 직접 다룬 다섯 편의 논문이 완성되는 과정에서 첫 번째 글도 만들어졌기 때문이다. 더욱이 이론적 조망을 실천하기 위해서는 무엇보다도 먼저 《삼강행실도》에 대한 기초적인 작업이 충분히 이루어져야 하는데, 현재의 한국학계에서 수행한 연구 성과는 그것을 뒷받침하기에는 여전히 목이 마르다. 따라서 첫 번째 글은 '책의 문화사'에 대한 또 다른 연구가 진행되면서 더욱더 세련되게 다듬어져야 할 과제를 안고 있다.

두 번째 글은 서지학을 전공한 옥영정이 썼다. 서지학 전공자답게 《삼강행실도》의 간행 과정과 그 실제적 유통을 살피는 데 초점을 두었다. 주지하듯이 《삼강행실도》는 간행 이후 조선시대 전반에 걸쳐 국가에 의해 확산되고, 비슷한 형태의 교화서 간행과 보급에 모범이 되었다. 이런 의미에서 서책 간행 부수, 보급 경로 등에 관한 내용을 살펴 그 의미를 파악하였다. 특히 중종 6년(1511)에 무려 2,940질이 인쇄되었는데 이는 책의 확산과 소비라는 측면에서 《삼강행실도》의 비중과 역할을 가늠할 수 있는 내용이다. 그래서 옥영정은 현전하는 서책 중 간행한 곳과 간행 시기의 기록이 있거나, 내사본으로 남아 기록이 있는 몇몇 판본들을 중심으로 그 간행의 흐름을 파악하였으며, 원간본 · 선정본 · 중간본, 그리고 각종 지방 간본 등도 참고하였다.

세 번째 글은 조선시대사와 고문서를 전공한 전경목이 썼다. 역사학자의 안목에서 조선 초기에 《삼강행실도》를 편찬하게 된 배경과 이 책이 간행된 이후 사회에 어떠한 변화가 있었는지를 규명하였다.《삼강행실도》를 편찬하게 된 직접적인 계기는 김화 사건이지만, 그 배경은 당시 조선이 처한 현실과 밀접한 관련이 있었다. 즉 가정과 사회적인 측면에서는 유교적인 전통을 확립해야 했으며, 국가 차원에서는 신하들의 충성과 절의를 기반으로 한 관료질서를 확립하는 것이 시급한 당면과제였다. 그래야만 가정과 사회, 국가가 모두 빠른 시일 내에 안정될 수 있었다. 따라서 세종은 이러한 당시의 여러 문제들을《삼강행실도》의 편찬과 보급을 통해 해결하려고 하였다.

한편 '선정삼강행실도'는《삼강행실도》에 실린 사례를 3분의 1로 줄인 것으로, 사례를 선정하는 과정에서 한만(汗漫)하거나 구차한 것들은 제외하였다. 아울러 선정본 출판 당시의 상황이《삼강행실도》를 처음 편찬했던 때와는 달랐기 때문에 이 시기의 상황에 맞지 않는 사례들, 즉 극단적이거나 유교의 다른 이념들과 충돌되는 사례들은 대부분 누락시켰다. 조선 초기에 널리 반포된 교화서가《삼강행실도》하나만은 아니었기 때문에 반드시 이 책으로 인해 사회의 풍속과 관습이 달라졌다고 단정하기는 어렵다. 그러나 이 책이 조선인과 조선사회를 유교화하는 데 가장 큰 영향을 끼친 책이라는 점은 두말할 나위가 없다.

네 번째 글은 미술사를 전공한 윤진영이 썼다. 사실 조선시대에 왕실에서부터 양반층에 이르기까지 가장 폭넓고 지속적으로 유통된 그림이

《삼강행실도》에 실린 그림이다. 그래서 윤진영은 유교윤리의 정보를 담은《삼강행실도》의 유통에서 판화가 지닌 기능에 주목하였다. 그동안 미술사에서《삼강행실도》에 대한 연구가 회화사료적 특성과 양식적인 고찰에 치중하였다면, 이 글은《삼강행실도》 판화의 구조적인 특징과 그 이면의 기능적인 측면까지 포함하여 다루었다.

특히《삼강행실도》의 판화는 '윤리풍속'이라 할 만한 모범적인 모습들을 제시하여 이를 따르고 실천하게 하는 데 핵심 기능을 하였다. 그 과정에서 판화를 통한 시각적인 장면의 연출은 독자를 감동시켜 감화를 이끌어내고 교화를 촉발시키는 정서적인 체험을 제공하였다. 그래서 이 글에서는 판화 속에 들어 있는 지식의 전달과 체험의 장치들을 찾아 분석했다. 또 그것이 어느 정도로 효과적이었는가도 파악하려고 하였다. 곧 판화 기법은《삼강행실도》를 대중화하고 유통을 원활히 하는 데 중요한 함수관계를 가지고 있을 가능성이 많다는 점을 이 글에서 밝혔다.

다섯 번째 글은 고전소설을 전공한 이정원이 썼다. 특히 판소리의 사설에 주목한 이 글에서는《삼강행실도》가 제시하는 당위적 지식이 민중들에게 어떻게 수렴되었는가를 판소리 문학 텍스트를 통해 살폈다. 공공의 권위를 띠고 자해적 실천을 강요한다는 점에서 삼강의 지식을 수용하는 것은 결코 단순하지 않았다. 그리하여 〈춘향가〉나 〈심청가〉 등에서 삼강은 한편으로는 조롱의 대상이면서, 다른 한편으로는 '이기적 무지'라는 서사적 형상화의 양상을 촉발시켰다. 판소리 텍스트에서 삼강의 흔적을 예리하게 포착해낸 점은 기발하면서도 이 글이 지닌 묘미다.

여섯 번째 글은 민속학을 전공한 주영하가 썼다. 《삼강행실도》에서 제시된 여러 가지 사례 중에서 단지(斷指)와 할고(割股)는 일제시대의 신문기사에서도 발견된다. 이 글은 이 점에 주목한다. 특히 관련 신문기사는 단지와 할고를 매우 긍정적으로 소개하고 있다. 그 이유는 단지와 할고를 행하는 행위자가 효자와 효부로 칭송을 받았기 때문이다. 즉 조선총독부는 조선시대에 형성된 삼강의 이데올로기를 통치 수단으로 이용하였을 가능성이 크다. 이것은 《삼강행실도》가 출판되고 유통되면서 알게 모르게 구축된 삼강의 지식이 극단적으로 단지와 할고로 집약되고, 그것이 근대적인 충효의 이데올로기와 결합되는 측면에서 발견된다. 더욱이 조선시대의 《삼강행실도》와 달리 근대적 인쇄 기술은 폭발적으로 단지와 할고를 삼강의 실천적 양상으로 확대 재생산하였을 가능성도 많다. 이것이 바로 한국학에서 '책의 문화사'를 책과 지식, 그리고 관습의 상관관계 속에서 살펴야 하는 이유이다.

이 책의 기반이 된 연구는 2006년 한국학중앙연구원 원내 과제인 '책 · 지식 · 관습의 상관성 연구 : 〈교화서류—삼강행실도〉를 중심으로'이다. 이 연구는 다섯 명의 연구자가 2006년 3월 22일부터 2007년 3월 31일까지 진행한 것이다. 연구비를 제공한 한국학중앙연구원에 감사를 드린다. 연구 작업 과정에서 국립중앙도서관과 한국학중앙연구원장서각, 경북대학도서관, 계명대학도서관, 고려대학도서관, 팬아시아종이박물관을 비롯한 여러 대학 도서관에서 좋은 자료를 직접 볼 수 있게 도움을 아끼지 않았다. 아울러 대전 · 대구 · 전주 등지의 고서 수집가들도 이 작업에 많은 도움을 주었다. 감사의 말을 전한다. 학자들의 재미없는 글을 근사한 책으로 꾸며준 휴머니스트 편집부에도 감사의 말을 빠뜨릴 수 없다.

다섯 명의 공동 저자는 이 책의 출판을 앞두고 후속 작업을 위해 여러 차례 모임을 가졌다. 공통된 의견은 당초에 목표로 두었던 '책의 문화사'에 대한 접근이 이 책에서 충분히 이루어지지 않은 데 대한 부끄러움과 안타까움이었다. 하지만 또 다른 희망을 서로에게서 확인하기도 하였다. 그것은 이 책을 출발로 하여 한국, 나아가 동아시아의 책을 대상으로 '책의 문화사'라는 새로운 연구 영역을 개척할 수 있지 않을까 하는 기대였다. 많은 비판과 함께 이 작업에 동참할 또 다른 연구자를 기다리면서, 부끄러운 책을 세상에 내놓는다.

2008년 11월

공동 저자를 대표하여 주영하가 쓰다

| 서론 |

역사 속의 책,
지식과 관습의 매개물

주영하

서강대 사학과를 졸업하고 한양대 대학원 문화인류학과에서 〈김치의 문화인류학적 연구〉로 석사학위를, 중국 베이징의 중앙민족대학 대학원 민족학과에서 〈中國四川凉山彝族傳統漆器研究〉로 박사학위를 받았다. 최근에는 민속학과 음식사를 중심으로 연구를 진행하고 있다. 특히 전근대와 근대의 '사유와 생활'이 혼재되어 있는 19세기와 20세기에 한국인의 생활방식이 어떻게 변용되어왔는가를 규명하는 데 관심이 많다. 저서로 《음식전쟁 문화전쟁》, 《중국 중국인 중국음식》, 《그림 속의 음식, 음식 속의 역사》 등이 있다.

'역사 속의 책'을 보는 다양한 시선

기존의 인문학 연구에서 '역사 속의 책'은 매우 중요한 대상물로 이해되어왔다. 특히 역사학 연구에서는 책에 담긴 기록을 역사적 사실로 이해했고, 많은 역사학자들이 특정 시기에 나온 책의 내용에 집중하였다. 그래서 역사학은 책을 중심으로 한 사료(史料)의 수집과 정리, 그리고 해석에 한정되는 연구 방법을 중심에 두고 있는 듯하다. 이런 경향은 문학이나 철학 분야의 연구에서도 마찬가지다. 이에 비해 서지학에서는 책을 그 내용보다는 물질(materials) 그 자체로 다루려는 경향이 강하다. 책의 판형이나 편찬자, 그리고 같은 내용의 다른 판본에 이르기까지 물질적 요소를 연구한다. 하지만 책의 내용은 물론이고 독자와 그것의 확산 과정에 대한 연구는 소홀한 편이었다.

이와 같이 각각의 학문 분과에서 '역사 속의 책'을 다루는 상이한 경향에 대한 비판이 최근 일고 있다. 즉 책을 주체로 하여 책의 생산과 소비, 그리고 책의 생산자와 독서 집단(reading group)에 대해 주목하는 연구들이 구미의 학계에서 등장하였다. 그 중에서 가장 대표적인 학자로는 프랑스의 역사학자인 로제 샤르티에(Roger Chartier, 1949~)[1]와 미국의 역사학자인 로버트 단턴(Robert Darnton, 1939~)[2]을 꼽을 수 있다. 특히 로제

1 로제 샤르티에의 대표적인 연구는 1991년의 《The Cultural Origins of the French Revolution(Bicentennial Reflections on the French Revolution)》이다. 국내에서는 그 이후에 나온 다음 책이 번역 출판되었다. 로제 샤르티에 · 굴리엘모 카발로 엮음, 이종삼 옮김, 《읽는다는 것의 역사》, 한국출판마케팅연구소, 2006.

샤르티에는 프랑스 혁명을 연구하면서 "사회적인 것을 재구성하는 새로운 담론을 담지하는 이데올로기를 추적함으로써 프랑스 혁명의 기원을 해명한 베이커에 반대하였다."[3] 오히려 샤르티에는 사회적인 것과 이데올로기, 토대와 상부구조 사이의 조응보다는 그것들의 불일치에 더 주목했다. 즉 '책'이 만들어낸 담론과 그것의 실행은 다른 차원의 문제임을 지적한 것이다.

단지 책이 시대정신을 이끌어내고 그것을 수용한 사람들(people)이 역사적 사건을 주도한 일종의 이데올로기의 확산 과정은 매우 근대적인 양상에 지나지 않는다. 적어도 프랑스 혁명 전에 책을 읽은 독서 집단에게 그 이해의 정도는 각기 달랐다. 특히 로제 샤르티에는 독서의 역사를 살피는 연구에서 텍스트와 독자의 만남 과정과 그 방식이 일정하지 않다는 점에 주목할 것을 권고하였다. 그는 서구사회가 고대에서 현대에 이르는 시기에 직면했던 문화적 · 종교적 · 정치적 사건은 독서 방법의 변화로 인해 발생했다고 보았다. 즉 몇 차례의 '독서혁명'이 사람들의 행동과 관습을 변화시켰다는 측면에서 텍스트의 세계와 독자의 세계가 서로 어떻게 만나는지를 면밀히 살펴보아야 한다고 강조하였다. 그에 따르면, 독서는 특정한 행위와 공간, 관습 속에서 구체화된 실천이다. 그래서 어떤 역사적 사건을 연구할 때 그 시기에 존재했던 각기 다른 독서 집단이나 독서 전통, 그리고 독서 방법에 대해 주목해야 한다.

나는 구미의 학자들이 제시한 연구 시각이 한국을 비롯한 동아시아의 역사를 연구하는 데도 시사하는 바가 매우 크다고 생각한다. 더욱이 구미의 경우, 근대적 인쇄술이 형성된 이후의 시기에만 한정하여 이러한

2 로버트 단턴의 《The Forbidden Best-Sellers of Pre-Revolutionary France》는 1997년에 출판되었다. 국내에서는 주명철 옮김, 《책과 혁명 — 프랑스 혁명 이전의 금서 베스트셀러》, 길, 2003으로 간행되었다.

3 김기봉, 《역사란 무엇인가를 넘어서》, 푸른역사, 2002.

연구가 가능하였다. 이에 비해 근대 이전부터 목판과 철판으로 인쇄된 다수의 서적을 보유하고 있는 동아시아 사회에서는 연구 시기를 근대적 인쇄술 이전으로도 끌고 갈 수 있는 장점이 있다. 이런 면에서 한자라는 문자로 서술된 '역사 속의 책'을 책의 물질적 요소나 그 내용에만 한정하지 말고, 책의 생산과 소비, 저자와 독서 집단의 관계, 그리고 독서 행위의 구체적인 현상 등도 연구 대상에 포함시켜야 한다.

특히 특정한 책을 누가 왜 인쇄본으로 출판을 했고, 어떤 유통 과정을 통해서 사회 문화적으로 소비되었는가에 주목한다면, 기왕의 역사에 대한 해석은 물론이고 지식인과 지적 사유에 대한 사회사적 접근도 가능하다.[4] 좀 더 적극적으로 '책의 문화사' 연구를 통해 특정 시기와 특정 지역에서의 책의 출판과 판매, 그리고 그로 인해 일어난 특정한 사상이나 이념의 유행에 대한 사상사적 접근도 기왕의 사상가 개인이나 학파 위주의 연구와는 다른 성과를 낼 수 있다.[5] 아울러 특정한 책의 출판과 유통이 사람들이 당연하다고 믿으면서 그렇게 해야 한다고 생각하는 특정한 '관습(custom)'을 형성하는 데 어떤 영향을 미쳤는지도 밝힐 수 있다.

동아시아, 한자 문명권의 지식 체계

요하네스 구텐베르크(Johannes Gutenberg, 1397~1468)의 근대적 인쇄술이 발명되기 이전에 서유럽 사회에는 책이라는 문자성(literacy)과 말로

4 이에 대한 연구는 일종의 지식의 사회학이라고 할 수 있다. 이에 대해서는 피터 버크, 박광식 옮김, 《지식, 그 탄생과 유통에 대한 모든 지식》, 현실문화연구, 2006이 도움이 된다. 이 밖에 정순우, 《공부의 발견》, 현암사, 2007과 강명관, 《책벌레들 조선을 만들다》, 푸른역사, 2007에 주목할 필요가 있다.

5 이와 관련된 대표적인 연구는 일본 학계에서 나왔다. 長友千代治, 《江戸時代の書物と讀物》, 東京堂出版, 2001 ; 井上進, 《中国出版文化史》, 名古屋大学出版会, 2002 ; 大木康, 《明末江南の出版文化》, 研文出版, 2004 등이 있다.

형성되는 구술성(orality)이 혼재하고 있었다. 그러나 구텐베르크 이후에 서유럽 사회는 급속하게 문자 위주의 지식이 중심이 되었다. 이와 달리 한자로 쓰인 책은 주로 한국을 포함한 동아시아의 전근대 사회에서 문자적 지식 체계의 형성과 그것의 유통에 매우 중요한 역할을 하였다. 특히 한자는 결코 구술적 문자가 아니다. 구술을 반영하지 못하는 한자는 중국 대륙뿐 아니라 주변 국가와 지역에서도 구술적 이야기를 문자적 코드로 전환시키는 글이었다. 가령 한국이나 일본에서는 한자와 일상적인 이야기가 다른 맥락에 놓여 있었다.

이런 면에서 한자로 된 문장은 다분히 이념을 정리하는 성향을 가지고 있다. 특히 지배층과 지식인의 문자였던 한자는 특정한 관념과 이데올로기를 전파하는 수단으로 책 속에서 기능했다. 그래서 전근대 시기의 한문으로 된 책은 사회적 권위(hegemony)를 가지고 있었다. 가령 조선시대 한자로 쓰인 책은 성리학적 지배 이데올로기를 정리하고 그것을 생활에서도 실천하도록 만드는 권위를 상징하였다. 이에 비해 문자를 가지지 않은 백성들은 마치 무문자(無文字) 사회에서처럼 구술로 의사소통하는 방식을 지니고 있었다. 그래서 한자라는 문자를 장악한 지배 엘리트들이 주도하는 사회에서 그에 대응하는 집단을 형성하지 못했다. 이 점이 서유럽과 다른 동아시아의 한자 문명권이 지닌 독서 집단의 성격이다.

역사학자 고병익 교수는 한 · 중 · 일, 동아시아 3국이 근대에 이르기까지 계속해서 긴밀한 관계와 접촉을 유지하고 문화적으로 밀접한 교류를 지속해왔다고 생각하기 쉽지만 그렇지 않다는 주장을 펼쳤다.[6] 즉 1000여 년 전 당(唐)나라의 중국, 신라의 한반도, 그리고 나라(奈良) · 헤이안(平安) 시대의 일본 열도 세 지역은 시대를 내려오면서 서로 내왕도

6 고병익, 〈동아시아 나라들의 상호 소원(疏遠)과 통합〉, 《동아시아, 문제와 시각》, 문학과지성사, 1995, 24쪽.

접촉도 교류도, 그리고 교역도 거의 단절되다시피 해서 19세기 말에 이르렀다고 했다. 결국 중국의 당나라와 원나라 때를 제외하면, 상호 간에 접촉의 기회가 적었고, 생활 관습도 서로 달랐다. 특히 한자라는 문자를 제외하면 결코 공통 언어도 갖지 않았다.

그런데 왜 동아시아 지역은 서로의 문화가 매우 닮았다는 인식을 가지고 있는가? 동아시아 한자 문명권에서 행해진 지식의 유통은 표의문자인 '한자'로 된 책이 사람들의 이동보다 훨씬 중요하게 작용했기 때문이다. 필자는 한자를 공유한다는 측면에서 동아시아 지역을 '한자 문명권'이라고 부른다. 그러나 이것은 인적 교류를 바탕으로 한 문명권은 결코 아니었다. 극소수의 인적 교류 외에는 한자를 장악한 주변부의 지식인 집단이 한자로 서술된 책을 통해 중국 문명을 지속적으로 학습하려는 경향이 강했다. 가령 전근대 한반도의 왕조가 그랬고, 일본과 류큐국, 베트남 등도 마찬가지였으며, 현재 중국의 국가적 체계 내에 포섭되어 있는 '소수민족'이라고 불리는 민족 집단(ethnic group)도 그러했다.

이들 지역의 민족 집단들은 적어도 전근대 중국 문명을 이끌었던 사상과 제도, 관습 등을 자신의 지역 내에서 실제로 행해지도록 적극적인 수용 자세를 보였으며, 그것이 하나의 전근대적 문명 요소로 작용하여 지역 체계를 통합하는 기제로 쓰였다. 이것은 중국의 입장에서 보면 중국 문명의 모방에 지나지 않겠지만, 그것을 수용한 측에서 보면 학습을 통한 전근대적 '문명화'였다. 가령 오늘날 이들 지역에서 공통적으로 존재하는 족보(族譜)는 중국의 종족(宗族) 체제를 스스로 수용한 결과이다. 비록 족보의 기본적인 체계는 유사하지만 그것의 구체적인 내용은 결코 같지 않다. 일종의 문화적 적응(accommodation) 과정을 거친 결과이다.[7]

조선시대에도 이러한 예는 다수 발견된다. 가령 조선시대 성리학적 지식 체계를 관습화하는 데 중요한 역할을 한 《소학(小學)》과 《주자가례(朱

子家禮)》는 한자라는 문자(literacy)로 작성된 것이다. 더욱이 《주자가례》에는 문자와 함께 각종 예(禮)와 관련된 도식인 그림(visuality)이 그려져 있다. 원래 이 두 책에 담긴 내용은 주자(朱子)가 당시의 풍속을 비판하면서 자신의 입장을 밝힌 것이다. 그러다보니 주자 당시의 사회문화적 맥락이 반영되어 있다. 하지만 이 책을 수용한 조선의 선비들은 오로지 주자의 주의(主義, doctrine)를 절대적인 덕목으로 수용하였다.

그런데 문제는 주의 아래에 담겨 있는 풍속을 조선의 지식인들이 완전히 이해하기 어려웠다는 점이다. 예를 들면 이 책에는 각종 가례에서 쓰이는 음식을 설명하고 있으되 구체적인 조리법은 언급되어 있지 않다. 가령 《주자가례》의 제례 제물에 '串'이란 한자가 나온다. 현재 한국어로는 '찬' 또는 '곶'이라 읽지만, 중국어로는 '촨(chuan)'이다. 중국어에 더 어울리는 한국어는 당연히 '찬'이고, 그 형상은 꼬챙이를 가리킨다. 그런데 한국의 찬과 중국의 촨은 현재 완전히 다른 모습이다. 비록 꼬챙이에 음식을 꽂은 모습은 비슷하지만, 한국에서는 이 촨이 조상 제사에서 산적이 되었고, 중국에서는 '뤄촨(肉串, 고기 꼬치)'이 되었다.

상형문자인 한자는 비록 그 발음이 통하지 않더라도 글자의 형상만으로 그 뜻의 대강을 짐작할 수 있다. 이로 인해서 한자만으로도 대화가 가능한 '필담(筆談)'이 전근대 시기에 언어 대신에 쓰였다. 그러나 의미의 소통은 결코 관습의 소통을 수반하지 않는다. 그보다는 관념적인 인식의 소통만 가능하게 해준다. 인식의 소통을 더욱 강조하기 위해서 문자가

7 현재 중국 경내에 있는 소수민족의 한족 문명의 수용 과정을 두고 일본 학계에서는 '한화(漢化)'라는 용어를 사용한다. 한화의 양상은 크게 두 가지로 설명할 수 있다. 하나는 한자의 습득을 통한 각종 의례와 제도를 장악하는 지역 엘리트 집단이 한화의 주체가 되는 것이다. 이와 달리, 아예 이 과정을 정치적 통합화로 이용하여 '한족화(漢族化)'의 길을 걷는 경우도 있다. 그 대표적인 예가 '주앙족(壯族)'인데, 비록 형질적인 민족 집단으로서 이른바 '한족'과 다르지만, 언어를 비롯한 대부분의 관습이 한족과 같아서 문화적 구분이 어렵다. 자세한 내용은 다음의 글을 참조할 수 있다. 竹村卓二 編,《儀禮 · 民族 · 境界 : 華南諸民族〈漢化〉の諸相》, 風響社, 1994.

주를 이루는 책에 그림이 들어가는 경우도 있다. 이때의 그림은 서양의 근대적 책에서 문자를 더욱 부각시키는 데 사용되는 것과 달리 문자로 정리된 사유를 이미지로 이해하도록 만든다. 즉 한자로 서술된 책에 나오는 그림은 특정한 관념을 이미지로 그려놓은 텍스트의 쌍둥이와 같다.

이러한 현상은 《삼재도회(三才圖會)》의 '잠면구(蠶綿具)'에 나오는 그림을 조선의 지식인이 어떻게 이해했는가를 통해서도 알 수 있다. 이익(李瀷, 1681~1763)은 그의 책 《성호사설(星湖僿說)》 4권 〈만물문(萬物門)〉 '잠면구'의 처음에 "내가 《삼재도회》를 보니, 누에 치는 따위를 모두 그림으로 그리고 설명했는데, 기계가 교묘하고 세밀함에 따라 공력이 갑절이나 줄어들게 되었으니, 특히 볼 만한 것이 있고, 또 기계에 대한 이름이 여러 가지라, 몰라서는 안 될 점이 있는 까닭에 대충 뽑아서 기록해본다."고 밝히면서 그 형상을 글로 서술하였다.[8]

주지하듯이 《삼재도회》는 일종의 백과사전으로 명나라의 왕치(王圻, 1530~1613)가 저술한 책이다. 모두 106권으로 여러 서적의 도보(圖譜)를 모으고 그 그림에 따라 천지인(天地人)의 삼재(三才)에 걸쳐 사물을 설명하였다. 그에 띠라 책 제목도 붙여졌다. 천문 · 지리 · 인물 · 시령(時令) · 궁실(宮室) · 기용(器用) · 신체 · 의복 · 인사(人事) · 의제(儀制) · 진보(珍寶) · 문사(文史) · 조수(鳥獸) · 초목(草木)의 14개 부문으로 나뉘었다. 특히 《삼재도회》는 그림이 그려져 있어 조선 후기 실사구시를 강조한 성리학자들에게 중요한 참고서였다.

8 민족문화추진회 홈페이지, 고전국역총서에서 옮겨옴. http://www.minchu.or.kr/index.jsp 그 내용은 다음과 같다. "잠박(蠶箔)이란 것은 누에를 담는 기구로서 각 상자에 담아 층으로 된 시렁에 벌여두는 것이고, 잠족(蠶簇)이란 것은 누에가 고치를 짓는 기구로서 만듦새가 촘촘하기도 하고 엇비슷하기도 한 것이 그물처럼 되어 있는데, 누에가 늙으면 솔 섶을 잠족 위에 올려놓고 한 구멍에 누에 한 마리씩 들어가도록 한다. 왕이〔車王車〕란 것은 고치를 켜는 물레인데, 동이〔盆〕 속에서 켜진 실이 바로 왕이에 감겨져서 실 빛이 더욱 윤이 난다. 《자휘(字彙)》에 상고하니, 계(槃)는 음(音)이 계인데, 두레박줄 끝에 쓰이는 나무인 것이며, 풀샘대〔糾線〕란 것은 자그마한 방망이를 실 끝에 매어서 아래로 떨어뜨리면 빙빙 도는 모양이 흡사 북

그러나 이 책에 나오는 그림은 결코 조선에 그대로 적용되지 않았다. 대량생산을 목적으로 한 명나라의 잠면구와 소량생산을 지향한 조선의 사회적 욕구가 달랐기 때문이다. 심지어 잠면구의 각부를 지칭하는 조선의 어휘와 명나라의 그것도 서로 달랐다. 결국 책 속의 텍스트와 그림, 책의 인쇄 등이 한 사회의 문화적 구조와 관련이 있다는 사실을 확인할 수 있다. 비록 책의 유통으로 일부 엘리트 집단이 중국의 지식을 장악했다고는 하지만, 그것의 적용은 자신들이 속한 사회의 상황에 맞추어 할 수밖에 없다는 한계를 지닌다. 이 점이 바로 동아시아라는 '한자 문명권'의 지식 체계가 유통되는 양상을 책 · 지식 · 관습의 상관성이란 측면에서 살펴보아야 하는 이유이다.

책과 관습의 상관성

일반적으로 관습이란 다음과 같은 과정을 통해 형성된다고 한다. 개인적인 차원의 습관(習慣, usage)이 가족이나 최소한의 집단에서 공유될 때 습속(習俗, custom)으로 자리를 잡으며, 이것은 다시 더 큰 집단에서 관례

치는 방망이처럼 된다. 그것은 지금 세속에서 이르는 가락〔鐵筳〕이란 것인데, 위는 갈고리처럼, 아래는 방망이처럼 만든다. 이것은 고치 중에 번데기가 나고 나비가 나버린 것과 쌍 번데기가 들어 있는 고치만 가려서 물에 삶아 솜으로 만든 다음, 손으로 솜을 늘여서 실을 뽑아내는 것인데, 명칭을 두정(紏筳)이라고도 한다. 자새〔絲籰〕란 것은 실 감는 기구다. 지금 풍속에 정월 보름날 어린아이들이 연〔紙鳶〕놀이 할 때에 반드시 이 자새를 쓰게 되는데, 혹 말고삐〔繬〕라 하기도 하고 혹 실패〔䌯〕라 하기도 한다. 씨아〔攪車〕란 것은 지금 목화씨를 빼는 기구가 즉 그것인데, 바퀴 끝에 달린 굽은 자루는 이름을 씨아손〔掉拐〕이라 한다. 이미 씨를 뺀 목화는 활로 타서 수숫대 끝줄기로 마는데, 이는 이름을 말대〔捲筳〕라 하며, 물레〔紡車〕 가락은 줄을 따라 빙빙 도는데, 이는 실톳〔箏維〕이라는 것이다. 물레를 발로 돌리면서 왼손으로는 솜 통을 잡고 실톳 위에다 연이어 놓은 다음, 오른손으로는 끌어당기면서 실을 뽑고 왼손으로는 고르게 비벼 꼰다. 많이 뽑는 경우엔 둘이 아울러 하루에 세 톳씩 뽑는데, 모두 질긴 실로 이루어지게 된다. 우리나라 물레는 곧 문익점(文益漸)의 장인 정천익(鄭天益)이 처음으로 만든 것이다. 물레 하나에 실톳도 하나로 되었으며, 사용함에 있어서는 한 사람만이 오른손으로 손잡이를 쥐고 돌리면서 왼손으로는 실을 뽑아 가락에 감게 되어 있는데, 회전하는 속도가 매우 빠르다. 중국 물레와 비교하면 일을 갑절할 수 있으니, 또한 묘하게 만들어졌다 하겠다."

(慣例, convention)로 형성된다. 이러한 관례가 사회적인 공유와 합의의 과정을 거치면 제도화(制度化, institutionalization)가 이루어진다.[9] 그러나 이러한 관습의 형성 과정은 한 사회를 매우 안정적인 피라미드 구조로 볼 때만 가능하다. 만약 피라미드 구조의 안정적인 사회가 아니라면, 이러한 가설은 맞아떨어지지 않는다. 즉 모든 사회의 제도화된 관례가 반드시 개인적인 차원에서 출발하여 사회적 의미를 가진다는 이러한 생각은 매우 진화론적이며 구조적인 인식 차원에 머물 때만 가능하다.

그보다는 지배적 이데올로기가 관습적 경향을 만들어낼 수도 있다는 데 주목해야 한다. 더욱이 이러한 경향은 무문자 사회에서 발생할 가능성이 더욱 크다. 문자를 가지게 되면 구술언어(orality)도 문자의 영향을 받게 된다.[10] 월터 J. 옹은 이것을 문자가 전혀 없는 사회에서 나타나는 1차적 구술성과 구별하여 2차적 구술성이라고 했다. 사실 무문자 사회의 텍스트는 도구나 건축물, 인골 등과 같이 형상화되어 있는 물질, 입으로 전해지는 것, 기호화된 악기의 소리와 의례 등 형상으로 고정되지 않고 살아 있는 인간에 의해서 계승되어온 자료를 모두 포괄한다.[11] 그래서 무문자 사회에서는 개인적 습관이 집단적 관습이 되고, 그것이 제도화되는 경향을 보인다.

하지만 무문자 사회에서도 구술성이 뛰어난 담화자의 권력은 거꾸로 관습적 세계관을 만들어내는 데 일정하게 영향을 미치기도 한다. 무문자 사회에서도 담화자의 권력이 존재하기 때문이다. 따라서 문자 사회에서도 문자를 장악한 권력 집단을 통해서 확산되는 지식이 일종의 지배 이데올로기가 되고, 그것은 사회적 관습으로 자리를 잡을 가능성이 크다.

9 韋森,〈習俗的本質與生發機制探源〉,《中國社會科學》2000年 第5期, 2000, 40쪽.
10 월터 J. 옹, 임명진 옮김,《구술문자와 언어문자 — 언어를 다루는 기술》, 문예출판사, 1995.
11 가와다 준조, 임경택 옮김,《무문자사회의 역사》, 논형, 2004, 29쪽.

즉 관습은 무조건 사회의 하위 구성체에서 발생하여 사회적 범주로 확장된다고 볼 수 없다.

"민속의 주체인 민(民)은 그러고 싶어서가 아니라 그럴 수밖에 없는 신분적인 종속 상황에서 어쩔 수 없이 지배 계급의 문화와 부정적이고 대립적인 관계를 맺게 된다."[12]라는 담론에 대해서도 다시 생각해보아야 한다. 전근대 시기에 이른바 '민중'이 영위한 관습이 모두 지배층의 그것에 대항적인 것은 결코 아니었기 때문이다. 종래 민속학이나 인류학 연구에서는 관습의 기원을 두고 이른바 '민중'의 자발성과 지배계급에 대한 대항성에 너무 집착하였다. 그러나 지배계급의 문화적 취향을 모방하려는 속성도 '민중'에게 존재한다. 한 사회가 경제적 성장을 하는 시기에 이루어진 주류 집단의 관습은 사회의 중심에서 주변으로, 도시에서 지방으로, 상류층에서 하류층으로 이동하는 경향도 강하다.[13]

그런데 특정한 관습의 유래와 그것의 전개 과정에 대한 역사적 접근은 불가피하게 문자적 텍스트에서 찾지 않을 수 없다. 역사적 기록만이 그것을 증명할 수 있기 때문이다. 하지만 역사적 기록이 관습의 유행을 전적으로 설명하지 못할 수도 있다. 오히려 특정한 시기에 존재했던 한 현상이 일부 필사본에 기록되어 있다가, 근대적 인쇄술과 만나서 그러한 지식이 전국적인 것으로 변하는 사례도 있기 때문이다. 대표적인 사례가 홍석모(洪錫謨, 1781~1850)의 《동국세시기(東國歲時記)》라는 책이다.

《동국세시기》의 원본은 필사본으로 현재 연세대학교 도서관에 소장되어 있다. 그러나 홍석모 당대와 그 후대에도 이 책은 단지 필사본이었다.

12 정승모, 〈조선풍속과 民의 존재방식〉, 《역사속의 민중과 민속》, 이론과실천, 1990, 139~140쪽 참조.

13 Wiegelmann, Gunter., *Everyday and Festival Dishes : Change and Comtemporary Position*, N. G. Elwert, 1967.

그것이 홍석모의 증손인 홍승경(洪承敬)이 1책으로 된 《동국세시기》 원사본(原寫本)을 최남선에게 기증[14]하였고, 그것을 기초로 하여 1911년 광문회본(光文會本)이 나오게 된 것이다. 광문회본은 원사본을 옮기는 과정에서 많은 오탈자를 남겼다. 하지만 필사본에 지나지 않아 결코 집단적인 독서 집단을 형성하지 못했다. 그런데 1911년 7월 20일 이후 조선광문회(朝鮮光文會)에서 《동국세시기》의 영인본을 내면서[15] 본격적으로 지식의 유통 과정에 이 책이 놓이게 되었다. 이른바 '동국세시기형 세시풍속'에 관한 지식이 전국적으로 확산된 것이다.

1916년 12월 15일자 〈매일신보〉에는 '조선세시기(朝鮮歲時記)'라는 제목의 연재기사가 '만록(漫錄)'이란 이름으로 실렸다. 이 연재기사는 1917년 4월 1일 40회에 이를 정도로 오랫동안 게재되었다. 이 기사를 작성한 사람은 '고양산인(高陽山人)'이란 필명을 사용했기 때문에 구체적으로 누구인지는 알 길이 없다. 다만 《동국세시기》의 내용을 기초로 하여 세시풍속의 유래와 내용을 적고 있기 때문에, 이 기사를 본 독자들은 정리된 조선의 세기에 대한 지식을 확보할 수 있었다.

이것은 근대 국민국가의 지식인들이 국민 통합을 목적으로 지식을 표준화하려는 시도와 같은 맥락에 놓여 있다. 특히 각 지방의 관습이 지닌 다양성을 여러 유형으로 정리하고 여기에서 하나의 표준을 도출하려는 작업을, 나는 '관습의 근대적 표준화'라고 지칭한다. 이러한 작업은 전근대 조선사회에서도 이루어졌다. 비록 그것이 근대적 표준화를 완성할 만큼 공적 영역에서 강력한 힘을 발휘했는가에 대해서는 의문이 들지만, 그래도 '풍속교화'를 내세워 지배 이데올로기를 확산시키는 결과를 낳았다.

14 정승모, 〈세시관련 기록들을 통해 본 조선시기 세시풍속의 변화〉, 《역사민속학》 13, 역사민속학회, 2001, 54쪽.

15 오영섭, 〈朝鮮光文會 硏究〉, 《한국사학사학보》 3, 한국사학사학회, 2001.

비록 조선시대의 경향이지만, 역사학자 이훈상의 주장에 귀를 기울일 필요가 있다. "조선시대는 지배 원리로서 도덕적 권력에 의한 지배를 상정하였다. 이것은 지배 엘리트들의 도덕적 우위를 상정하면서 피지배 엘리트들에게 자신들의 가치를 강요하는 것이 된다. 이러한 맥락에서 종속 집단들이 도덕적 권력에 의한 지배 자체를 문제 삼는 것은 상상하기 어렵다. 성리학이라는 지배 이념과 상호 경쟁하는 대등한 수준의 이념이 조선사회 내부에서 출현하지 못한 배경은 이렇게 설명될 수 있다. …… 정치권력을 장악한 중앙의 엘리트들이나 지방 사회의 지배 엘리트들도 모두가 동질적인 가치를 공유하면서 고도로 조직화된 연망 아래 상호 연관된 거의 동질적인 집단이라고 할 수 있다. …… 실제로 성리학의 하향 확산에 따라 일반 민중들 사이에서도 성리학에 기초한 세대(世帶)가 형성되고 종족화도 두드러졌다."[16]

따라서 조선시대 성리학적 이데올로기는 《경국대전(經國大典)》과 같은 법률적 지식 체계에 반영되었고, 그것은 그 이전의 형벌 중심에서 모든 사회제도와 관습적 행위에 대한 규정으로까지 확장되었다. 더욱이 성리학적 이상국가를 성립시키려 했던 조선의 사대부들은 주자의 《가례》를 통해 사대부 중심의 지배 질서를 옹호하고, 《소학》을 통해 신분계급주의와 가부장주의, 가족주의적 성격을 강화시켰다. 《삼강행실도(三綱行實圖)》와 《이륜행실도(二倫行實圖)》라는 책은 신분제 사회의 지배와 복종의 논리를 만드는 데 일정하게 기여하였다.[17] 특히 조선시대 성리학적 이데올로기의 확산에는 반드시 책이 이용되었다. 즉 책을 통한 지식의 정리와 그것을 전범으로 한 관습화가 이루어졌다.

16 이훈상, 〈한국사에서 근대성을 둘러싼 글쓰기 주체와 공공성의 한국적 양식의 모색〉, 《제44회 전국역사학대회 – 공동주제: 역사에서의 공공성과 국가》, 역사학회, 2001, 108~109쪽.

17 도현철, 〈조선의 건국과 유교문화의 확대〉, 《동방학지》 124, 연세대학교 국학연구원, 2004, 195~196쪽.

따라서 《삼강행실도》는 국가와 지배 계층에 의해서 독자가 설정되고, 그 지식이 사대부가의 남성은 물론 여성과 일반 백성에게까지 확산되었다. 동시에 비슷한 형태의 교화서 간행과 보급에도 이 책은 하나의 전범이 되었다. 특히 사례와 그에 대한 문학적 시(詩), 그림이 복합적으로 구성된 《삼강행실도》는 지배적 지식이 어떻게 다양한 계층과 남녀노소에게 퍼져나가게 되는지를 분명히 살필 수 있는 대상이기도 하다. 더욱이 무려 2,940질이나 인쇄되었다는 사실은 조선시대에 출판된 단일 서책으로서 '책력(冊曆)'과 《규장전운(奎章全韻)》 다음으로 많은 부수가 인쇄되었음을 보여준다.

《삼강행실도》라는 책이 지닌 사회문화적 측면에 대해서는 본문에 실린 다양한 전공자의 논문에서 충분히 살필 수 있다. 이 책의 서론에 해당하는 이 글에서, 필자는 동아시아 책의 문화사를 연구할 때 어떤 새로운 시각이 필요한지에 대해 문제 제기를 하였다. 특히 책에 담긴 지식이 어떻게 특정 시기에 많은 사람들이 당연한 행동준칙으로 여기고 행위를 하려고 생각하는 '관습'으로 자리를 잡는지에 대해 관심을 가져야 한다는 점도 강조했다. 이런 의미에서 지식과 관습의 매개물로서, 역사 속의 책을 살피는 데 필요한 하나의 사례로서 《삼강행실도》는 매우 적절한 대상이라고 생각한다. 하지만 이 글에서 제기된 문제의식이 반드시 다음의 글들에서 반영되지는 않았다. 이 글 자체가 '책의 문화사'라는 새로운 연구영역을 개척하기 위한 시론에 지나지 않기 때문이다.

I

《삼강행실도》 판본의 간행과 유통

옥영정

경북대를 졸업하고 동 대학원에서 석사, 성균관대 대학원에서 박사학위를 받았다. 석사학위논문은 〈시강원장서의 변천과 서지적 분석〉, 박사학위논문은 〈호남지방 목활자본 연구〉이다. 한국고인쇄문화의 올바른 이해와 복원을 통하여 새로운 의미를 찾아내는 데 많은 관심을 두고 있으며, 주요 논문으로 〈한국 고대인쇄술의 기원과 발달〉, 〈시강원의 서적편찬과 간행기록 고찰〉, 〈17세기 간행 사서언해의 종합적 연구〉, 〈한글본 뎡리의궤의 서지적 분석〉등이 있다.

1. 들어가며

《삼강행실도》는 세종 16년(1434)에 직제학(直提學) 설순(偰循, ?~1435) 등이 왕명에 따라 우리나라와 중국의 부자(父子)·군신(君臣)·부부(夫婦)의 삼강(三綱)에 모범이 될 만한 효자와 충신, 열녀의 행실을 그림과 글로 펴낸 책이다. 이 책의 간행 배경에는 세종 10년(1428) 자식이 아비를 살해하는 패륜의 죄를 범하는 사건이 있었다. 유교적 국가 이념을 표방한 조선의 통치 체제에서는 유교적 가치관에 의한 국가 질서와 풍습을 정착시키는 것이 무엇보다 중요하였기에 시급히 대책을 마련하여야 했다. 세종은 처벌에 대한 논란이 일자 우선 효행의 풍습을 널리 알릴 서적을 간행하여 백성들을 교화시키는 것이 좋겠다는 뜻을 밝혔다. 이에 따라 이 책의 간행이 이루어졌다.

《삼강행실도》는 백성들의 교육을 위한 조선시대 윤리·도덕 교과서 중 제일 먼저 발간되었을 뿐 아니라 많이 읽힌 책 가운데 하나이다. 더군다나 삼강은 조선시대의 사회 전반에 걸친 정신적 기반이었기 때문에 그 사회의 윤리와 문화를 이해하는 데 매우 중요한 의의를 지닌다. 그리고 《삼강행실도》가 사실적인 그림으로 효과적인 내용 전달을 한다는 점에서 시각적 효과를 고려한 교재로서 미술사적으로나 교육학적으로 의미가 있다. 즉 이 책은 조선시대의 윤리 및 가치관을 이해하는 데 귀중한 자료이며, 국어사와 교육사, 미술사 등의 연구에서 중요한 가치를 지닌다. 이 연구에서는 이러한《삼강행실도》편찬의 의의에 주목하고 지식의 보급과 관습화라는 측면에서 이의 확산과 소비가 어떻게 이루어졌는가를 살펴보고자 한다.

《삼강행실도》는 간행 후 조선시대 전반에 걸쳐 국가에 의해 확산되었고, 비슷한 형태의 교화서 간행과 보급에 모범이 되었다. 책의 보급과 관련하여 중종 6년(1511)에는 무려 2,940질이 인쇄되었다. 이는 단일 서책으로는 '책력', 정조 때의《규장전운》다음으로 많은 부수가 간행된 것이다. 이를 통해 책의 확산과 소비의 측면에서《삼강행실도》가 가지는 비중과 역할을 가늠할 수 있다. 이와 관련하여 조선시대 서책 간행 부수와 보급 경로 등에 관한 내용을 살펴서 그 의미를 파악하고자 한다.

아울러 현전하는 서책 중 간행지(刊行地)와 간행 시기의 기록이 있거나 내사본(內賜本 : 임금이 하사한 책)으로 남아 기록이 있는 몇몇 판본들에 의하여 그 간행의 흐름을 파악하고, 원간본(原刊本 : 처음 간행한 것), 선정본(選定本), 중간본(重刊本) 및 각 지방간본(地方刊本) 등을 살피고자 한다. 또한 간행 시기를 확인할 수 없는 여러 간본(刊本) 중에 도판(圖版 : 판화 등으로 삽화가 그려진 것), 어미(魚尾 : 책장의 접히는 부분(판심)의 위치 양쪽에 대조적으로 물고기의 꼬리 모양이 표시된 것), 언해(諺解 : 한글로 해석한 것) 등에서 조금씩 차이를 보이는 서책의 판본 비교와 각종 기록을 통하여 저본의 파악과 책의 보급 과정을 알아보고자 한다. 특히 16, 17세기에 간행된《고사촬요(攷事撮要)》와 각종 책판 목록을 통하여 지역별로 이 책의 보급과 소비가 이루어진 양상을 일부나마 파악할 수 있을 것으로 본다.

2. 《삼강행실도》의 편찬과 간행

한문본의 편찬과 간행

조선은 건국 초기부터 유교 이념의 확립과 국민에 대한 교화가 정치 과제였다. 법과 행정 질서를 통하여 건국이념인 유교를 구현하려고 노력하는 한편, 문화적으로도 백성들의 교화를 도모하였다. 교화의 대표적인 정책은 서적의 간행과 보급을 통하여 추진하였는데, 교화를 위한 조선시대의 대표적인 서적으로는 《삼강행실도》, 《이륜행실도》, 《오륜행실도(五倫行實圖)》 등의 행실도류와 《소학》을 들 수 있다. 이 가운데 《삼강행실도》는 조선 전기에 다수 편찬되었고, 《소학》은 사림파가 대두되면서 그 보급과 교육이 일반화되었다.[1]

조선 태조는 즉위교서에서 민심을 수습할 방안을 제시하였다. 특히 풍속과 관련한 것으로 충신 · 효자 · 의부 · 절부에 대한 정려를 권장하여 이들을 추천하고 장려하도록 하는 정책을 밝혔다. 그런데 세종 10년(1428) 김화(金禾)가 아버지를 살해하는 패륜 범죄가 일어나자, 이를 계기로 여러 신하를 소집하여 효제를 돈독히 하고 풍속의 교화에 관한 시책을 논의하게 되었다. 변계량은 이때 《효행록(孝行錄)》 등의 서적을 간행하여 배포하고 이를 백성들로 하여금 독송(讀誦)하게 하는 방안을 제시하기도 하였다.[2] 세종은 그해 《효행록》을 고쳐서 찬술할 것을 지시하고,[3] 동왕 13년(1431) 여름에 당시 집현전 부제학 설순 등에게 《삼강행실도》의 편찬을 명하였다.

1 김항수, 〈조선전기 《三綱行實圖》와 《小學》의 편찬〉, 《한국사상과 문화》 19, 한국사상문화학회, 2003, 192쪽.
2 《세종실록》 권42, 세종 10년 10월 3일.
3 위와 같음.

편찬을 명하고 난 이듬해인 세종 14년(1432) 6월에 고본(稿本)이 완성되면서 권채의 서문(序文)도 지어졌으며, 같은 해 10월에 맹사성의 진전문(進箋文)이, 이듬해 2월에는 주자소(鑄字所)의 판각이 완료되면서 정초(鄭招)의 발문(跋文)이 지어졌다. 세종 16년(1434) 4월에는 교서(敎書)를 작성케 하고, 세종 16년(1434) 11월에 반포하게 되었다.[4] 이때 세종은《삼강행실도》의 편찬 의도와 보급의 범위, 그리고 방식을 다음과 같이 명하였다.

> 유신(儒臣)에게 명하여 예로부터 지금까지 법으로 삼을 만한 충신·효자·열녀들의 걸출한 사적을 일에 따라 기록하고 아울러 시(詩)와 찬(贊)도 지어서 싣게 하였다. 그러고도 어리석은 백성들이 쉽게 이해하지 못할까 염려되어 도형(圖形)을 그려서 붙이고 '삼강행실'이란 이름으로 널리 중외에 반포하였다. 다만 백성들이 문자를 알지 못하는데 책을 반포하여 내려준다고 하더라도 사람이 가르쳐주지 않는다면 어떻게 그 뜻을 알아서 홍기할 수 있겠는가? 내가《주례(周禮)》를 보니, "외사(外史)가 책 이름을 사방에다 알리는 일을 담당하는데, 사방 사람들로 하여금 책의 문자를 알게 하여 글을 읽을 줄 알게 한다."라고 하였다. 지금 이것을 본받아서 중외의 유사는 백성들 중에서 학식이 있는 자를 찾아내어 모두 가르치도록 하라.[5]

중외의 유사로 하여금 학식 있는 백성에게 먼저 가르치고 그들이 일반 백성에게 다시 가르치는 방식을 기대한 것이다. 즉 아직까지 한글의 반포가 이루어지지 않은 상황에서 한문본의 보급으로 일반 백성에게까지 유통되기는 어려우므로 이를 보완하여 효과를 볼 수 있는 강습의 방식을

4 《세종실록》 권66, 세종 16년 11월 1일.
5 安崇善,《三綱行實圖》頒布敎旨文.

채택한 것으로 파악된다.

현전하는 한문본《삼강행실도》의 구성은 권수(卷首)와 본문, 발문으로 크게 구분된다. 권수에는 세종 16년(1434)에 작성된 '반포교지문(頒布敎旨文)', 세종 14년(1432)에 맹사성이 작성한 진전문과 권채의 서문이 순서대로 수록되어 있다. 그 다음으로 총목(總目)이 효자 110인, 충신 110인, 열녀 110인의 순서로 나타나며, 각각 효자 · 충신 · 열녀로 구분된 책의 세부 항목이 2단으로 작성되어 있다. 본문은 먼저 인물의 효 · 충 · 열 사실을 그림으로 표현한 판화가 전면에 수록되고 후면에 한문으로 행적과 함께 시(詩)를 수록하였다. 간혹 시 다음에 찬문(贊文)이 있는 인물도 있다. 발문은 세종 14년(1432) 9월에 정초가 작성하였다.

권채의 서문에는 간행과 관련한 몇 가지 사실, 즉《효순사실(孝順事實)》,《효행록》 등을 참고한 것과 찬, 시의 작성 주체를 알려주고 있다.

> 중국에서 우리나라에 이르기까지 고금의 서적에 기록되어 있는 것으로 참고하지 않은 것이 없으며, 그 속에서 효자 · 충신 · 열녀로서 특출한 자 각 110명씩을 뽑아 그림을 앞에 놓고 행적을 뒤에 적되 찬시를 1수씩 붙였다. 이 시는 효자의 경우는 명나라 태종이 보내준《효순사실》에 실린 시와 신(臣)의 고조(高祖)인 권부(權溥)가 편찬한《효행록》 중 이제현(李齊賢)이 쓴 찬(贊)을 전록(轉錄)하였으며, 거기에 없는 것과 충신 · 열녀 편의 찬, 시들은 모두 편찬관들이 나누어 지었다.

세종조의《삼강행실도》간본과 관련하여 일련의 편찬과 간행에 대해서는 김원룡,[6] 유탁일,[7] 송종숙,[8] 쇼헤이 시부(志部昭平),[9] 송일기 · 이태호[10] 등의 학자에 의해서 많은 부분이 연구되었다. 특히 송일기와 이태호는 세종대 한문본 계열의《삼강행실도》〈효자도(孝子圖)〉 인물의 선정 배경과 관련하여 조선본 《효행록》과 명나라 간행의 《효순사실》 등의 내용을 비교 검토하여 《효행록》과 《효순사실》이 직접 참고가 되었고, 그 내용이 《삼강행실도》 〈효자도〉에 그대로 반영되었음을 실제적으로 밝혔다.[11]

이 시기에 자주 등장하는 《효순사실》과 관련하여 한 가지 살펴보아야 할 사항은 명나라로부터 전해진 각종 교화서이다. 이는 동아시아에서 책의 유통이나 인쇄 기술과도 깊은 관련이 있는데, 당시 명으로부터 전해진 각종 서적 중에서 특히 황실로부터 받은 서책들이 조선의 중앙정부에서 간행하는 서적의 간행 양식에 적지 않은 영향을 끼쳤기 때문이다. 《삼강행실도》도 역시 명나라 교화서가 입수되는 시기에 편찬 간행되었고, 책의 문화사적 측면에서 그러한 영향관계에 있다고 볼 수 있다.

1368년 성립된 명나라는 송대(宋代) 이학(理學)을 집권사상으로 채택한 유교사회로서 서적을 통한 교화에 심혈을 기울였다. 특히 홍무제는 선서(善書)[12] 제작에 매우 열성적이었다. 그런데 조선의 교화는 어디까지나 유교 이념에 충실했던 반면 명(明)은 유(儒) · 불(佛) · 도(道), 삼교(三教)의 일치를 통한 일반 백성과 관료, 황실의 교화에 주력한 것이 특징이었다. 이러한 교화정책으로 적극 활용된 서적이 '선서(善書)'이며 주로 명왕조 초기에 대다수 출간되었다. 홍무제 재위 시(1368~1398)에 36종, 영

6 김원룡, 〈삼강행실도 판본고〉, 《동아문화》 4, 동아문화연구소, 1965.
7 유탁일, 〈初刊 三綱行實圖에 대하여〉, 《국어국문학》 11, 부산대학교, 1974.
8 송종숙, 〈三綱行實圖 板本考〉, 중앙대 대학원 석사학위논문, 1988.
9 志部昭平, 〈諺解三綱行實の傳本とその系譜〉, 《東洋學》 19, 1989.
10 송일기·이태호, 〈조선시대 '행실도' 판본 및 판화에 관한 연구〉, 《서지학연구》 21, 서지학회, 2001, 79~121쪽.
11 송일기·이태호, 〈初編本 '三綱行實圖' 編纂過程 및 版畵樣式에 관한 연구〉, 《서지학연구》 25, 서지학회, 2003, 407~446쪽.
12 선서는 '권선(勸善)의 서적'이라는 의미로 송대(宋代) 이후 일반에게 사용된 말이다. 권선을 설하는 책으로, 판매하기 위해 간행된 것은 아니고 무상으로 사람들에게 많이 배포되었다. 이 권선은 유교 경전에서 말하는 도덕의 실천을 권하는 것이 아니라 민중도 받아들일 수 있는 통속적인 의미로 쓰였다. 酒井忠夫, 《中國善書の硏究》, 國書刊行會, 1972, 序文 1쪽.

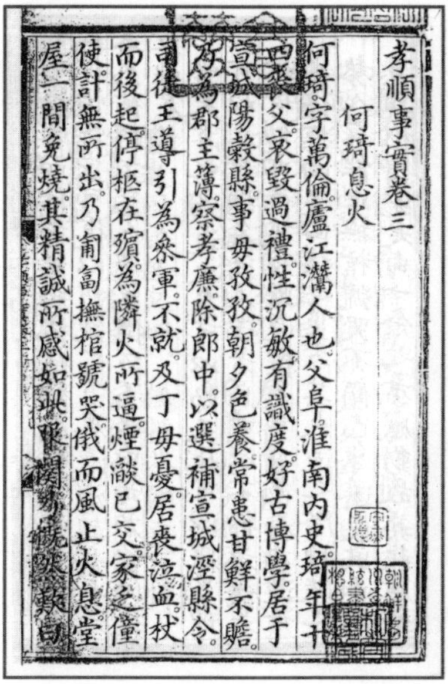
孝順事實卷三
何琦息火
何琦字萬倫廬江灊人也父阜淮南内史琦年十
四喪父哀毀過禮性沉敏有識度好古博學居于
宣城陽穀縣事母孜孜朝夕色養常患甘鮮不贍
乃為郡主簿察孝廉除郎中以選補宣城涇縣令
司徒王導引為參軍不就及丁母憂居喪泣血杖
而後起停柩在殯為鄰火所逼煙燄已交家乏僮
使計無所出乃匍匐撫棺號哭俄而風止火息堂
屋一間免燒其精誠所感如此

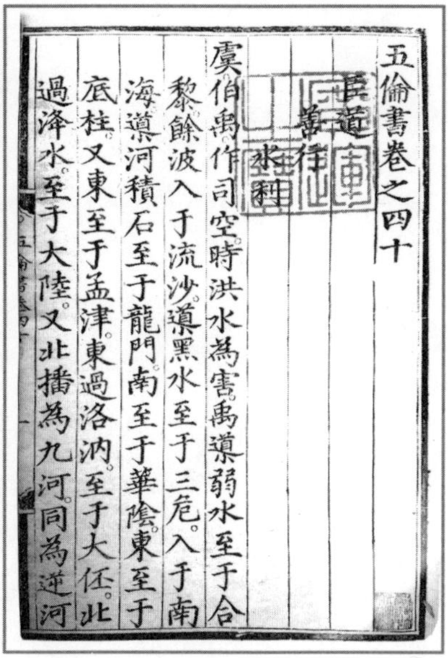
五倫書卷之四十
虞伯禹作司空時洪水為害禹導弱水至于合
黎餘波入于流沙導黑水至于三危入于南
海導河積石至于龍門南至于華陰東至于
底柱又東至于孟津東過洛汭至于大伾北
過洚水至于大陸又北播為九河同為逆河

그림 1(왼쪽) 세종조 금속활자인 초주갑인자의 글자본으로 쓰인 것으로 알려진 《효순사실》(계명대 도서관본). 현존본은 후대에 다시 간행되었을 가능성을 배제할 수 없으나, 내용에 《삼강행실도》 〈효자도〉의 인물과 일치하는 것이 많고 내부각본(內府刻本) 출판의 형식을 살펴볼 수 있는 자료로서 가치가 높다.

그림 2(오른쪽) 조선 초기 명으로부터 유입된 내부각본 《오륜서》(연세대 도서관본).

락제 때 10종, 선덕제 때 4종이 간행되었고, 이후의 황제도 재위 기간 중 평균 1종의 선서를 출간하였다.[13] 조선에도 이와 같은 선서의 일부가 유입되었다. 그 중 유교와 관련하여 《고금열녀전(古今烈女傳)》과 《오륜서(五倫書)》, 《효순사실》 등이 중요시되었고, 《효순사실》이나 《위선음즐서(爲善陰騭書)》 등은 조선 전기 금속활자인 초주갑인자의 글자 본(本)으로 사용하기도 하였다. 이때 전해진 선서 중에 《대명인효왕후권선서(大明仁孝王后勸善書)》[14]나 《오륜서》, 《효순사실》 등은 실물로 남아 있어서 그 실상

13 황소연, 《일본 근세문학과 선서》, 보고사, 2004, 24쪽.

을 파악할 수 있다.

중국 선서류의 유입은 내용면에서는 전반적인 수용에 어려움을 겪었으나 선서를 통한 교화라는 양식은 받아들여져 조선 세종 때《삼강행실도》편찬에 일정한 영향을 준 것으로 평가받는다.

언해와 선정본의 간행

한편 세종조에 한문본《삼강행실도》의 간행이 이루어진 이후, 실록에는 세종 21년(1439)에 함길도 관찰사의 요청에 따라 책을 보낸 기록[15]이 있고, 단종 원년(1453) 11월에 수양대군이 요동에 있을 때 도승지에게 보낸 서신에도 병서(兵書)와《삼강행실》〈효자도〉를 인출할 것을 권고한 내용[16]이 나타난다. 또한 세조는 양성지로 하여금《오륜록(五倫錄)》을 새로이 찬술하게 하고 노수신이 교정하게 하였는데, 이 책이 실제 간행되었는지 여부는 확실하지 않다. 현전본으로 확인하지 못하였고 이후에《오륜록》간행이나 이를 강습한 내용이 보이지 않기 때문이다.

성종 초까지도《삼강행실도》의 새로운 판본 간행이나 편찬 체제의 변화에 대한 논의는 이루어지지 않은 것으로 파악된다. 단지 성종 2년(1471) 3월에 예조(禮曹)로 하여금 각지 향교생들에게《삼강행실도》를 강습하게 하라는 전교가 있었고, 충신이나 열부 · 효자 · 순손을 찾아 계문하도록 하였다. 이어 6월에는 백성에게도 강습시키기 위해 각도 관찰사로 하여금《삼강행실도》를 간행하게 하였는데,[17] 이는 기존의 한문본을

14 전영근, 〈大田 선비박물관 소장《大明仁孝王后勸善書》〉,《장서각》13, 한국학중앙연구원, 2005, 113~129쪽.
15《세종실록》권84, 세종 21년 3월 9일.
16《단종실록》권4, 단종 즉위년 11월 12일.
17《성종실록》권10, 성종 2년 6월 8일, 18일.

중간한 것으로 파악된다. 아울러 《삼강행실도》에 의거하여 절부(節婦)에게 문려(門閭)를 정표하는 방법과 효자에게 벼슬을 제수하는 방법 등을 논의하면서 효행과 열녀의 행실을 장려하였다. 이는 성종 2년에서 16년 사이에 수보(修補) 완성된 《경국대전(經國大典)》 예조(禮典)의 장권조(奬勸條)에 수록되어 법제적인 정책으로도 시행되었다.[18]

본격적인 변화는 성종 12년(1481)경부터 이루어진 언해와 성종 21년(1490)에 이루어진 선정본(선정본은 기존에 산정본, 재편본 등으로 불리던 것이다. 실록의 기록에도 줄여서 정한다는 산정刪定을 쓰고 있으나 실재로 산정하지 않았다고 하였으므로 산정본으로 일컫기가 어렵다. 재편본 또한 다시 편찬된 것으로 보기는 무리가 있다. 따라서 이 연구에서는 구본舊本을 그대로 사용, 취사선택하여 모았다는 의미의 선정본으로 그 명칭을 정하였다)의 간행으로 나타나게 된다.

언해와 관련하여 성종은 12년(1481)에 언문(諺文)으로 된 《삼강행실열녀도》 약간질(若干帙)을 찍어서 경중오부(京中五部)와 여러 도에 나누어 주어 촌부항녀(村婦巷女)에게 강습하도록 하라고 명하였다.[19] 비록 열녀도에 국한된 것이지만 이때에 이미 언해된 책이 있었음을 알 수 있다. 언해에 대한 좀 더 확실한 기록은 《경국대전》에 삼강행실의 장려정책과 관련된 것[20]이 나타나 있고, 중종 9년(1514)에 편찬된 《속삼강행실도(續三綱

18 이 책을 언해하는 것에 대해서는 훈민정음 창제 직후인 세종 26년(1444)부터 논의가 있었던 것으로 파악된다. 세종이 정창손에게 "내가 만일 《삼강행실》을 언해하여 여러 민간에 반포한다면 우부우부(愚夫愚婦)들이 모두 쉽게 충신 · 효자 · 열녀가 될 것이다."라고 말한 기록이 있는 것에서 알 수 있지만 실현되지 않은 것으로 보인다(《세종실록》 권103, 세종 26년 2월 20일).

19 《성종실록》 권127, 성종 12년 3월 24일.

20 번역이 시작된 시점은 정확히 확인하기 어려우나 성종 16년(1485) 이전에 수보 완성된 《경국대전》에 "《삼강행실》은 언문으로 번역하여 서울과 지방의 사족(士族)의 가장(家長), 부로(父老) 또는 교수(敎授), 훈도(訓導) 등으로 하여금 부녀자와 어린이들을 가르쳐 이해하게 하고, 만약 대의(大義)에 능통하고 몸가짐과 행실이 뛰어난 자가 있으면 서울은 한성부가, 지방은 관찰사가 왕에게 보고하여 상을 준다."고 한 기록이 있다. 이 조항은 《대전회통》에까지 그대로 이어진다(《경국대전》 권3, 禮典 奬勵條 三綱行實 翻以諺文 令京外士族家長父老 或其敎授訓導等 敎誨婦女小子 使之曉解…….).

行實圖)》의 서문에도 "성종 강청대왕 때 이르러 삼강에 주해를 더하고 언자(諺字)로 번역하여 아동과 부녀로 하여금 그 뜻을 깨우치게 하였다."[21] 고 하였으므로 이 시기에 언해가 되었음을 확인할 수 있다. 언해가 이루어졌다는 것은 이 책을 읽을 수 있는 독자층이 더욱 확대되었다는 의미이며, 이는 같은 시기 간행된 다른 언해서와 함께 백성의 교화서로서 더욱 높은 가치를 지니게 되었다는 것을 의미한다.

언해와 더불어 이루어진 또 하나의 변화는 선정본의 간행이다.

성종이 개성부유수 이약동(李約東) 등을 불러들인 자리에서 개성은 땅이 넓고 백성들에게는 폐단이 쌓여가고 있으니 마땅히 개혁하여야 한다고 하자, 이에 대하여 경기관찰사 박숭질(朴崇質)이 관청에서도《삼강행실도》를 소장한 곳이 적으며 분량이 많아 백성들이 두루 보기 어렵다는 이유로 세종대의《삼강행실도》를 축소 개편하여 전국에 보급하기를 청하였다.[22] 이에 시강원보덕(侍講院輔德) 허침(許琛)과 이조정랑(吏曹正郎) 정석견(鄭錫堅)에게 명하여《삼강행실》을 산정(刪定)하게 하였는데, 이에 허침 등이 다음과 같이 아뢰었고, 왕은 이를 허락하였다.

> 신 등이《삼강행실》안에서 사람들이 쉽게 알아서 보고 느낄 만한 것을 골라서 각각 35인을 얻었는데, 모두 105인입니다. 그런데 그 기록한 사실은 모두 간략하여 줄일 만한 말이 없고, 또 조종조(祖宗朝)에서 이미 이루어진 책을 보태거나 줄일 수는 없을 듯합니다. 교서관에 간직한《삼강행실》판본은 한 사람의 일을 각각 한 장으로 하였는데, 지금 초(抄)한 105인은 취사(取捨)하는 것을 품지(稟旨)하게 하고 구본(舊本)을 써서 인출하되, 한 책으

21 남곤, 續三綱行實圖序, "成宗康靖大王 又令書局 卽僾徇所撰 而重加訓解 譯以諺字 使兒童婦女 皆得通孝其於悖 典牖民之道 可謂無遺憾矣."

22《성종실록》권229, 성종 20년 6월 1일.

로 묶어서 널리 펴는 것이 어떠하겠습니까?[23]

즉 새로이 재편집한다는 의미로 산정(刪定)이라는 표현을 사용하였으나 실제로는 내용을 새로이 보태거나 줄이는 일 없이 취사선택하는 방식으로 선정하였고 구본을 그대로 활용하여 1책으로 묶어 간행한 것이다. 이 책은 그 이듬해인 성종 21년(1490) 4월에 경성오부(京城五部)와 팔도군현에 반사(頒賜)되었다. 이 선정본 이후로 효 · 충 · 열 각 35인씩, 합하여 105인의 《삼강행실도》가 등장하였으며, 현전하는 선정본에는 거의 대부분 언해가 첨부되어 간행되었다.

언해의 간행 방식과 관련하여 한 가지 짚어보아야 할 사항이 있다. 언해와 선정의 시기가 성종대로 거의 일치하고 정황상 선정본에 언해가 함께 간행되었을 가능성이 높지만 처음에 선정본에 언해가 동시에 첨부되어 간행되었다는 명확한 기록이 아직까지 알려지지 않았다는 점이다. 오히려 선정의 대본으로 삼은 교서관 장본에서부터 언해가 되어 있었을 가능성도 배제할 수 없으며, 언해가 첨부되지 않은 선정본만 인쇄되었을 가능성도 있다. 필자가 확인한 자료 중에도 개인 소장의 선정본《삼강행실도》1책에는 서미(書眉 : 책의 상단 여백)에 언해가 첨부되어 있지 않은 것이 있다(그림 3 참조). 표지를 근래에 개장하고 '소학도(小學圖)'로 적고 있는 이 책은 〈효자도〉 부분으로, 세 장이 떨어져나간 32인의 효자를 수록하였는데 상하대흑구 내향흑어미(上下大黑口 內向黑魚尾 : 판의 가운데 접는 부분의 위아래가 검은색으로 인쇄되고 물고기 꼬리 모양의 표시가 서로 마주 보고 있는 형태)의 판식으로 한문본의 중간본과 같은 형식을 지니고 있다. 이는 인

23 《성종실록》 권229, 성종 20년 6월 18일, 命侍講院輔德許琛 吏曹正郎鄭錫堅刪定《三綱行實》. 琛等啓曰: "臣等於《三綱行實》內 擇人所易曉可以觀感者 各得三十五 摠一百五人 其所記事 實皆簡約 無可刪之辭 且祖宗已成之書 似不宜增損 校書館所藏《三綱行實》板本 以一人之事 各爲一張 今所抄一百五人 稟旨取捨 用舊本印出 粧爲一冊 廣布何如?" 傳曰: "可."

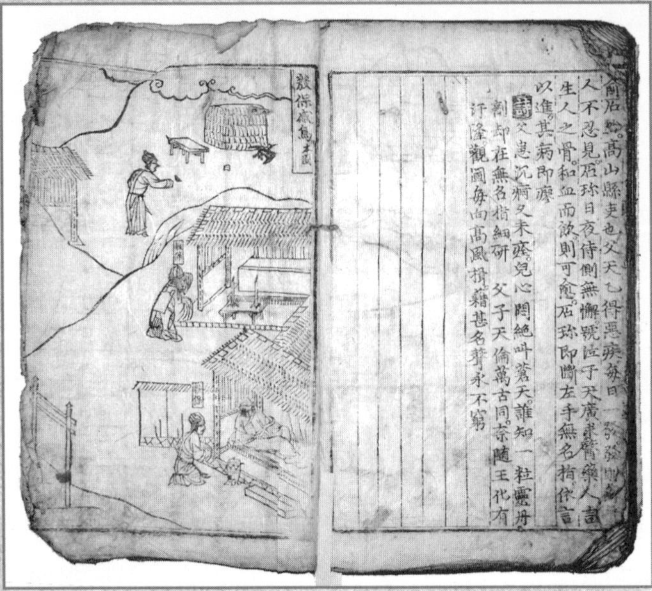

그림 3 서미에 언해가 없는 개인 소장의 선정본 〈은보감오(殷保感烏)〉(조선인 은보가 까마귀를 감동시키다).

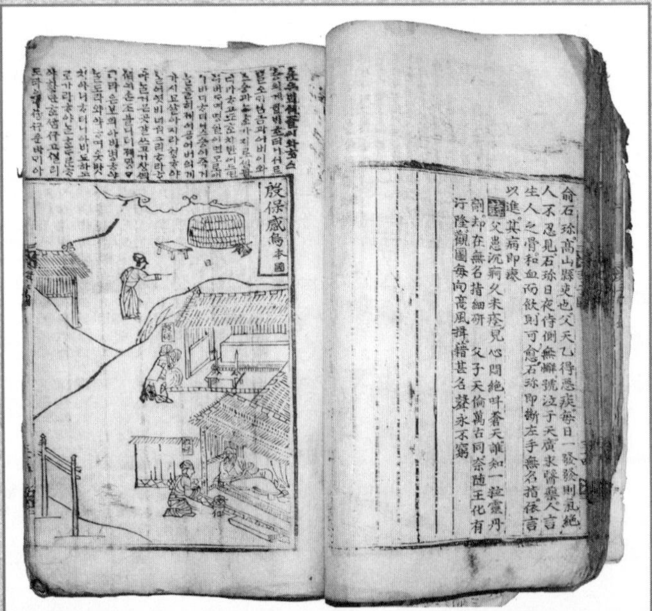

그림 4 서미에 언해가 있는 후기 언해본 〈은보감오(殷保感烏)〉.

쇄 기술상 서미의 언해 부분이 별도로 각판되어 인쇄되었을 가능성과 함께 간행 방식에 대한 좀 더 심도 있는 고찰을 필요로 한다. 이와 관련해서는 서미의 언해 부분만 탈락되거나 도판의 판형과 분리되어 인쇄된 일부 간본을 확인할 수 있기에[24] 더욱 그러하다.

선정본《삼강행실도》의 구성은 권수와 본문의 두 부분으로 크게 구분되며 정초의 발문은 수록되지 않았다. 권수에는 한문본과 달리 세종의 '반포교지문', 맹사성의 진전문이 없이 권채의 서문만 수록되어 있다. 총목도 없이 각각 효자 · 충신 · 열녀로 구분된 책의 세부 항목으로 앞에 2단으로 목차가 작성되어 있다. 본문은 한문본과 같은 형식으로 각 인물마다 효 · 충 · 열의 사실을 그림으로 표현한 판화와 전후면 서미에 행적을 언해한 언해문, 후면에 한문으로 행적과 함께 시를 수록하였다. 즉 서문과 각 항목의 목록, 각 인물의 행적으로만 구성되어 있는 것이다. 예외적으로 영조 이후의 간본으로 지방에서 판각한 것 중에는 해당 지방의 수령이 발문을 작성하여 수록한 것도 있다.

성종의 언해본 간행 이후부터는 지속적으로 이 책의 간행과 반사가 이루어진다. 특히 중종대에는 양적으로 많은 인행(印行)이 이루어졌는데, 재위 기간 중인 중종 5년과 6년, 10년에 세 번의 인출 기록이 있고 중종 9년(1514)에《속삼강행실도》까지 간행된다. 그 가운데 중종 6년(1511)에는 근래 풍속이 불미스럽다 하여《삼강행실》을 많이 인쇄해서 중외(中外)에 반포하게 하였는데 그 수가 무려 2,940질이나 되었다.[25] 중종 10년(1515)에는 개성인(開城人)들이 불교 전통으로 유교윤리를 모르니《삼강

24 고려대 만송문고본(296h) 가운데 〈충신도〉 첫 장 언해 부분이 탈락되어 있고, 성암 고서박물관의《삼강행실도》(2-302)에서도 언해 부분과 본문의 광곽이 일정하게 떨어져 있어서 별도 판목을 제작하여 동일면에 찍은 것 같은 느낌을 준다.

25《중종실록》권14, 중종 6년 10월 20일.

행실》을 더 찍어서 보내도록 명하기도 하였다.

명종 9년(1555)에도 《삼강행실도》가 왕명으로 다수 인출되어 반포되었으며,[26] 선조조에도 1606년 사헌부에서 병란 후의 민심을 수습하고 인륜을 밝힐 목적으로 《삼강행실도》와 《이륜행실도》를 간행하기를 청하고 왕이 윤허하였는데 방언으로 번역하고 형상을 그린다고 하였으므로 새롭게 판각하여 간행한 것으로 보인다.[27] 며칠 후 예조에서는 이에 대해 아래와 같이 말하였고, 왕은 이를 윤허하였다.

> 호조로 하여금 주선해서 인출하게 하되 종이 등의 물품은 교서관에서 전적으로 맡아 인출하게 하고 인출되면 계품하여 시행하도록 하는 것이 합당합니다. 다만 많은 권질(卷帙)을 2사(司)의 힘만으로는 완료하기가 쉽지 않으니, 하삼도(下三道 : 경상 · 전라 · 충청) 감사(監司)에게 종이 등의 물품을 편의에 따라 돕도록 아울러 이문하는 것이 어떻겠습니까?

이 말을 통해 간행할 때 드는 물품을 각 지방에서 부담했음을 확인할 수 있다.[28]

영조 5년(1729)에는 교서관이 《삼강행실》을 인출해서 여러 도의 감영으로 보내 복각하게 하였다. 이 책은 현재 강원감영본, 황해감영본, 함경감영본 등으로 전해진다.

26 《명종실록》 권16, 명종 9년 3월 16일.
27 《선조실록》 권199, 선조 39년 5월 21일.
28 《선조실록》 권199, 선조 39년 5월 24일.

3. 《삼강행실도》의 현존본과 판본 계통

한문본

《삼강행실도》는 모두 목판본이다. 현존본은 그 계통상 한문본과 언해본으로 크게 구분된다. 한문본은 앞서 살펴보았듯이 《효자도》·《충신도》·《열녀도》가 각각 독립된 책이며 현재 《효자도》 3종(낙장본 1종 포함), 《충신도》 1종, 《열녀도》 1종 등 5종이 전해진다. 이 가운데 《효자도》 3종은 고려대 만송문고(貴296B), 세종대왕기념사업회, 유탁일 소장본(낙장본)이 있는데, 만송문고본과 유탁일 소장본이 원본에 좀 더 가깝다. 《충신도》 1종은 규장각(古貴172.1Se63s)에 소장되어 있으며, 《열녀도》는 김원룡 구장본으로 삼성미술관에 소장되어 있고 모두 중간본으로 알려져 있다.

한문본의 형태서지적 특징은 판식에 있어서 사주쌍변(四周雙邊 : 인쇄된 책장의 사주四周에 두 개의 검은 선이 둘러진 것을 일컬으며, 이 경우 바깥쪽이 굵고 안쪽은 가는 것이 통례다)이고, 상하대흑구에 상하내향흑어미이며, 광곽(匡郭 : 인쇄된 책장의 사주四周에 둘러진 검은 선을 말한다. 겹선이 있는 것을 쌍변雙邊, 단선인 것을 단변單邊이라 표시한다)의 세로가 27센티미터 내외, 가로가 17센티미터 내외로 비교적 큰 편이다.

초기의 《삼강행실도》가 이러한 판식을 갖추게 된 원인은 책의 전래와 유통에 의한 직간접적인 영향이 있었기 때문일 것으로 판단된다. 즉 《삼강행실도》의 이러한 판식의 특징은 명나라 왕실의 내부각본(內府刻本)[29]

29 내부각본은 중국 명대에 황제가 있는 궁정에서 새긴 책을 일컫는 것으로, 이를 주관한 곳이 사례감(司禮監)이다. 궁내에 경창(經廠)을 두어 서적을 새겼는데, 이를 경창본(經廠本)이라고 한다. 조선 초기에 명 황실로부터 전래된 서책의 대부분이 바로 이 경창본이며, 중국의 역대 각본 중에서 풍격이 매우 특수한 것으로 꼽는 판본이다. 陳先行, 〈鵬清兩代皇室內廷刻印的書本〉, 《古籍善本》, 上海文藝出版社, 2004, 276쪽.

의 영향일 가능성이 높다. 이는 앞서 살펴본 명나라 황실의 선서의 전래와도 깊은 관련이 있는 것으로, 당시 선서를 비롯한 여러 서책을 간행한 내부각본의 특징을 그대로 수용하고 있기 때문이다. 그 특징적인 내용은 책 크기가 크고, 광곽이 넓으며, 계선이 뚜렷한 점, 글자가 크고 그 서체는 조맹부체를 기준으로 삼아서 세밀하면서도 부드러운 점, 대부분 구두점과 대흑구가 있고 광곽은 사주쌍변을 그 틀로 하는 것 등이다.

언해본

《삼강행실도》의 언해본은 선정본이 처음 간행된 이후 여러 차례에 걸쳐 중간되었다. 따라서 현전하는 이본(異本)의 수가 상당히 많으며 대부분 그 간행 연도가 제대로 밝혀져 있지 않다. 특히 부분적으로 보판(補板)하여 인출된 책이 많아서 이들 이본 간의 계보를 정확히 밝혀내기가 매우 어렵다. 하지만 몇몇 연구자에 의해서 언해본 《삼강행실도》의 판본 계통이 정해지기도 하였는데, 대체로 원간본과 중간본을 구분하고, 시기적으로 임진왜란 이전과 이후를 구분하며, 간행 기록이 남아 있거나 내사본 등 시기를 알 수 있는 것을 중심으로 간년을 추정하고 있다. 특히 송일기는 언해문 및 표기법의 방식에 따라 국한문병기(國漢文倂記) 계열과 순한글표기 계열로 구분한 뒤, 순한글표기 계열을 다시 번역 양식에 따라 음역(意譯) 계열, 직역(直譯) 계열로 구분하여 계통을 정하기도 하였다.[30]

기존의 연구를 참고하고 실사한 내용을 바탕으로 하여 각 시기별로 주목해야 할 판본을 중심으로 살펴보면 다음과 같다.

30 송일기 · 이태호, 〈朝鮮時代 '行實圖' 板本 및 板畵에 관한 연구〉, 《서지학연구》 21, 서지학회, 2001, 79~121쪽.

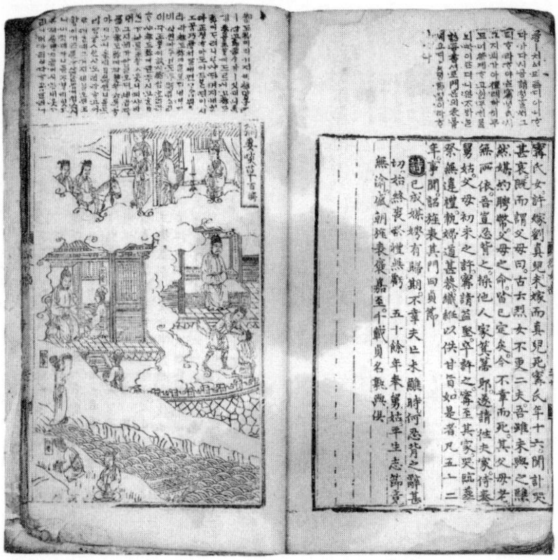

그림 5 성종 때 선정 언해한 판본의 초기 간본(성암 고서박물관 소장).

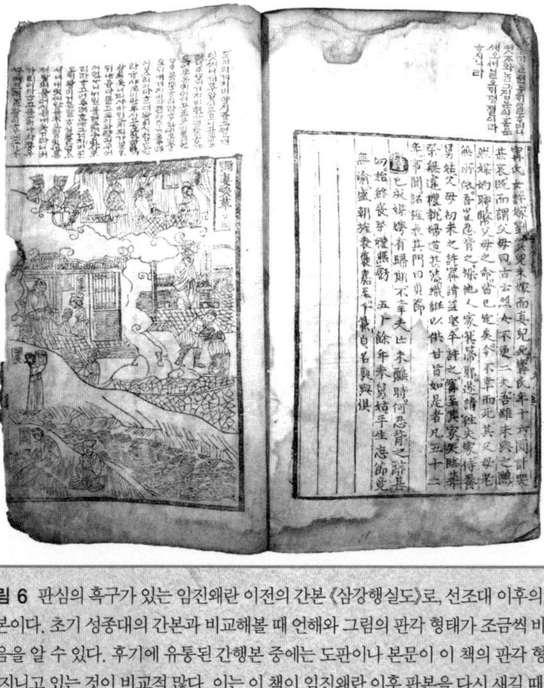

그림 6 판심의 흑구가 있는 임진왜란 이전의 간본《삼강행실도》로, 선조대 이후의 중간본이다. 초기 성종대의 간본과 비교해볼 때 언해와 그림의 판각 형태가 조금씩 바뀌었음을 알 수 있다. 후기에 유통된 간행본 중에는 도판이나 본문이 이 책의 판각 형태를 지니고 있는 것이 비교적 많다. 이는 이 책이 임진왜란 이후 판본을 다시 새길 때 그 바탕본이 된 대표적인 책 가운데 하나임을 보여준다.

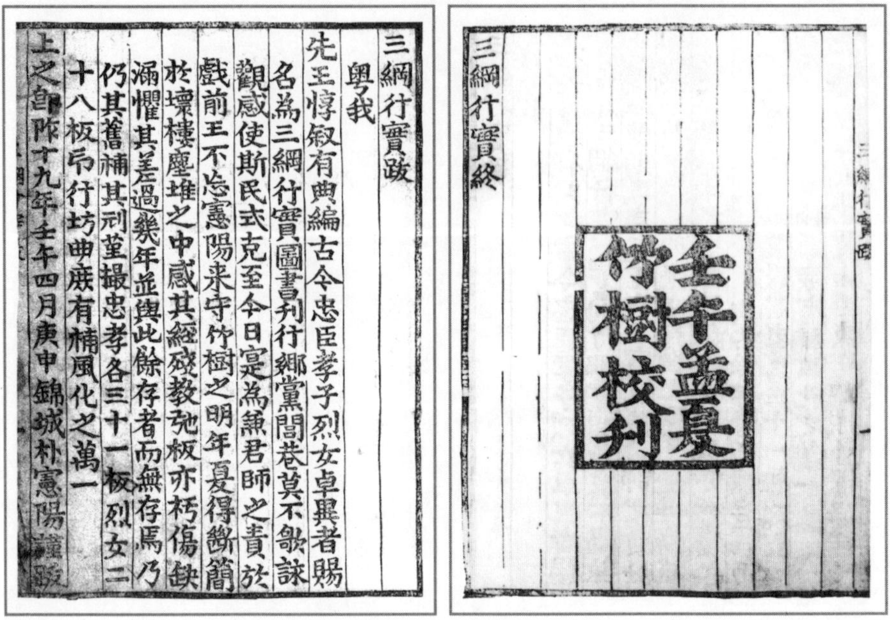

三綱行實跋
粤我
先王惇叙有典編古今忠臣孝子烈女卓異者賜
名爲三綱行實圖書刊行鄉黨閭巷莫不歆詠
觀感使斯民式克至今日寔爲兼君師之責於
戱前王不忘憲陽来守竹樹之明年夏得斷簡
於壞樓塵堆之中感其經殘教弛板亦朽傷缺
漏懼其差過幾年並與此餘存者而無存焉乃
仍其舊補其刓並撮忠孝各三十一板烈女二
十八板印行坊曲庶有補風化之萬一
上之即阼十九年壬午四月庚申錦城朴憲陽謹跋

三綱行實終

壬午孟夏
竹樹校刊

그림 7 1882년에 간행되고 그 해 5월 반사된 죽수향교간본의 발문(왼쪽)과 간기(오른쪽) (계명대 도서관 소장).

우선 국내외 전존본 중에 성종 때 선정하고 언해한 판본과 가장 가까운 시기의 것으로 보이는 책이 성암고서박물관장본(2-302)(그림 5 참조)이다. 변란은 사주쌍변이며, 광곽 27×17.5센티미터이고 상하대흑구, 상하내향흑어미이다. 서미에 국한문병기의 언해가 있고 한문 본문이 13항(行) 22자(字)이다. '선사지기(宣賜之記)'의 내사인(임금이 하사한 책에 날인하였던 인기印記)이 있으며 판각의 정교함이 원간본에 가깝다. 원간본 계통에 속하는 이 판본의 특징은 한글 표기로 방점과 ㅸ, ㅭ, ㆅ까지 나타난다는 점이다.

또한 고려대 만송문고(貴296, 296C, 296F, B12-A231G), 서울대 심악문고(이인영李仁榮 구장舊藏), 서울대 일사문고(一蓑 古貴170.951-Se63s), 성암고서박물관(2-303 영덕향교盈悳鄕校 구장舊藏), 이겸로, 일본의 내각문고(林3-229-151), 일본 고마자와대 도서관(금택장삼랑金澤庄三郎 구장舊藏, 濯足632), 일본 도쿄대학(東京大學) 법학부자료실(乙 7-763), 일본 국회도서관(192-29), 영국 대영도서관 등에 같은 계통의 중간본이 소장되어 있다. 이들은 거의가 후쇄본으로 보이며, 후대의 보판이 일부 포함된 것이 대부분이다. 임란 이전의 판본에는 흑구가 대부분 나타나며(그림 6 참조) 이후의 것에는 흑구 없이 상하내향흑어미의 판식을 주로 보인다.

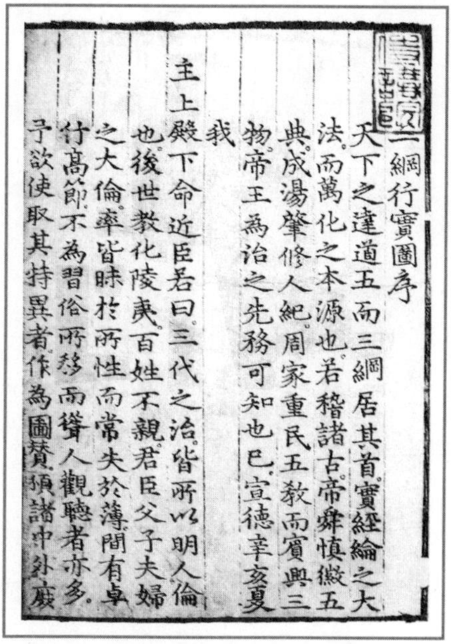

三綱行實圖序
天下之達道五而三綱居其首實經綸之大
法而萬化之本源也若稽諸古帝舜愼徽五
典成湯肇修人紀周家重民五教而賓興三
物帝王爲治之先務可知也已宣德辛亥夏
我
主上殿下命近臣若曰三代之治皆所以明人倫
也後世教化陵夷百姓不親君臣父子夫婦
之大倫率皆昧於所性而常失於薄間有卓
行高節不爲習俗所移而聳人觀聽者亦多
予欲使取其特異者作爲圖贊頒諸中外庶

그림 8 시강원(세자 교육기관)의 소장인이 있는 간본(계명대 도서관 소장).

이들 이본은 국한문혼용 계열의 판본으로 한자와 함께 동국정운식의 한자음 표기가 이루어지고 있으며, 성암본(2-302)에 비해서 광곽의 크기가 2~3센티미터 정도 축소되어 있다. 그리고 1608년 내사본(거창 모씨某氏 본으로 알려짐)과 동일한 판본으로 여겨지는 고려대 만송문고본(296h)은 국한문혼용본의 계열이지만 방점의 탈락 현상을 확인할 수 있다.

그 다음은 선조대 이후에 이루어진 중간본인데 순한글표기 계열의 간본으로 방점이 완전히 사라졌지만 언해문의 번역 형식은 초기 인본과 같이 의역(意譯)되고 있다. 서울대 도서관(일석貴170.951Sa44g), 일본의 도쿄대 도서관(A00-5994), 일본 와세다대(早稻田大) 도서관 등에 소장된 것이 임진왜란 이전의 간본으로 알려져 있다. 서울대본은 1581년에 사섬시

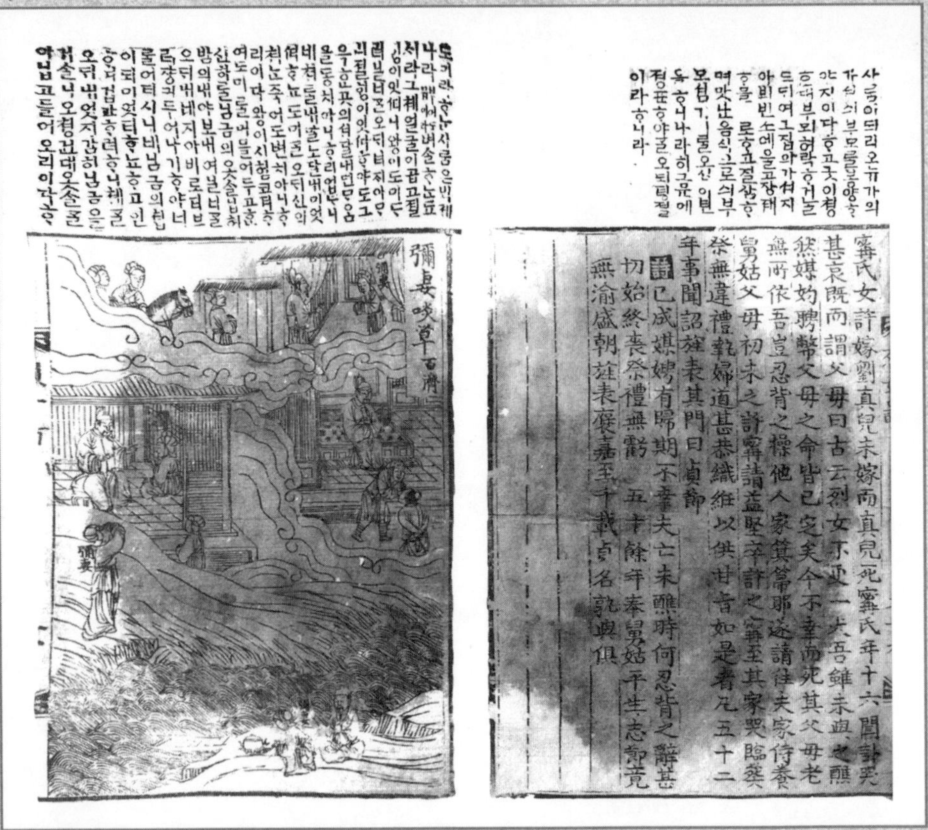
彌妻咬草 百濟

寗氏女許嫁劉真兒未嫁而真兒死寗氏年十六聞訃哭甚哀旣而謂父母曰古云烈女不更二夫吾雖未與之醮然媒妁聘幣父母之命皆已定矣今不幸而死其父母老無所依吾豈忍背之操他人箕箒耶遂請往夫家侍養舅姑父母初未之許寗請益堅卒許之寗至其家哭臨葬祭無違禮執婦道甚恭織紝以供甘旨如是者凡五十二年事聞詔旌表其門曰貞節

詩 已成媒娉有歸期不幸夫亡未醮時何忍背之辭甚切始終喪祭禮無虧 五十餘年奉舅姑平生志節竟無渝盛朝旌表褒嘉至千載貞名孰與俱

그림 9 평안도 감영간본의 후쇄본. 판화의 판각 형식이 선조대의 것과 많이 다른 것을 알 수 있다.

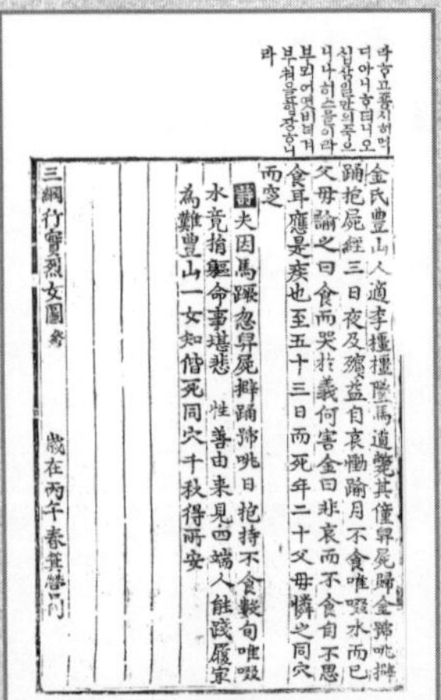
金氏豊山人道李權墜馬道斃其僮舁屍歸金號哭擗踊抱屍經三日夜及殯盛自哀慟踰月不食唯啜水而已父母諭之曰食而哭於義何害金曰非哀而不食自不思食耳應是疾也至五十三日而死年二十父母憐之同穴而窆

詩 夫因馬蹶忽舁屍擗踊號咷日抱持不食數旬唯啜水竟捐軀命事堪悲 性善由來見四端人能踐履實為難豊山一女知偕死同穴千秋得所安

三綱行實烈女圖

歲在丙午春箕營刊

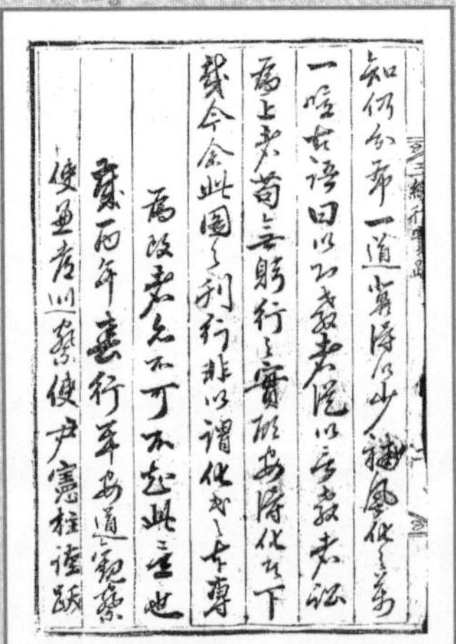

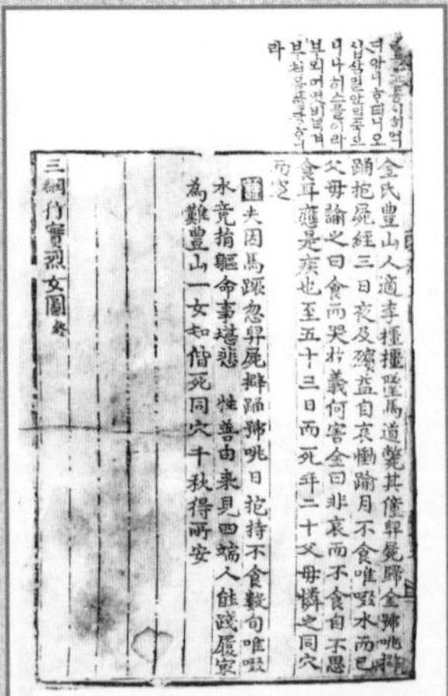
金氏豊山人道李權墜馬道斃其僮舁屍歸金號哭擗踊抱屍經三日夜及殯盛自哀慟踰月不食唯啜水而已父母諭之曰食而哭於義何害金曰非哀而不食自不思食耳應是疾也至五十三日而死年二十父母憐之同穴而窆

詩 夫因馬蹶忽舁屍擗踊號咷日抱持不食數旬唯啜水竟捐軀命事堪悲 性善由來見四端人能踐履實為難豊山一女知偕死同穴千秋得所安

三綱行實烈女圖

그림 10, 11(왼쪽, 가운데) 1726년 평안도 감영간본의 간기(왼쪽)와 발문(가운데).

그림 12(오른쪽) 평안도 감영간본의 후쇄본. 마지막의 간기 부분만 삭제하고 그대로 인쇄하였다.

(司贍寺) 봉사(奉事) 임예걸(林禮傑)에게 반사된 것이고, 와세다대 도서관 소장본은 기묘년(1579년으로 추정) 7월에 지방의 향교에서 소장하였던 것이다.

그리고 이 판본을 중간한 것이 성균관대 존경각(139c46c), 서울대 상백문고(상백고귀173Se63s), 계명대 도서관(178.1권채삼), 범우문고 등에 소장되어 있다. 상백문고, 계명대, 범우문고 본은 1882년 죽수(竹樹)향교(전라도 화순군 능주면)에서 간행한 판본으로 같은 해 박헌양이 쓴 발문과 '임오맹하죽수교간(壬午孟夏竹樹校刊)'의 간기가 있다(그림 7 참조). 특히 계명대본은 1882년 당시 면에서 치른 시험의 입격자인 유학 전대유(全大有)에게 내려진 책이다. 이것은 현재까지 알려진 판본 중에서 가장 늦은 시기에 간행된 《삼강행실도》일 뿐만 아니라 향교에서 간행한 것이라는 점에서도 의의가 있다.

또 다른 판본의 계열은 주로 영조대 각 지방 관아에서 간행한 판본으로, 영조 5년(1729)에 교서관에 지시하여 《삼강행실》을 인출해서 여러 도의 감영으로 보내 복각하게 한 판본이다.

단 평안도 감영본만이 예외적으로 더 이른 시기인 1726년에 간행되었다. 이 판본에 이르러 의역이던 번역 형식이 직역으로 바뀌게 되었는데, 평안도를 비롯한 강원도 · 함경도 · 황해도 등 네 지역의 감영본이 전해지고 있다.

평안도 감영본은 1726년 간본으로 성균관대 존경각(B9C46), 미국 버클리대학 동아도서관 아사미 문고에 현전하고 있다. 권말에 당시 평안도 관찰사 윤헌주(尹憲柱)가 작성한 발문이 있으며, '세재병오춘기영간(歲在丙午春箕營刊)'의 간기가 있다.

강원도 감영본은 1730년 간본으로 서울대 규장각(奎12148)에 1종이 전한다. 권두에 당시 강원도 관찰사 이형좌(李衡佐)의 서문이 있고 권말에

명을 받들어 간포한다는 표시가 있다.

황해도 감영본도 1730년 간본으로 고려대 도서관(貴296G)과 경북대 도서관(취암문고본)에 현전한다.[31] 권수 효자 편 목록 아래에 '경술팔월해영개간(庚戌八月海營開刊)'이라는 간기가 표시된 점이 특이하다.

함경도 감영본도 역시 1730년 간본으로 권말에 '세재경술하함경도감영개간(歲在庚戌夏咸鏡道監營開刊)'의 간기가 있다. 일본 덴리대(天理大) 도서관(天282.2俯 33)과 끝에 2장이 탈락된 이화여대 도서관본(고170계67)이 있다. 덴리대 도서관본은 함경도 특유의 북황지(北黃紙)에 인쇄된 간본으로《이륜행실도》와 합철되어 있다.

4.《삼강행실도》판본의 확산과 책의 소비

《삼강행실도》는 초간본이 간행된 이후에도 19세기까지 지속적으로 간행되는데, 판본의 확산과 책의 소비적 관점에서 살펴보면 크게 두 가지 방식으로 대별된다. 즉 왕이 서책을 하사하는 반사제도를 이용하는 방식과 지방마다 책판을 두고 필요할 때 인출하도록 하는 방식이다.

우선 세종대의《삼강행실도》는 상당히 방대한 양이었으며 인쇄하여 배포하기가 어려웠고 모두 읽는 것도 쉽지 않았다는 것을 알 수 있다. 그리하여 성종대에 대폭 선정하여 개찬하고 세종대에 마치지 못한 언해도 이루어졌다. 성종대에 언해가 이루어짐으로써 이 책을 읽을 수 있는 독자층이 더욱 넓어졌으며, 백성의 교화서로서도 더욱 높은 가치를 지니게

31 백두현,〈취암문고 소장 국어사 자료의 연구〉,《영남학》3, 경북대학교 영남문화연구원, 2003, 111쪽.

되었다. 또한 세종대에는 이 책의 교육을 행정적 차원에서만 모색한 데 반해, 성종대에는 향교 등의 학교 제도를 통해서 교육을 꾀하고 가장의 역할도 강조하였다. 이러한 노력은 중종대에 와서 꽃을 피우게 되어 배포 범위와 수량, 배포 주기 등의 측면에서 단연 앞서게 된다. 그리고《삼강행실도》의 출간 이후 중종은 조선의 실천 사례를 대폭 늘려서《속삼강행실도》를 간행하였고, 같은 시기 김안국에 의해서《이륜행실도》도 편찬하였다.

역대 임금 중에《삼강행실도》를 가장 많이 반사한 중종은 전교하기를, "《삼강행실》은 다른 책의 예와 다르니 여항(閭巷)의 백성들에게도 모두 알게 하고 싶다. 정부, 육조, 한성부의 당상과 낭청(郎廳) 중에서 내려줄 만한 자는 계획을 세워 아뢰고, 또 오부(五部)에 나눠주어서 여항을 교회(敎誨)하게 하라."[32]고 하여《행실도》배포의 계획을 세우도록 명하기도 하였다. 이것은 반사의 범위를 정하는 것인데, 개인으로는 정부와 육조, 한성부의 당상관과 낭청 중에서 내려줄 만한 자로 한정하였고, 공적으로는 오부에 나누어주어 일반 백성을 가르치라고 하였다.

또한 중종은 한 번에 2,940질의《삼강행실도》를 간행하여 중외에 반사한 것으로도 유명한데, 그 범위가 어디까지인지 궁금하지 않을 수 없다. 이를 추론해보기 위해서는 비슷한 수준으로 출판이 이루어진 책을 찾아 확인해보는 방법이 있을 것이다. 조선시대에 '책력'을 제외하고 한꺼번에 많은 간행이 이루어진 책으로는 한 번에 4,705책을 인쇄한《규장전운》이 있다.

이 책의 경우 반사의 범위는 국가의 학술을 담당하는 주요 기관과 교육 기관(향교·서원), 도서관, 사고, 시임(時任)·원임(原任) 대신과 고급

32 《중종실록》권22, 중종 10년 5월 21일.

관료 및 시종신(侍從臣) 등으로 요약된다. 반사 부수는 전체 1,484건이었으며, 이 중 공공적인 반사가 678건, 개인적인 반사가 806건이었다. 그러나 실제 간행하여 진상한 책 수는 4,705책이었으니 서책 보관수장고나 왕이 사용으로 쓰는 대내(大內) 등에 별도로 들이는 것을 포함하더라도 약 70퍼센트 정도가 보관된 셈이다.[33] 왕조와 서책의 성격이 다르고 구체적인 기록이 남아 있지 않아 확신할 수는 없지만, 《삼강행실도》의 경우 《규장전운》과 비슷한 상황이었을 것으로 추측해볼 수 있다.

서책의 반사가 언제부터 시작되었는지 정확한 기록은 없다. 다만 고려 정종(靖宗) 11년(1045) 4월 기유에 비서성이 《예기정의(禮記正義)》 70부와 《모시정의(毛詩正義)》 40부를 새로 간행하여 어서각(御書閣)에 1부를 간직하고 나머지는 문신에게 반사하였다는 기록이 있다.[34] 조선조에는 반사가 활발하게 이루어져 그 절차나 형식도 제도화되었다. 세종 22년(1440) 8월에는 주자소에서 찍은 책을 반사 받을 때 장책(粧冊)을 소홀히 하여 책이 손상되는 것을 방지하기 위해 책을 미리 나누어주고 장책하게 한 다음 승정원에게 제출하여 '선사지기(宣賜之記)'의 보인을 찍어 받는 것을 영구적인 법식으로 정한다고 하였다. 정조조에 들어서는 규장각을 설치하면서 반사의 절차도 구체화되었다. 먼저 규장각 검서관이 내사기를 적고 각신(閣臣)이 서명한 후 권수에 내사인기(內賜印記)를 날인하면 재경제신(在京諸臣)은 직접 받는 것을 원칙으로 하고 재외제신(在外諸臣)은 각리가 뇌전(賚傳)하거나 기발하송(騎撥下送)하도록 하였다.

이러한 반사제도는 책의 유통과 소비의 관점에서 보았을 때 조선시대 관판본의 유통을 가능하게 한 제도로서 의미를 지닌다.

33 신승운, 〈《奎章全韻》을 통해서 본 正祖朝의 書籍 頒賜와 그 規模〉, 《한국도서관정보학회지》 Vol.35 No.4, 한국도서관정보학회, 2004, 293~316쪽.

34 《고려사(高麗史)》 권6, 정종 11년 4월 23일.

다음으로 책판을 이용하는 방식은 조선시대 서적정책을 바탕으로 한다. 그 정책이란 중앙의 주자소에서 소량의 원간본을 인출하여 조정의 문사에게 반사하는 동시에 지방의 관서에도 보내어 그것을 저본으로 삼아 복각하여 지방의 서책 수요를 채우는 것이다. 따라서 지방 관서에서는 중앙에서 반사한 간본을 그대로 번각하거나 서적의 수요에 따라 자체에서 판하본을 마련하여 간행하였고, 그때 판각한 책판은 고스란히 남아 보관되어서 필요할 때 인출하여 책을 만들 수 있었던 것이다.

일반적으로 책판은 서적을 간행할 목적으로 나무판에 글씨나 그림을 새겨서 제작한 것이다. 이것은 먹을 칠하고 종이에 인출하는 전통적 방식의 목판인쇄에서 공력을 가장 많이 기울이는 재료였으며, 전통사회의 조직 내에서 지식 유통의 거의 유일한 매체인 서책을 인쇄하기 위한 기본 도구였다. 조선시대에 목판으로 간행된 전적들은 문헌의 기록과 실물의 출현으로 그 대강을 짐작할 수 있다. 즉 실록의 각종 기사와 《고사촬요》의 팔도책판(八道冊板) 및 《누판고(鏤板考)》, 그리고 여러 종류가 남아 있는 각종 책판목록류(冊板目錄類)가 그것이다. 책판목록류는 당시 전국에 산재하여 있는 책판들을 지역별로 수록하고 있으므로, 그 지방에서 간행된 전적들의 단면을 확인할 수 있는 문헌들이다. 이러한 목록에 수록된 책판의 내용 중에 《삼강행실도》도 수록되어 있으며, 이는 당시에 그 지역에 남아서 책의 유통과 소비의 역할을 수행한 것으로 이해된다.

책판에 대한 본격적인 기록은 어숙권(魚叔權)이 편찬한 《고사촬요》의 내용 중 '팔도정도(八道程度)'의 '책판(冊板)' 항목이 그 처음이라 할 수 있다. 《고사촬요》는 관리나 재야의 선비에게는 매우 긴요한 일용 유서(類書 : 일종의 백과사전)였기 때문에 명종 9년(1554) 처음 편찬된 이후, 영조 7년(1771) 서명응이 그 내용을 대폭 개정 증보하여 《고사신서(攷事新書)》를 출간하기까지 무려 12차에[35] 걸쳐 속찬(續撰)과 개수(改修)를 거듭하였

표 1 《삼강행실도》 책판이 수록되어 있는 책판 목록

번호	책판목록	편저자	연도	수록 책판 종수	판본
1	攷事撮要	魚叔權	1576	3	乙亥字本
2	攷事撮要	魚叔權	1576	3	乙亥字覆刻
3	攷事撮	許篈 續撰	1583	6	木板本
4	攷事撮	許篈 續撰	1583	6	筆寫本
5	古冊板有處攷		16세기 말(20世紀寫)	1	筆寫本
6	慶尙道冊板		1730(20世紀寫)	1	筆寫本
7	冊板置簿冊		1740년경	2	筆寫本
8	三南所藏冊板		1743년경	3	筆寫本
9	諸道冊板錄		1750년경	2	筆寫本
10	完營冊板目錄		1759	4	筆寫本
11	各道冊板目錄(延)		1778년경	5	筆寫本
12	鏤板考	徐有榘	1796	5	筆寫本
13	林園十六志京外鏤板	徐有榘		5	筆寫本
14	古冊板有處攷			2	筆寫本
15	書冊目錄			1	筆寫本
16	冊板錄			1	筆寫本
17	完營客舍冊板目錄			1	筆寫本

다. 그 중에 책판에 관한 내용은 임진왜란 이전에 간행된 《고사촬요》에만 수록되어 있으며, 1576년 간본이 현전하는 판본 중에 가장 이른 시기의 것이다.

《고사촬요》 이후 관찬으로는 정조의 명으로 1796년 편찬된 《누판고》가 있다. 그 외에도 책판을 수록하고 있는 목록으로 여러 종류가 남아 있는 각종 책판목록류가 있다. 이 책판목록류는 《책판치부책(冊板置簿冊)》,

35 김치우, 〈朝鮮朝 前期 地方刊本의 硏究 — 冊板目錄 所載의 現存刊本을 中心으로〉, 성균관대 대학원 박사학위논문, 1999, 5쪽.

《삼남소장책판(三南所藏冊板)》, 《제도책판록(諸道冊板錄)》, 《완영책판목록(完營冊板目錄)》, 《각도책판목록(各道冊板目錄)》, 《누판고(鏤板考)》, 《책판록(冊板錄)》, 《완영객사책판목록(完營客舍冊板目錄)》 등인데, 이를 정리하면 '표 1'과 같다. 이것은 당시 전국에 산재해 있는 책판들을 지역별로 수록하고 있으며 시기별로 책판 소장의 변화 양상을 파악할 수 있는 자료이다.

책판 목록을 분석해보면, 조선 전기에는 남평(南平)과 선산(善山), 삼척(三陟), 남원(南原), 해주(海州), 성주(星州) 등지의 관아에 《삼강행실도》 책판이 있었으며, 후기에는 능주(陵州)와 충청 감영(忠淸監營), 전주(全州), 진안(鎭安), 해서관찰영(海西觀察營), 관서관찰영(關西觀察營), 관북관찰영(關北觀察營), 영남관찰영(嶺南觀察營) 등지에 있었던 것으로 파악된다.

한편 명종 9년(1554)에 편찬된 《고사촬요》의 서책시준(書冊市準) 항목에는 책의 인출에 필요한 책지의 수량과 가격이 명기되어 있다. 당시에 《삼강행실도》는 17첩 12장이 소요되었으며, 가격은 금포(錦布) 반필(半疋)이나 쌀 두 말 닷 되(米二斗五升)였다. 성종 23년(1492) 4월에 금포 한 필의 가격이 쌀 두 말 닷 되에 해당한다는 내용이 있고,[36] 성종 1년(1469) 8월 갑술에는 노비 한 달 노임이 베 두 필을 초과하지 않도록 명하기도 하였는데,[37] 이를 응용하면 당시 책값을 추론해볼 수 있다.

후기에는 지방마다 책의 크기가 달랐는지, 전라도 지역책판은 이속십육장(二束十六丈), 충청도 지역은 이속십구장(二束十九丈), 경상도 지역은 이권십팔장이절(二卷十八張二折)의 종이가 소요되었다.

36 《성종실록》 권12, 성종 23년 4월 12일.
37 《성종실록》 권7, 성종 1년 8월 29일.

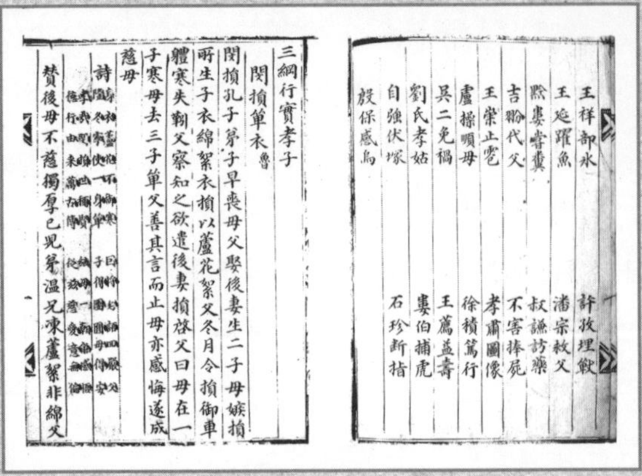

三綱行實孝子

閔損單衣 魯

閔損孔子弟子早喪母父娶後妻生二子母嫉損所生子衣綿絮衣損以蘆花絮父冬月令損御車體寒失靷父察知之欲遣後妻損啓父曰母在一子寒母去三子單父善其言而止母亦感悔遂成慈母

詩

贊 後母不慈獨厚己兒弟溫兄凍蘆絮非綿父

王祥剖氷　許孜埋獸
王延躍魚　潘宗救父
黔婁嘗糞　叔謙訪藥
吉翂代父　不害捧屍
王裒止雹　孝肅圖像
盧操順母　徐積篤行
吳二免禍　王薦益壽
劉氏孝姑　婁伯捕虎
自強伏塚　石珍斷指
殷保感烏

그림 13 《삼강행실도》의 필사본(장서각 소장본). 도판은 필사하지 않았으며 《이륜행실도》를 함께 필사하였다.

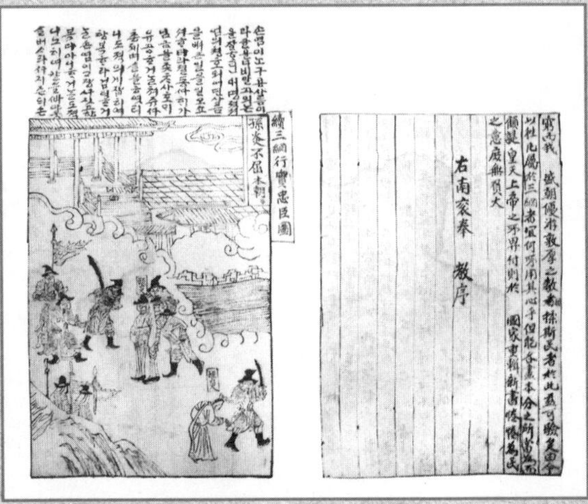

그림 14 19세기 필사본《속삼강행실도》(개인 소장).

그림 15 19세기 필사본《이륜행실도》의 삽도 부분.

한편, 반사나 책판의 인출에 의한 방법 외에도 책 내용의 확산과 소비의 방식에는 직접 써서 책을 만드는 것이 있다. 대부분이 필사본으로 남아 있는 것이 이에 해당한다. 일반적으로 서책의 구입이 쉽지 않거나 남아 있는 책이 거의 없으면 필사하는 경우가 많았는데 《삼강행실도》도 크게 다르지 않았다. 필자가 확인해본 바로는 《이륜행실도》와 합쳐서 필사하거나(그림 13 참조), 내용을 축약하여 필사한 것이 있었으며, 중종 때 처음 간행된 《속삼강행실도》와 《이륜행실도》를 19세기 말에 도판까지 필사한 것도 있었다(그림 14, 15 참조).

5. 나가며

문화의 전파와 발달은 서책을 매개로 대부분 이루어졌으며, 종교적 신앙의 대상이나 그 구현을 목적으로 만들어진 인쇄물은 문화 발달에 지대한 영향을 끼쳤다. 오랜 기간 그 사상적 결과물이 필사(筆寫)나 목판인쇄, 활자인쇄 등 여러 방법을 통해 끊임없이 유통되었고, 이는 곧 책판의 제작이나 지방목활자에 의한 서책 간행으로 이어지면서 그 지역의 인쇄문화를 꽃 피우는 역할을 하였다.

이 연구에서는 책의 확산과 소비의 측면에서 《삼강행실도》의 비중과 역할을 가늠해보고 이와 관련하여 조선시대 서책 간행 부수와 보급 경로 등에 관한 내용을 살펴서 그 의미를 파악하고자 하였다. 특히 현재 전해지고 있는 《삼강행실도》의 판본을 선행 연구와 실사를 통하여 원간본, 선정본, 중간본 및 각종 지방 간본 등으로 구분하고, 서책의 판본 비교를 수행하였다. 특히 반사의 기록 및 각종 책판 목록을 통하여 지역별로 이 책의 보급과 소비가 이루어진 양상을 일부나마 파악할 수 있었다.

《삼강행실도》는 초간본이 간행된 이후에도 19세기까지 지속적으로 간행되었다. 판본의 확산과 책의 소비적 관점에서 이를 살펴보면 우선 세종대의 《삼강행실도》는 양이 방대한 데다 인쇄하여 반포하기가 어려웠고, 다 읽는 것도 쉽지 않았다. 그리하여 성종대에 선정본이 만들어지고 언해도 이루어졌으며, 이를 통하여 독자층이 넓어지고 교화서로서 더욱 높은 가치를 지니게 되었다.

특히 중종대에는 대규모의 보급 활동이 있었으며, 조선의 실천 사례를 대폭 늘려서 《속삼강행실도》를 간행하였고, 김안국에 의해서 《이륜행실도》도 편찬되었다. 또한 사림파가 출현하면서 변고 시의 특수한 사례를 모은 《삼강행실도》보다는 일상생활에서의 윤리를 규정한 《소학》을 통한 백성의 교화가 있어야 한다는 주장이 강하게 대두되었다. 16세기를 거치면서 이는 더욱 강화되었는데, 앞으로의 연구 과제는 각 시기별로 이러한 표준 교화서의 변화 양상과 그 배경을 구체적으로 살펴보는 것이 될 것이다.

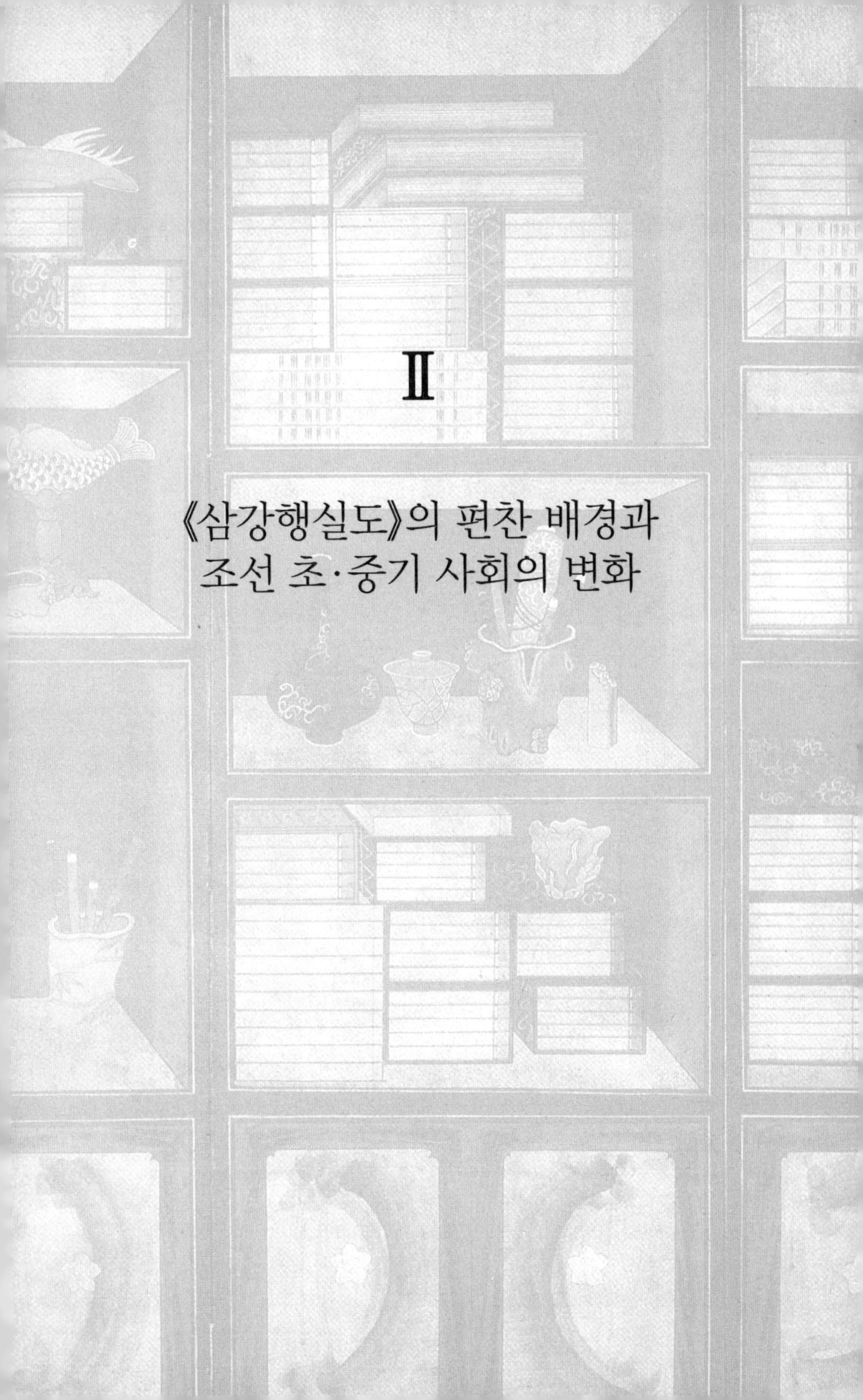

Ⅱ

《삼강행실도》의 편찬 배경과 조선 초·중기 사회의 변화

전경목

전북대 사학과를 졸업하고, 동 대학원에서 〈조선후기 교생에 관한 연구〉로 석사학위를, 〈조선후기 산송 연구〉로 박사학위를 받았다. 전북대 박물관 학예연구사를 역임하고 현재 한국학중앙연구원에서 고문서를 중심으로 연구, 강의하고 있다. 주요 저서로 《유서필지 — 고문서 이해의 첫걸음》(공저), 《고문서를 통해서 본 우반동과 우반동 김씨의 역사》가 있다.

1. 들어가며

조선 초기의 풍속이나 사회제도 등은 현재 우리가 통상적으로 이해하고 있는 조선시대의 전형적인 모습과는 사뭇 다른 양상을 띠었다. 그간 우리의 통념으로는 조선사회 하면 부계(父系)가 강조되는 유교화된 사회를 연상하곤 하였다. 그러나 최근의 연구 결과에 의하면, 조선 초기나 중기에는 성인 남자가 처가(妻家)로 가서 혼인을 하고 혼인 후에도 계속해서 처가에 머물며 처가와 외가 조상의 제사를 받들었는가 하면, 처가와 외가로부터 막대한 재산을 물려받기도 하였다. 또 아들이 없을 때에는 딸, 즉 사위에게 재산과 제사를 물려주었으며, 경우에 따라서는 자신과 성이 다른 양자〔異姓養子〕를 입양하여 후계자로 삼기도 하였다.

이처럼 조선 초기와 중기 사회는 조선 말기의 그것과는 크게 달랐는데, 조선 중기 이후에 사회가 급격하게 유교화되었던 배경에는 《논어(論語)》나 《맹자(孟子)》와 같은 유교경전과 《삼강행실도》나 《이륜행실도》, 《소학》 등과 같은 이른바 교화서들이 커다란 영향을 미쳤다는 사실은 두말할 것도 없다. 그런데 《논어》와 같은 경서류가 한문을 읽고 쓸 줄 아는 지식층에게 영향을 미쳤다면, 《삼강행실도》와 같은 교화서는 지식층뿐만 아니라 글자를 해독하지 못하는 일반 평천민(平賤民)에게까지 심대한 영향을 끼쳤다. 따라서 백성의 교화에 관심이 지대했던 국왕이나 관료들은 《삼강행실도》나 《이륜행실도》와 같은 교화서의 간행과 보급에 적극적

이었다.[1]

본고에서는 조선 전기와 중기에 교화서가 사회 풍속에 끼친 영향을 구체적으로 살펴보려 한다. 필자는 특히 《삼강행실도》가 사대부나 일반 평천민들의 의식구조를 어떠한 방법으로 얼마나 크게 변화시켰는지를 검토할 것이다. 이를 위해서 우선 《삼강행실도》 편찬과 간행 배경을 살펴보고, 《삼강행실도》 보급이 조선 초·중기 사회 또는 그 속에서 살았던 인물들에게 어떠한 영향을 끼쳤으며, 조선 초·중기 사회를 어떻게 변화시켰는가를 규명해보겠다.

2. 《삼강행실도》의 편찬 배경과 정치성

《삼강행실도》 편찬 배경

《삼강행실도》는 세종 13년(1431)에 국왕이 집현전 직제학 설순에게 명령하여 편찬 · 간행된 책이다. 세종이 편찬을 지시한 취지는 첫째, 교화가 쇠퇴하여 백성들이 군신 · 부자 · 부부의 큰 인륜에 대해 잘 알지 못하는 데다 타고난 천성에 어두워서 항상 각박(刻薄)한 데 빠져 있으며, 둘째, 간혹 훌륭한 행실과 높은 절개가 있어도 풍속과 습관이 달라져 보고 듣는 사람들의 마음을 흥기(興起)시키지 못한다고 여겼기 때문이다.[2] 그

1 《삼강행실도》에 대한 기존의 연구 결과 중 본고를 작성하는 데 참고한 논문과 저서는 다음과 같다. 김훈식, 〈《삼강행실도》 보급의 사회사적 고찰〉, 《진단학보》 85, 진단학회, 1998. 이혜순, 〈열녀상의 전통과 변모〉, 《진단학보》 85, 진단학회, 1998. 田汝康, 이재정 옮김, 《공자의 이름으로 죽은 여인들》, 예문서원, 1999.

2 《세종실록》 권56, 세종 14년 6월 9일.

래서 세종은 효자와 열녀, 그리고 충신으로 남달리 뛰어난 사례들을 뽑도록 하고 이들을 간략히 소개한 다음 시와 그림 등을 덧붙이도록 하였다. 그렇게 해서 효자와 열녀 및 충신을 '흠선(歆羨)하고 감탄하며 사모(思慕)'하고 여기에서 더 나아가 다른 사람에게 이러한 행위를 '권면(勸勉)하고 격려(激勵)'할 수 있게 되기를 기대하였던 것이다.

세종은 자신이 구상한 대로 교화서가 편찬·간행될 경우, 사대부는 물론 일반 백성들의 풍속도 크게 변화하고 정치의 도리가 더욱 높아져서, 가정에 있을 때에는 모두 효순(孝順)한 아들이 될 것이고 조정에 나아가서는 누구나 충성스러운 신하가 될 것이라고 기대하였다. 그리고 그렇게 된다면 결과적으로 왕업이 튼튼해져서 이를 만세토록 전할 수 있을 것으로 판단하였다.

이와 같은 의도에서 교화서의 편찬을 지시한 세종은 유신(儒臣)들이 이를 편찬하자 '삼강행실'이라는 이름을 명명해주고 주자소에서 인쇄하도록 조처하였다. 또 책이 간행되자 배포와 교육에도 남다른 관심을 기울였다. 즉 한성부(漢城府)의 관리들과 지방의 감사 · 수령들에게 지시하여 학식 있는 자를 널리 구하여 이를 백성들에게 교육시키도록 하였다. 이때 귀천을 가리지 말고 교육할 것을 지시한 것은 물론이고 집안에 있는 부녀자들까지도 친속(親屬)들이 정성껏 가르쳐서 입으로 외우고 마음으로 생각하도록 하였다.[3]

그러면 이제 세종이 왜 설순에게 《삼강행실도》를 편찬토록 지시했는지 그 당시의 배경에 대해 좀 더 구체적으로 살펴보자. 그 배경을 굳이 살펴보는 이유는 그것이 《삼강행실도》에 수록된 실제 사례와 매우 밀접한 관련이 있기 때문이다. 세종이 《삼강행실도》를 편찬하도록 한 직접적

3 《세종실록》 권64, 세종 16년 4월 27일.

인 계기는 널리 알려진 바와 같이 진주에 살던 김화라는 사람이 그의 아버지를 살해한 사건이었다.

따라서 당시 유교사회를 충격에 빠뜨렸을 존속살해 사건을 계기로 편찬된 《삼강행실도》에서 효가 크게 강조된 것은 당연하였다. 부모의 자식에 대한 사랑이 으레 그러하듯이 자식의 부모에 대한 효도 본질상 무조건적이고 맹목적이었다. 설령 아버지가 아들을 사랑하지 않더라도 아들은 이를 이유로 불효해서는 안 되었다〔父雖不慈 子不可以不孝〕.[4] 이와 같은 이념 체제 속에서는 병든 부모를 회생시키기 위해 허벅지 살을 베어내고〔割股〕, 손가락을 자르는 행위〔斷指〕는 너무도 당연하였으며, 부모 봉양을 위해 자기의 자식을 죽이거나 파는 일은 아무런 문제가 되지 않았다. 뿐만 아니라 원통하게 죽은 부모의 복수를 위해서 심지어 살인마저도 허용되었다.

실제로 《삼강행실도》 〈효자도〉에는 거의 무조건적인 효의 사례들이 많이 수록되어 있다. 왕무자(王武子)의 아내가 병든 시어머니를 위해 다리 살을 베고〔義婦割股〕, 석진(石珍)이 아버지 병을 치료하기 위해 손가락을 자르는 일〔石珍斷指〕 등은 《삼강행실도》에서 흔히 볼 수 있는 사례이다. 곽거(郭巨)가 어머니를 봉양하기 위해 자기 자식을 산 채로 땅에 파묻고〔郭巨埋子〕, 돌아가실 시어머니의 관(棺)을 장만하기 위해 아들을 팔아버리는 조효부(趙孝婦)의 사례〔趙婦鬻子〕도 그리 드문 일은 아니다. 나아가 아버지의 원수를 갚기 위해 살인을 자행한 후옥(緱玉) 행위를 정당화하는 사례〔申屠哀感〕까지도 《삼강행실도》에 실려 있다.

비록 《삼강행실도》를 편찬하게 된 직접적인 계기는 김화 사건이었지만, 세종이 실제로 이를 편찬토록 지시한 이면에는 또 다른 배경이 있을

4 《詩經》, 〈召南江有汜〉.

것으로 추정된다. 먼저 세종 통치 당시에는 건국한 지 3~4대가 지나긴 했지만, 아직도 왕실의 기반이 확고하지 않았다. 당시 관료들은 비록 새 왕조의 건국에 동참하기는 하였지만, 대부분 고려 말에 입사(入仕)한 사람들이었다. 따라서 그들 중 상당히 많은 사람들이 이전 왕조의 이념이나 사상을 그대로 따르는가 하면, 또 이전 왕조의 관료들과 지연(地緣)·학연(學緣)·혈연(血緣) 등으로 얽혀 있어서 새 왕조의 통치 이념과 정책을 제대로 이해하지 못하거나 동조하지 않는 경우도 있었다. 따라서 세종은 새 왕조의 건국이념을 깊이 이해하고 새로운 정책을 철저히 실천할 관료, 즉 새 왕실에 충심으로 열정을 바칠 관료가 필요했을 것이다.

실제로 《삼강행실도》 〈충신도〉를 살펴보면 이러한 사실을 바로 알 수 있다. 〈충신도〉에는 국왕의 잘못에 대해 간언(諫言)했던 신하, 외국과의 전쟁이나 반란자와의 전투에서 전사하거나 패하여 자살한 문무관료, 또는 포로가 된 후에도 절개를 굽히지 않고 죽은 장수들이 주로 선정되었다. 특히 후자가 많이 소개되었는데, 심지어는 전투에서 패배하여 도망갔다가 후에 돌아왔지만 끝내 절의를 굽히지 않은 경우도 포함되어 있다. 예컨대 금나라의 완안진화상(完顔陳和尙)은 여러 차례 전투에서 이겼으나 삼봉전투에서 패배하여 균주(鈞州)로 달아났다. 그 후 난이 조금 진정되자 나타나서 자신의 신분을 알리고 죽음을 당하였다. 그가 난이 진정된 후 나타나 자수한 이유는 자신이 "다른 병사와 섞여 난군(亂軍) 속에서 죽으면 사람들이 국가를 저버렸다고 오해할 것 같아서 난이 진정된 후 나타나 그렇지 않다는 사실을 명백히 알리기 위해서였다."고 말하고 있다. 그는 갖은 형벌로 종아리가 부러지고 입술이 귀까지 찢겼으나 끝내 굴복하지 않다 죽음을 당했다.

한편 송나라 진사(進士) 윤곡(尹穀)의 경우도 매우 특이한 사례에 속한다. 그는 지형주(知衡州)에 임명되어 집에서 차례를 기다리고 있던 중 원나라 군사가 침입하여 성을 함락시키자 집에 불을 지르고 가족들과 함께 못에 빠져 죽었다〔尹穀赴池〕. 그가 진사를 거쳐 형주(衡州)의 지주(知州)로 임명되는 과정에서 국가와 사회를 위해 남긴 특별한 공적은 전혀 없다. 그가 한 일이라고는 단지 원나라 군사가 성을 함락하자 자신이 살던 집에 불을 지르고 온 가족이 함께 집 근처의 못에 빠져 집단으로 자결한 것 밖에 없다. 그런데도 그는 《삼강행실도》의 편찬자들에 의해 충신으로 선발되었다. 선정 이유는 오로지 그가 불사이군(不事二君)했다는 것일 텐데, 이 점은 앞에서 살펴본 완안진화상의 경우도 마찬가지다. 특이하게도 《삼강행실도》의 〈충신도〉에는 국가의 영토를 넓히거나 기틀을 마련한 공신, 문물제도 등을 정비하거나 정책을 입안한 정치가 등의 사례는 거의 소개되어 있지 않다.[5] 따라서 국가에 대한 기여도보다는 왕실이나 황실에 대한 충성도가 높은 사람을 충신으로 선정하였음을 알 수 있다. 바로 이 점이 《삼강행실도》를 편찬하던 세종 당시의 사회 분위기와 깊은 연관이 있을 것으로 보인다.

다음으로 《삼강행실도》 〈열녀도〉 편찬 사례는 당시 여성들의 이혼이나 재혼의 풍습과 밀접한 관련이 있었을 것으로 추정된다. 당시에는 평천민은 말할 것도 없고 사대부가와 왕실에서조차 이혼과 재혼이 허락되었다. 따라서 유교를 철저히 신봉하던 세종의 입장에서 보면, 이러한 풍조는 하루빨리 없어져야 할 폐풍(弊風)이라고 생각되었을 것이다. 더군다나 명(明) 초기의 황제, 그 중에서도 특히 명 태조인 주원장(朱元璋)은 당시

5 《삼강행실도》에 공신이 포함된 사례는 서달의 경우가 유일하다〔徐達功業〕. 그는 주원장을 도와 채석, 태평 등 변방을 정벌하고 중원을 함락시켜 건국의 기반을 마련하였으며, 원의 수도에 입성해서는 창고에 쌓인 재물을 온전히 보존하고, 원의 왕비와 공주 등을 보호했으며, 백성들이 생업에 종사할 수 있도록 하는 모든 조처를 취했다. 그러나 그는 나중에 '선정삼강행실도'를 편찬하는 과정에서 결국 누락되었다. 그런데 바로 이 점은 조선시대 사람들이 '충'에 대해 어떻게 생각하였는지를 잘 보여준다고 할 수 있다. 즉 '충'은 오로지 왕이나 왕실에 대한 충성이며, 국가의 기틀을 마련하고 제도를 완성시키는 등의 행위는 '충'으로 간주하지 않았음을 알 수 있다.

중국 여성의 결혼 풍속을 혐오하고 이를 고치려고 노력하였기 때문에 세종도 자신의 생각을 더욱 확고하게 했을 것으로 판단된다.

몽골족으로부터 중국을 탈환한 주원장은 당시의 풍속, 그 중에서도 몽골족의 영향이 강한 결혼 풍속을 지독히 혐오했다고 한다. 그가 싫어한 결혼 풍습이란 형이 죽은 후 동생이 형수를 데리고 사는 형사취수(兄死娶嫂)와 남편이 죽은 후 계모(繼母)가 의붓아들과 결혼하는 것을 말한다. 주원장은 이러한 풍습을 비도덕적이라고 여기고 이를 하루빨리 없애버리고 중국의 전통적인 풍속, 즉 유교적 전통을 회복시키고자 하였다. 그래서 그와 그를 뒤이은 황제들은 이를 위해 각종 법령과 정책들을 마련하는 한편 교화서를 간행하여 널리 배포하기도 하였다. 그 결과 명 초기부터 여성들 사이에 정절(貞節)을 숭배하는 기풍이 생겨났으며, 그래서 황제가 죽으면 그를 모시던 궁인들 대부분이 자결하는 풍조가 있었다고 한다.[6]

세종은 물론 《삼강행실도》 편찬에 관여했던 집현전 학자들은 동시대 중국에서 있었던 이러한 흐름에 대해 자세히 알고 있었다. 왕과 신하들은 또한 원의 지배 시기 이후에 고려 땅에 널리 퍼진 비유교적인 이혼과 재혼 풍습들을 속히 버리고 유교적인 윤리 가치를 회복하는 일이 시급하다고 생각하였을 것이다. 그리하여 《삼강행실도》 편찬을 계기로 자신들의 의도를 반영하는 사례를 대거 수록함으로써 시대적인 악습을 바로잡으려 했던 것이다.

실제로 《삼강행실도》 〈열녀도〉를 살펴보면 개가(改嫁)의 문제가 가장 많이 등장한다. 병든 남편을 버리고 개가하라는 친정어머니의 명령을 거절하거나 아예 개가를 권유하지 못하도록 자신의 신체를 훼손하는 자

6 田汝康, 앞의 책, 18~20쪽.

해 행위를 서슴없이 감행하는 경우도 많았다. 심지어는 자결하는 경우도 있었다. 시집간 후 남편이 나쁜 병에 걸리자 개가하기를 종용하는 친정어머니의 명령을 단호하게 거절하는 송나라 여인의 사례〔宋女不改〕가 전자라면, 왕이 자신의 미색(美色)에 반하여 상신(相臣)을 통해 갖가지 폐백을 보내면서 자신과 재혼해주기를 강요하자 이를 거절하기 위해 자기의 코를 베어버리는 고행(高行)의 행동〔高行割鼻〕이나, 친정 식구들이 젊은 나이에 자식도 없이 홀로 된 자신의 처지를 동정하며 개가를 권유하자 재혼하지 않기 위해 귀를 잘라버린 영녀(令女)의 행위〔令女截耳〕 등은 후자에 해당한다고 할 수 있다. 개가를 권하는 친정아버지를 비난한 여찬(呂纂)의 아내 양씨(楊氏)는 정절을 지키기 위해 심지어 자살을 한다〔楊氏義烈〕. 이러한 사례는 《삼강행실도》에 수도 없이 등장하는데, 이러한 개가 거부의 사례 역시 세종 시기의 풍속과 밀접한 관련이 있다고 할 수 있다.

끝으로 《삼강행실도》 편찬 배경과 관련하여 사소한 것 두 가지만 더 언급하고 다음으로 넘어가겠다. 하나는 효자와 충신, 그리고 열녀의 사례 마지막에 각기 우리나라의 사례를 첨가했다는 점이며, 다른 하나는 각 사례의 앞뒤에 그림과 시를 덧붙였다는 점이다. 먼저 중국의 충·효·열 각 사례의 말미에 우리나라의 실례를 조사하여 첨가했다는 점인데 이 역시 세종의 성향과 관련이 있다고 생각된다. 세종은 우리의 독창적인 문자인 한글 창제를 주도한 군주로 우리나라의 사례를 첨부토록 한 것은 그의 성향에서 보면 너무도 당연한 조처였다. 우리나라의 본보기가 《삼강행실도》를 읽는 독자들에게 중국의 사례에 비해 좀 더 친근감을 줄 것이기 때문에 충 · 효 · 열의 이념을 신속하고 널리 전파, 보급시키는 책의 편찬 의도에 더욱 잘 부합하였을 것임은 두말할 나위가 없다.

《삼강행실도》는 앞에서도 밝혔듯이 효자와 열녀, 그리고 충신으로 남달리 뛰어난 사례들을 뽑아 간략하게 소개한 다음 시와 그림 등을 덧붙이도록 하였다. 세종이 그렇게 지시한 이유는 글자를 모르는 우매한 사람들까지도 각 사례를 보고 느껴서 분발하도록 하기 위해서였다고 한다. 즉 글자를 아는 사람들은 내용과 시를 통하여 효자 · 열녀 · 충신의 성품과 인정을 본받을 수 있고, 글자를 모르는 사람들은 그림을 통하여 그 형상을 머릿속에 떠올릴 수 있다는 것이다. 그러나 내용을 소개하고 시를 지어 찬한 것이 반드시 한문을 아는 식자층을 위한 것이고, 그림을 새긴 것은 꼭 글자를 모르는 일반 백성을 위한 것이 아니었다. 세종이 시로 찬하고 그림으로 새기도록 지시한 것은 이들 사례를 잊지 않도록 강하게 각인시키기 위해서였다. 이러한 점은 율곡 이이의 사례를 통하여 알 수 있다. 이이는 대가족제를 선호하였는데, 그가 대가족제를 선호하는 것과 관련하여 연보에는 다음과 같은 일화가 전해오고 있다.

> 일찍이 《이륜행실(二倫行實)》을 보다가 장공예(張公藝)가 9세(世) 동거했다는 대목에 이르러 개연히 사모하면서 말하기를, "9세를 한 집에서 산다는 것은 혹시 형편상 어려움이 있을 수 있으나 형제간에는 나눠어 살 수 없다." 하고 이에 형제가 부모를 받들고 함께 사는 그림을 손수 그리고서 (시간이 날 때마다) 이를 감상하며 그 의미를 되새겼다.[7]

연보에 따르면 율곡이 《이륜행실》을 보게 된 것은 9세 때였다고 한다. 당시에 그는 비록 어린 나이이긴 하지만 《이륜행실》에 나오는 장공예의 이야기를 읽고 그 의미를 충분히 파악할 수 있었다. 그럼에도 불구하고

7 甲辰… 嘗覽二倫行實 至張公藝九世同居 慨然慕之曰 九世同居 勢或有礙 至於兄弟 不可離析 乃手畫兄弟奉父母同居之圖 以觀之(《국역율곡전서》 7책 12쪽).

그는《이륜행실》에 나오는 그림을 손수 그려 벽에 붙여두고서 시간이 날 때마다 이를 보고 가슴에 새겼던 것이다. 사실《삼강행실도》나《이륜행실》에 나오는 그림들은 사례의 내용을 이해할 수 있도록 상세히 그려진 것들이지만, 그림만 보아서는 그 사례의 내용을 전혀 파악할 수 없다. 글을 읽어야만 비로소 그려진 판화의 내용을 알 수 있는 것이다. 따라서 그림의 실제 용도는 글씨를 모르는 일반 백성을 위한 것이라기보다는 사례의 내용을 오랫동안 기억하도록 하기 위한 것이다. 이것은 시도 마찬가지다. 따라서 시와 그림은 모두 그 사례에 대한 기억을 더욱 선명하게 각인시키는 하나의 기제로 사용했다고 판단되는데,《삼강행실도》나《이륜행실》이 모두 교화서였기 때문에 이러한 추론은 더욱 설득력을 가질 것으로 판단된다.

이러한 추론은 퇴계 이황이 즉위한 선조에게 〈성학십도(聖學十圖)〉를 그려 올린 것이 좋은 근거가 될 것이다. 이 〈성학십도〉의 원래 명칭은 〈진성학십도차병도(進聖學十圖箚幷圖)〉인데, 이를 통하여 알 수 있듯이 이황은 선조가 즉위하자 장차 성군이 되어 온 백성에게 선정을 베풀어달라는 취지에서 상소문을 지어 올리고 그 끝에 상소문의 내용을 이해하기 쉽도록 그림을 첨부하였다. 그런데 이황이 굳이 그림을 첨부한 이유는 선조로 하여금 상소의 내용을 쉽게 이해하도록 하기 위해서일 뿐만 아니라 그 내용을 머릿속에 각인시키도록 하기 위해서였다. 따라서《삼강행실도》나《이륜행실》에 그림을 붙인 것도 바로 이러한 이유에서였던 것이다.

이상에서 살펴본 바와 같이《삼강행실도》의 편찬 배경을 살펴보면 당시에 조선이 처한 현실과 밀접한 관련이 있다. 즉 가정과 사회적인 측면에서는 혼란해진 기강을 바로잡고 유교적인 전통을 시급히 확립해야만 했다. 따라서 이를 위해서는 효를 바탕으로 어른을 공경하도록 유도해야 하며, 열을 바탕으로 개가를 금지하여 이혼과 재혼을 원천적으로 막는 조치가 필요했던 것이다. 또 국가 차원에서는 새로운 왕실을 건립한 후 신하들의 충성과 절의를 기반으로 한 관료질서의 확립이 시급한 당면과제였다. 그래야만 가정과 사회, 국가가 모두 빠른 시일 내에 안정될 수 있었다. 따라서 세종은 이러한 당시의 여러 문제들을 《삼강행실도》 편찬과 보급을 통하여 해결하려고 하였던 것이다.

'선정삼강행실도' 편찬 배경

성종 21년(1490)에 《삼강행실도》에 실린 사례 중 일부를 선별하여 다시 간행하였는데, 이 책을 본고에서는 편의상 '선정삼강행실도(選定三綱行實圖)'라고 하겠다.[8] 이 책을 간행하게 된 것은 이보다 1년 전인 성종 20년 6월에 경기관찰사로 제수된 박숭질이 왕에게 하직인사를 하는 자리에서 다음과 같이 《삼강행실도》의 재편찬을 건의한 것이 직접적인 계기가 되었다.

> 신이 근년(近年)에 상(喪)을 당하여 시골에 있으면서 (풍속을 살펴) 보건대, 어리석은 백성 중에는 부모와 서로 힐난(詰難)하는 자도 있고, 형제가 불화한 자도 있는데, 융성(隆盛)한 시기에 이런 풍속이 있는 것은 마땅하지 못합니다. 세종조에 《삼강행실》을 중외(中外)에 반포(頒布)하여 사람들로 하여금 착한 마음을 일으키게 하였습니다. 그런데 (현재) 관부(官府)에도 오히려 이 책이 없는데, 하물며 민간에 있겠습니까? 신이 생각하건대, 《삼강행실》은

8 이 책을 기존에는 '산정본삼강행실(刪定本三綱行實)' 또는 '재편본삼강행실(再編本三綱行實)' 등으로 불렸다. 그러나 최근에 옥영정은 기존의 《삼강행실》 내용을 산정하거나 재편하지 않았기 때문에 책의 명칭을 이와 같이 붙이는 것은 적절치 않으며 '선정삼강행실도(選定三綱行實圖)'라고 해야 정확하다고 주장하였다. 필자는 그의 견해를 따라 '선정삼강행실도'라고 하겠다.

앞에는 모양을 그림으로 그렸고, 뒤에는 사실을 기록하였는데, 만약 이로써 가르치면 풍속을 변화시킬 수 있고 인심을 고칠 수 있으리라 여겨집니다. 다만 이 글은 한만하여 어리석은 백성이 두루 보기가 어려우니, 그 가운데 절행(節行)이 특이한 것을 골라 간략하게 초출(抄出)하여 인쇄한 후 여러 시골에 반포하여 여염(閭閻)의 소민(小民)으로 하여금 두루 알게 한다면 풍속을 교화하는 데 도움이 있을 것입니다.[9]

박숭질이 이와 같이 제안하자 성종은 마치 기다렸다는 듯이 이를 전적으로 받아들였다. 박숭질은 또 경기도에서 간인(刊印)하기 어려우니 주자(鑄字)로 인쇄하여 반포하자고 제안하였는데, 성종이 이에 대해서도 흔쾌히 허락하였다. 얼마 후 성종은 시강원 보덕 허침과 이조정랑 정석견에게 《삼강행실도》를 산정(刪定)하도록 명령하였다.

허침 등은 이 명령에 따라 효자 · 열녀 · 충신의 사례 각각 110개 중에서 사람들이 쉽게 보고 느낄 만한 것들을 각기 35개씩 선정(選定)하였다. 다만 이때 선정된 사례 내용들이 모두 간략하여 줄일 만한 부분이 없는데다 조종조(祖宗朝)에서 편찬한 것들이기 때문에 이를 임의로 산정하는 것이 옳지 않다고 생각하여 내용이나 문장은 하나도 수정하지 않았다. 따라서 허침 등은 교서관에 보관 중이던 판본을 그대로 이용하여 인쇄하고 이를 한 책으로 묶어내자고 제안하였다.[10] 국왕은 이 제안을 받아들였는데, 이러한 과정을 통하여 간행된 책이 이른바 '선정삼강행실도'이다. 구태여 다시 편집할 필요도 없고 또 교서관의 판본을 그대로 이용했기 때문인지 국왕이 산정을 명령한 지 10개월도 안 되어 이 책의 반포를 지시하였다.[11]

9 《성종실록》 권229, 성종 20년 6월 1일.
10 《성종실록》 권229, 성종 20년 6월 18일.

그러면 이제 이 무렵에 왜 '선정삼강행실도'를 새로 편찬하게 되었는지 그 배경에 대해 살펴보기로 하자. 우선 종전의 책이 효자 · 열녀 · 충신의 사례를 각각 110개로 하였기 때문에 여기에서 소개하고 있는 사례가 무려 330여 개나 되었다는 점이다. 사례들이 이와 같이 많은 데다 서로 유사하기까지 하여 교육적인 효과는 오히려 반감될 수밖에 없었다. 가령 효자의 경우 손가락을 자르거나 허벅지를 베는 일이 많고, 열녀의 경우 자신의 신체를 손상하는 경우가 빈번하였기 때문에 누가 이러한 행동을 했는지 확실히 기억하기 어려웠다. 330개나 되는 사례의 내용을 모두 입으로 외우거나 머릿속에 기억한다는 것은 결코 쉬운 일이 아니었다.

더군다나 이와 같이 330개나 되는 사례를 소개하다보니 내용상 서로 충돌되거나 분류가 잘못된 경우도 있었다. 예컨대 송나라 주수창(朱壽昌)의 사례는 효자로 이름이 나서 선정되었으나 그 배경은 유교적 풍속을 해치는 예에 해당되었다. 즉 그는 재혼한 어머니 유씨(劉氏)를 50년 후에 찾아내어 효도를 다했는데 비록 그의 어머니는 아버지가 강제로 쫓아내어 어쩔 수 없이 다른 사람과 재혼할 수밖에 없었지만 개가를 금하고 정절을 강조하는 열녀의 사례와 정면으로 충돌할 수밖에 없었다〔壽昌尋母〕.

또 효녀로 소개한 신라의 설씨(薛氏)도 그 내용을 살펴보면 효녀보다는 열녀로 분류해야 하지 않았나 하는 생각이 든다. 설씨는 자기 아버지를 대신해서 수자리를 살러가는 가실(嘉實)이라는 소년과 정혼하였다. 그런데 그가 약속한 기간이 지나도 돌아오지 않자 그녀의 아버지는 그녀를 다른 사람에게 시집가도록 거듭 강요하였다. 그러나 그녀는 이를 완강하게 거절하고 가실을 기다린 끝에 결국 뒤늦게 돌아온 그와 결혼하였다〔薛氏分鏡〕. 따라서 이 사례는 전체적인 맥락에서 보면 효녀의 사례라

11 《성종실록》 권239, 성종 21년 4월 1일.

기보다는 열녀의 사례라고 보아야 합리적이다. 그런데 편찬자는 설씨를 효녀로 분류하여 〈효자도〉에 수록하였다.

한편 지례현(知禮縣)의 윤은보(尹殷保) 이야기도 분류가 적절하지 않은 사례에 속한다. 그는 지의주사(知宜州事) 장지도(張志道)로부터 글을 배웠는데, 스승에게 아들이 없자 어버이로부터 허락을 받은 후 생전에 그를 어버이처럼 섬기고 사후에 여묘살이까지 했다〔殷保感烏〕. 윤은보가 정성을 기울여 섬긴 사람은 그의 아버지가 아니라 스승이었는데, 《삼강행실도》 편찬자는 그를 효자로 분류하여 〈효자도〉에서 소개하였다. 비록 '사람은 임금과 스승, 아버지 이 세 분을 똑같이 섬겨야 한다〔人生於三 事之如一〕'고는 하지만 누구를 섬기느냐에 따라 그 내용이나 형식은 엄연히 달랐다. 《삼강행실도》에 수록된 효자 · 충신 · 열녀의 사례가 각기 110건이라고 하나 사실 〈효자도〉만은 유독 한 건이 더 많은 111건이 수록되어 있는데, 그것은 바로 이 윤은보 사례와 관련이 있기 때문이라고 필자는 추정한다. 즉 편찬자는 스승과 제자의 관계가 비록 삼강(三綱)에는 해당되지 않으나 '인생어삼 사지여일〔人生於三 事之如一〕' 해야 한다고 생각하여 이를 특별히 선정한 후 〈효자도〉의 마지막에 추가하였기에, 〈효자도〉만 유독 사례가 하나 더 많았다고 생각된다.

이러한 사례들은 비록 사소한 것이기는 하나 분명히 편찬상의 결함들이었으며, 앞에서 경기관찰사 박숭질이 한만하다고 했던 것은 바로 이러한 점들을 가리킨 것이라고 추정된다. 이러한 점들 때문에 박숭질은 《삼강행실도》를 산정해야 할 필요가 있다고 건의하였을 것으로 판단된다.

앞에서 살펴본 바와 같이 허침과 정석견은 '선정삼강행실도'를 편찬하면서 "기록한 사실은 모두 간략하여 줄일 만한 부분이 없고, 또 조종조에서 이미 이루어진 것이기 때문에 보태거나 줄일 수 없다."고 하여 마치 왕으로부터 명령을 받아 자신들이 부득이하게 선정을 하였어도 그 내용은 이전의 《삼강행실도》와 커다란 차이가 없는 것처럼 진술하고 있다. 그러나 '선정삼강행실도'의 내용을 살펴보면, 비록 글자를 첨삭하거나 그림을 고치지는 않았지만 사례의 선별 과정에서 이전의 《삼강행실도》에서 강조하던 내용과 상당한 차이가 있었다. 이는 당시의 사회가 이 책을 처음으로 편찬할 때와 크게 달라졌음을 반영한 것이라고 생각된다. 그러면 이제 그 선정 기준이 무엇이었으며, 그러한 기준이 당시의 상황과 어떠한 연관을 맺고 있었는지를 살펴보기로 하자.

먼저 〈효자도〉에는 병든 부모를 살리기 위해 허벅지 살을 베어내거나 손가락을 자르는 경우가 많이 소개되어 있는데, 이는 사실 효의 원리와 배치되는 행위였다. 효에 관한 이론서인 《효경(孝經)》의 첫 장에 "신체의 모든 것은 부모에게서 받은 것이니 이를 손상하지 않는 것이 효의 시작이다〔身體髮膚 受之父母 不敢毁傷 孝之始也〕."라는 논리와 배치(背馳)되고 있기 때문이다. 물론 병든 부모를 살리기 위한 것이고 때로는 상징적인 의미지만, 허벅지 살을 베어내고 손가락을 자르는 행위는 분명히 극단적인 행위다.[12] 이러한 점은 부모의 봉양을 위해 자신의 자식을 살해하거나 파는 행위도 마찬가지였다. 허침과 정석견은 선정 과정에서 이러한 사례들을 대부분 제외하였는데,[13] 그것은 이러한 행위들이 극단적이고 또 《효경》 등의 이론과 상충(相衝)되었기 때문이 아닌가 추정된다.[14]

또 〈효자도〉에 소개된 계모와의 갈등 사례도 눈길을 끈다. 《삼강행실도》에 소개된 계모는 전처의 자식들에게 온갖 행패를 부리는데 아버지는

12 할고(割股), 단지(斷指)와 관련하여 《삼강행실도》에 소개된 사례들이 유독 우리나라의 것들이라는 점이 주목되는데, 이러한 현상에 대해서는 추후 세심한 논의가 필요할 것으로 생각된다.

13 '선정삼강행실도'에는 할고와 매자(賣子)의 경우는 모두 제외되었고 단지와 아들 살해는 석진〔石珍斷指〕과 곽거〔郭巨埋子〕의 경우만 소개되었다.

14 앞에서 잠시 소개한 바 있는 후옥의 사례〔申屠哀感〕 즉 아버지의 원수를 갚기 위해 살해를 한 경우도 선정 과정에서 제외되었는데 그것은 효를 기반으로 한 행동이었다고 하더라도 사회질서나 사회안녕과 충돌이 일어날 경우 그로 인한 갈등이 심화되는 것을 우려했기 때문으로 추정된다.

그것을 전혀 모르거나 아니면 더욱 역성을 드는 사례가 소개되어 있다. 예컨대 계모가 추운 겨울에도 민손(閔損)에게 홑옷을 입혔는데 아버지가 우연히 이러한 사실을 발견한 것〔閔損單衣〕은 전자의 경우이며, 아버지가 새로 부인을 얻고서 집에서 설포(薛包)를 쫓아내는 것〔薛包洒掃〕은 후자의 경우이다. 그러나 민손이나 설포의 지극한 효심에 새어머니나 아버지가 감동하여 원만한 관계를 이루게 되는데, 처가살이의 관습이 그대로 남아 있던 당시로서는 남자가 상처(喪妻)한 후 재혼할 경우 전처(前妻)와의 사이에서 낳은 자식들을 어떻게 양육하느냐와, 전처 자식들과 계모의 갈등을 어떻게 해결하느냐 하는 점이 커다란 사회 문제였다.[15] 이러한 영향 때문이었는지 계모에 대해 무조건적으로 효도를 하는 사례들은 선정 과정에서 하나도 제외되지 않고 모두 수록되었다.

다음으로 〈충신도〉와 관련해서는 그다지 뚜렷한 기준이 보이지 않는다. 그러나 선정된 사례들을 살펴보면 35가지 사례 중 간신(諫臣)의 경우는 고작 세 건에 불과하다는 점이 눈에 띈다. 용봉(龍逢)이 간언을 하다 죽고〔龍逢諫死〕, 주운이 간언을 하다 난간을 부러뜨렸으며〔朱運折檻〕, 정추(鄭樞)와 이존오(李存吾)가 상소를 올린 사례〔鄭李上疏〕만 수록되어 있다. '선정삼강행실도'에는 간신보다는 충신의 사례가 압도적으로 많이 소개되어 있는데, 이 점으로 미루어 여전히 왕실에 무조건적이고 절대적으로 충성하는 관료에 대한 관심이 지대했음을 알 수 있다.

끝으로 열녀와 관련하여 어떠한 기준으로 선정했는지를 살펴보자. 선정되기 이전의 〈열녀도〉에는 아황과 여영 등을 비롯한 후비(后妃)와 제후(諸侯)의 부인 및 사대부와 일반 백성 출신의 열녀가 모두 소개되어 있

15 자유롭게 이혼과 재혼을 할 수 있는 풍습이 남아 있던 당시로서는 '계부(繼父)'의 문제도 적지 않았을 터인데 왠지 이에 대한 사례는 전혀 소개되어 있지 않다. 이에 대해서도 추후 논의가 필요할 것으로 생각된다.

다. 그러나 이들이 열녀로 선정될 수 있었던 기준이 크게 달랐다. 후비 열녀들의 선정 기준은 황제나 왕을 어떻게 잘 보필했느냐 하는 점이며, 제후 부인들의 그것은 제후 부인으로서 예의(禮儀)를 어떻게 잘 지켰느냐가 중요하게 작용하였다. 예컨대 반첩여(班婕妤)가 수레를 타라는 성제의 제안을 거절한 것〔婕妤辭輦〕이나 맹희가 휘장이 없는 입거(立車)를 타지 않고 목을 맨 것〔孟姬舒帷〕은 황제를 어떻게 보필하느냐와 예의를 얼마나 중시했느냐는 문제였다. 맹희는 예의 없이 사는 것보다 차라리 죽는 것이 낫다고 생각하였던 것이다〔無禮而生 不若早死〕. 이에 반해 사대부와 백성의 부녀자에게는 절의(節義)가 기준이었다. 더군다나 《삼강행실도》를 편찬 간행한 주목적이 후비나 제후의 부인을 대상으로 한 것이 아니라 사대부와 백성이었기 때문에 그들에 대한 사례는 적절치 못한 면이 있었다. 따라서 예를 지키다 불에 타서 죽은 백희의 사례〔伯姬逮火〕를 제외하고는 후비와 제후 부인의 사례는 모조리 제외되었다.

이와 함께 열녀에 대한 정의도 약간은 달라졌던 것으로 추정된다. 선정되기 이전의 《삼강행실도》에는 부녀의 정절을 강조하여 열녀 중에는 적에게 겁탈당할 위기에 처한 미혼의 처녀들이 자결하는 사례도 수록하였다. 떼도둑에게 겁탈을 당하지 않기 위해 절벽에서 뛰어내린 두씨의 19세와 16세의 두 딸〔二竇投崖〕이나 18세의 미혼 처녀로 원나라 병사에게 끌려갔다가 물에 뛰어들어 사망한 한희맹〔希孟赴水〕 등이 바로 그러한 사례인데, 선정 과정에서 이러한 사례는 제외되었다. 그것은 기본적으로 열녀에 대한 정의가 혼인 여부를 막론하고 정절을 지키는 여자에서 결혼한 아내로서 정절을 지키는 여자로 좁혀진 결과가 아닌가 생각된다. 그러나 정혼하였으나 혼전에 남편이 사망한 사례는 선정 과정에서 제외되지 않았다. 예컨대 명나라 영씨(甯氏)의 딸이 그러한 사례에 해당한다. 그녀는 유진아(劉眞兒)와 정혼하였으나 혼전에 그가 사망하였다. 그럼에도 불구하고 지아비의 집으로 가서 시부모를 52년 동안이나 봉양하고 살았다고 한다〔寡女貞節〕.

그런데 열녀의 선정 기준과 관련하여 이보다 더욱 주목해야 할 사실은 열녀의 역할이 달라졌다는 점이다. 〈열녀도〉에 수록된 사대부나 백성 출신의 열녀의 사례를 살펴보면, 이들은 모두 절의를 중시했기 때문에 남편을 따라 죽는 경우가 많았다. 그러나 만일 어린 자녀나 연로한 부모가 있음에도 불구하고 아내가 무작정 남편을 따라 죽으면 그들을 돌볼 사람이 없기 때문에 그 가정은 폐문(廢門)될 가능성이 매우 높았으며, 그래서 사회문제가 될 여지가 있었다. 사회나 국가의 안정이라는 측면에서 보면, 남편을 따라 무작정 '죽는 열녀'보다 살아서 어린 아들을 훌륭하게 키우거나 늙은 부모를 봉양하는 '살아 있는 열녀'가 더욱 필요하였던 것이다.[16]

더군다나 부인이 사망한 남편을 따라 죽는 것은, 여성들이 평생 동안 따라야 하는 또 하나의 유교규범인 '삼종지도(三從之道)'와도 크게 어긋났다. 이에 따르면, 남편이 없을 경우에는 어린 아들을 따르도록 되어 있었는데 어린 아들을 두고 자결한다는 것은 이 도리에 배치되는 행위였다. 물론 '살아 있는 열녀'도 어린 자녀들이 모두 장성하고 연로한 부모가 다 돌아가신 후에는 사망한 남편을 따라 죽어야만 했다. 그래야만 열녀로서 '완성'이 되었던 것이다.[17] 아무튼 조선 초기 이후에는 사회나 국가의 안정을 위해서는 남편을 따라서 무작정 목숨을 버리는 '죽는 열녀'보다 '살아 있는 열녀'가 필요했던 것이다. 그래서 선정할 때에도 '살아 있는 열녀'와 관련된 사례들은 하나도 제외하지 않고 모두 수록하였다. 남편인 정문구(程文矩)가 사망한 후에도 자기의 자식과 전실(前室)의 자

16 이혜순, 앞의 논문, 166~175쪽.

식을 훌륭하게 키워낸 목강〔穆姜撫子〕이나 남편 번언침(樊彦琛)의 유언에 따라 자식 양육을 위해 남편의 뒤를 따르지 않은 위씨〔魏氏斬指〕, 그리고 역시 남편 혜사현(惠士玄)의 유언에 따라 전처가 낳은 자식을 키우기 위해 죽지 않았던 왕씨〔王氏經死〕가 모두 그러한 사례다.

이상에서 살펴본 바와 같이 허침과 정석견은 '선정삼강행실도'를 편찬할 때 박숭질이나 세조가 지적한 것과 같은 한만하거나 구차한 사례들을 우선적으로 제외시켰을 것으로 판단된다.[18] 그렇지만 이 외에도 당시의 상황이 세종의 지시에 의해 《삼강행실도》가 처음으로 편찬되던 그 때와는 많이 달라지고, 또 유교적인 이념이나 사상이 전보다 널리 보급되었기 때문에 이 무렵의 본보기로서 적절하지 않은 사례, 즉 극단적이거나 다른 유교 이념들과 상충되는 사례들이 상당 부분 제외되기도 하였다.

《삼강행실도》 편찬과 보급의 정치성

《삼강행실도》의 편찬과 보급이 비록 백성들의 교화를 위한 것이었다고는 하지만 이 책의 간행 배경에 다분히 깊은 정치성이 깃들어 있음을 부인할 수 없다. 사실 이를 편찬 간행한 그 자체가 이미 고도의 정치적인 행위였는데, 간행된 책을 하사하거나 보급하는 과정에서 무언의 메시지

17 시부모가 돌아가신 후 남편의 뒤를 따라 사망하지 않으면 열녀가 아니라 효부(孝婦)로 간주되기도 하였다. 수자리를 떠난 남편이 사망하여 돌아오지 못했으나 시어머니를 잘 모시겠다는 생전의 남편과의 약속을 이행한 진효부(陳孝婦)는 친정 부모의 개가 권유를 단호히 거절하고 28년 동안 시어머니를 봉양하고 또 시어머니가 사망하자 땅과 집을 팔아 장사를 잘 지내주었다. 그녀는 그 후 남편의 뒤를 따라 자결하지 않았는데, 그래서 그랬는지 그녀는 열녀가 아닌 효부로 분류되어 〈효자도〉에 실려 있다(陳氏養姑).

18 세조는 1465년에 《삼강행실도》의 사례들을 거론하면서 '구차한 예(例)를 면치 못하고 또 번거로워 마땅치 않다.'고 평가한 바 있다. 《세조실록》 권36, 세조 11년 7월 25일.

를 강하게 전달하곤 하였다. 세종은 《삼강행실도》가 간행되자마자 이 책을 종친과 신하들에게 하사하고 여러 도(道)에도 내려주었다.[19] 《세종실록》에는 세종의 의도와 관련된 직접적인 기록은 없지만, 세종은 종친들과 신하들이 〈효자도〉와 〈열녀도〉를 읽어서 가정을 잘 다스리고 〈충신도〉를 자세히 보아 충성스러운 마음을 가슴속 깊이 새길 것을 직간접적으로 주문하였을 것이다. 세조도 원년(1455) 10월에 금성대군(錦城大君) 유(瑜)의 사건에 연루되어 유배당한 정종(鄭悰) 등에게 《삼강행실도》 한 질과 주효(酒殽)를 하사하였다.[20] 그가 왜 이 책을 하사하였는지는 말하지 않아도 알 수 있다.

세종과 세조가 《삼강행실도》를 배포하면서 무언의 메시지를 전달했다면 연산군은 항상 그렇게 해왔듯이 자신의 의도를 다음과 같이 노골적으로 드러내었다.

> 고려 때 서견(徐甄)이나 진(晉)나라 혜소(嵇紹)는 모두 충신이다. (내가 만일) 이와 같은 사람을 만나 (신하로) 쓰게 된다면 나라 다스리는 데 무엇이 어렵겠는가. 옛사람으로 혜소와 같은 사례가 있다면 (그 사례를) 발췌하여 (책으로) 편찬해서 조사(朝士)에게 나누어주도록 하라. 지금 사람들은 말과 행실이 어긋나고, 말대로 실천하는 사람이 적다. 이승건(李承健)이 지금은 비록 죄를 입었지만 전일 내가 세자(世子)로 있을 때 말을 잃어버렸는데, 승건이 '신의 말이 탈 만합니다.' 하고 즉시 가져왔으니 그 뜻이 아름다웠다.[21]

연산군이 말하고 있는 혜소는 진나라 충신이었다. 동해왕의 군사가

19 《세종실록》 권66, 세종 16년 11월 24일.
20 《세조실록》 권2, 세조 1년 10월 18일.
21 《연산군일기》 권55, 연산 10년 9월 18일.

탕음(蕩陰)에서 크게 패하여 황제가 뺨을 다치고 화살을 세 대나 맞았다. 그러자 황제를 모시고 있던 여러 관리와 시어(侍御)들이 놀라서 모두 흩어졌으나 혜소만은 조복(朝服) 차림으로 자신의 말에서 내려 황제의 수레로 올라가 몸으로 황제를 보호하였다. 병사들이 혜소를 끌어내어 진중에서 베려 하자, 황제가 "충신이다. 죽이지 마라."고 말하였다. 그러자 군사들이 "태제(太弟)의 명령만 받아 오로지 폐하 한 분만 범하지 아니할 뿐입니다."라고 말하고서 혜소를 죽이니, 피가 황제의 옷에 묻었다. 석초가 황제를 받들고 그 영(營)으로 갔는데, 좌우에 있던 사람들이 황제의 옷을 빨려 하니, 그가 말하기를, "혜시중(侍中)의 피다. 빨지 마라." 고 하였다고 한다〔嵇紹衛帝〕. 어느 왕이나 다 그러하겠지만 연산군도 혜소와 같이 충성심으로 가득 찬 인물을 만나고 싶었을 것이다.

중종도 이러한 점에서는 마찬가지였다. 다만 그는 연산군처럼 자신의 의도를 직접적으로 표현하지 않고 《속삼강행실도》를 편찬할 때, 자신에게 충성을 바친 신하들을 여기에 수록하려고 하였다. 또 그 책의 서문에 신하로서의 절의에 대해 다음과 같이 언급할 것을 명령하기도 하였다.

> 《삼강행실》을 속찬(續撰)할 때에 조종조(祖宗朝) 및 반정(反正) 후의 일을 모두 수록하도록 하여라. …… 내가 경연(經筵)에서 사마온(司馬溫) 공(公)이 풍도(馮道)를 논한 것을 보고 말하기를 "여자는 남편을 따르면 종신토록 고치지 않는 것이요, 신하는 임금을 섬기면 죽더라도 두 임금을 섬기지 않는 것이다. 여자로서 부정하면 아무리 용모가 아름답고 길쌈 솜씨가 교묘하다 해도 어질다고 할 수 없는 것이며, 신하로서 불충하면 아무리 재지(才智)가 많고 치행(治行)이 우수하다 해도 귀하다고 할 수 없는 것이다. 왜냐하면 대절(大節)이 이미 이지러졌기 때문이다." 하였으니, (이 책의) 서문을 지을 때에 이 뜻을 (반드시) 서술해야 하리라.[22]

이와 같이 조선의 왕들은 종친이나 신하 등에게 《삼강행실도》를 하사하면서 자신이나 왕실에 충성하도록 무언(無言) 또는 유언(有言)으로 지시하였다. 뿐만 아니라 자신들과 다른 종교를 가졌거나 다른 왕조를 섬긴 유민(流民)들에게도 《삼강행실도》를 보급하여 그들이 자신과 같은 종교로 개종하고 자기나 왕실을 섬기도록 하기 위한 방편으로 삼았다. 이러한 점은 중종이 내린 다음과 같은 전교(傳敎)를 통하여 알 수 있다.

> 개성부의 인민들이 전조(前朝)의 남긴 풍속에 의하여 불교를 숭상하고 이륜(彝倫)을 알지 못하니 진실로 염려된다. 예조로 하여금 《삼강행실》의 수량을 더 많이 인쇄해서 (개성부에) 내려보내게 하라.[23]

3.《삼강행실도》 보급의 영향

직접적인 영향

교화서의 하나인 《삼강행실도》의 보급을 통하여 당시의 사회가 변화되었다면 과연 어떠한 점이 어떻게 달라졌는가를 규명하는 것은 중요한 과제다. 그러나 조선 초기에 널리 반포된 교화서가 《삼강행실도》 하나만 있었던 것이 아니기 때문에 반드시 이 책의 영향으로 사회의 풍속과 관습이 달라졌다고 말한다면 이는 억지 주장이다. 그러나 세종이 《삼강행실

22 《중종실록》 권20, 중종 9년 4월 2일.
23 《중종실록》 권22, 중종 10년 6월 9일.

도》를 반포하고 효자·열녀·충신이 무더기로 배출되지 않는 것에 대해 안타까워했던 사실을 통하여 알 수 있듯이, 분명히 《삼강행실도》와 효자·열녀·충신의 배출은 밀접한 상관관계가 있었다. 다만 그 효과가 즉시 그리고 크게 드러나지 않았던 것으로 추정될 뿐이다.

원인이 여러 가지 있었겠지만 우선 지방관리, 그 중에서도 특히 관찰사나 수령들이 《삼강행실도》 보급에 비협조적이었던 점을 가장 큰 이유로 꼽을 수 있다. 세종은 교화가 관찰사나 수령에 의해 좌우된다는 사실을 너무도 잘 알고 있었기 때문에 《삼강행실도》를 반포하면서 지방의 경우 관찰사와 수령들로 하여금 학식 있는 자를 널리 구하여 이를 강습하도록 하였다.[24] 그러나 수령들은 이를 이행하지 않았다. 이러한 사실은 성종 8년에 예조에서 올린 글을 통하여 알 수 있다.

> 절의(節義)는 사람의 큰 윤리이므로 국가에서 《삼강행실도》를 주군(州郡)에 반포하였는데 수령들이 (이를) 버려두고 시행하지 않으며, 또 효자·절부(節婦)가 있으면 문려(門閭)를 정표(旌表)하는 것이 참으로 성전(盛典)인데 또한 그 뜻을 사용하지 않고 다만 길 왼편에 나무를 가로질러 두니, 심히 포상의 뜻에 어긋납니다.[25]

성종대에는 수령들이 《삼강행실도》를 통한 교화를 마치 자신의 임무 이외의 일로 여기는 풍조가 있었던 것 같다. 그래서 예조에서는 이를 타개하기 위해서 새로운 방안을 제시했는데, 그것은 관찰사로 하여금 수령들이 《삼강행실도》의 보급에 얼마나 열성적인가를 세밀히 살펴서 근무

24 《세종실록》 권64, 세종 16년 4월 27일.
25 《성종실록》 권79, 성종 8년 4월 22일.

평정의 근거 자료로 삼도록 하는 것이었다.[26]

한편 《삼강행실도》의 보급 효과는 비록 산발적이긴 하지만 뜻하지 않은 데에서 드러나기도 하였다. 가령 《세조실록》을 살펴보면, 전라도 만경(萬頃)에 살던 김보검(金寶劒)이라는 인물이 《무경칠서(武經七書)》와 《삼강행실도》를 일반인들에게 가르쳐 뚜렷한 성과를 거두었으니 전주의 토관(土官)으로 임명하자는 건의를 이조(吏曹)에서 하고 있다.[27] 또 세종 이후 왕위에 올랐던 국왕들의 실록을 살펴보면 효자와 열녀에 대한 기록이 꾸준히 그리고 점점 원만한 상승곡선을 그리다가 중종대에 이르면 그 수효가 갑자기 크게 늘어났던 것을 알 수 있다. 중종대에는 전국적으로 효자와 열녀를 선정하여 포상하기도 하였는데, 그 중 중종 23년(1528)에 표창한 효자와 절부의 명단을 살펴보면 다음의 '표 1'과 같다.

이때 표창된 효자와 열녀는 총 47명으로 그들의 직업이나 신분을 살펴보면, 남성은 전직 참봉(參奉)에서부터 사노(私奴)까지, 그리고 여성은 관리의 부인에서부터 양녀(良女)까지 매우 다양하다. 또 출신 지역을 살펴보면 서울을 비롯하여 전라 · 충청 · 강원 · 경기 · 함경도 등 거의 전국을 망라하였다고 해도 지나치지 않는다. 물론 여기에서 유의하여야 할 점은 이들 47명이 전국의 효자와 열녀 전부는 아니라는 사실이다. 효자와 열녀 중에서도 국가에서 표창을 할 만한 사람들의 수가 47명이기 때문에 그 당시 효자와 열녀로 인정되거나 거론된 인물은 이보다 훨씬 많았다는 점을 간과해서는 안 될 것이다.

그런데 여기에서 눈여겨볼 것은 이들 중에서 유학 유인석(劉仁碩)은 《삼강행실도》를 보고 단지(斷指)했다고 하며, 진사(進士) 신명화(申命和)

26 《성종실록》 권79, 성종 8년 4월 22일.
27 《세조실록》 권12, 세조 4년 5월 3일.

표 1 중종 23년에 표창 받은 효자와 절부의 명단

구분	지역	신분	성명	구분	포상	비고
1	전주(全州)	사노(私奴)	김천동(金千同)	효	정문 복호	
2	강릉(江陵)	유학(幼學)	최응록(崔應祿)	효	정문 복호	아비 위해 단지(斷指)하여 약에 타서 먹임.
3	강릉		이씨(李氏)-진사(進士) 신명화(申命和)의 아내	효	정문 복호	《삼강행실도》 암송, 남편이 득병하자 밤낮으로 기도, 꿈에서 얻은 약으로 남편 완쾌.
4	함종(咸從)	유학	노인석(盧仁碩)	효	정문 복호	
5	안주(安州)		박덕(朴德)-군사(軍士) 박호(朴好)의 딸	효	정문 복호	
6	중부(中部)	사비(私婢)	말덕(末德)	효	정문 복호	
7	포천(抱川)	한량(閑良)	권거경(權居敬)	효	정문 복호	
8	개천(价川)	양녀(良女)	막시(莫時)	열	정문 복호	남편 위해 단지하여 약에 타서 먹임.
9	충주(忠州)	전(前) 혜민서 참봉	하숙륜(河叔崙)	효	정문 복호	허벅지 살을 베고, 단지하여 어머니 병 치료.
10	우봉(牛峯)		홍씨-이윤동(李潤童)의 아내	열	정문 복호	
11	담양(潭陽)	서원(書員)	권복(權福)	효	관직	
12	장수(長水)	유학	김경손(金敬孫)	효	관직	
13	흥덕(興德)	녹사(錄事)	오준(吳俊)	효	관직	
14	부안(扶安)	진사(進士)	최필성(崔弼成)	효	관직	
15		전직장(直長)	한숭석(韓崇錫)	효	물품	
16	강진(康津)	별시위(別侍衛)	고수검(高守儉)	효	물품	
17	고부(古阜)	별시위	이숙손(李叔孫)	효	물품	
18	옥구(沃溝)	별시위	두세준(杜世俊)	효	관직	
19	장성(長城)	역리(驛吏)	차순년(車舜年)	효	복호 물품	
20	전주	생원(生員)	박세직(朴世直)	효	관직	
21	삼척(三陟)	유학	김숭손(金崇孫)	효	물품	좋은 음식을 보면 품고 와서 부모에게 드림. 여러 달 옷을 벗지 않고 아비 병 시중. 추위와 더위에도 분묘 수호. 직접 제수 장만하여 전제(奠祭). 3년 시묘살이. 어미가 죽자 아비 상 때처럼 함.

구분	지역	신분	성명	구분	포상	비고
22	양구(楊口)	호장(戶長)	유담(柳潭)	효	물품	
23	함종	전여수(旅帥)	유인달(劉仁達)	효	물품	독자(獨子)로 일찍 아비를 여의고, 어미 모시고 가난하게 삶. 어미 죽자 여묘살이. 몸소 제물 장만하여 전제. 3년상 이후 사당(祠堂)을 만들어 전제.
24	순안(順安)	전 참봉(参奉)	박만근(朴蔓根)	효	물품	독자로 한 살 때 아비를 여의고, 어미를 섬김. 어미가 죽자 여묘살이. 직접 제물 장만하여 전제. 3년 동안 하루 세 번씩 통곡.
25	고원(高原)	유학	서상인(徐尙仁)	효	복호 물품	
26	옥천(沃川)	교생(校生)	임세화(林世華)	효	물품	
27	결성(結城)	유학	유항(兪恒)	효	관직	
28	김제(金堤)	사노	난금(難金)	효	물품	
29	홍산(鴻山)	수군(水軍)	김원손(金元孫)	효	물품	
30	중부	사노	박달(朴達)	효	복호 물품	
31	옥천	역리	양노(梁老)	효	복호 물품	
32	나주(羅州)	양녀(良女)	능금(能今)	열	복호 물품	
33	고부	양녀	금이(今伊)	열	복호 물품	
34	김제	양녀	마비(馬非)	열	복호 물품	
35	만경(萬頃)	양녀	금이(今伊)	열	복호 물품	
36	가산(嘉山)		윤씨(尹氏)-갑사(甲士) 방권(方權)의 아내	열	물품	남편이 죽자 제청(祭廳) 마련. 화상(畫像)을 걸고 몸소 제물 마련 전제. 개가(改嫁)를 권하자 통곡하고 수절(守節).
37	옥천		막장(莫藏)-역리 양녹(梁祿)의 아내	열	물품	
38	덕산(德山)	양녀 보덕(寶德)		열	물품	
39	남부(南部)		남씨(南氏)-고부사(府使) 최계사(崔季思)의 아내	열	물품	
40	김제		박씨(朴氏)-고유학 윤사임(尹師任)의 아내	열	물품	
41	전주		김씨(金氏)-유학박형문(朴衡文)의 아내	열	물품	
42	옥천	양녀	석을금(石乙今)	열	물품	
43	서부(西部)	양녀	정금(貞今)-고첨지(僉知)	열	물품	

구분	지역	신분	성명	구분	포상	비고
			정석희(鄭錫禧)의 첩			
44	운산(雲山)	양녀	중지(中之)-고유학 유해(兪諧)의 첩	열	물품	남편 중풍(中風)에 밤새 약시중. 남편이 죽자 물조차 마시지 않음. 재물 다 털어 백 일간 전제. 직접 베를 짜서 시부모 봉양. 매달 1일과 15일 전제. 삼년상을 마치고도 개가하지 않고 시부모 봉양.
45	담양		정병(正兵) 정이(鄭利), 정한(鄭漢), 정진(鄭進), 정윤(鄭倫)	효	물품	형제가 함께 한 장내(場內)에서 살면서 어미를 봉양, 효도하고 우애.
46	양구(楊口)	호장(戶長)	유혼(柳渾)	효	(포상 없음)	어버이가 함께 죽자 가묘(家廟) 설치. 매달 1일과 15일 제사. 철따라 천신(薦新)하고 먹음.
47		유학	유인석(劉仁碩)	효	(포상 없음)	장가들어 살림 따로 차리고서도 하루에 세 번씩 부모를 알현. 아비 득병에 밤낮으로 간호. 《삼강행실도》를 보고 단지, 아비의 병 치유.

의 아내 이씨는 평소에 《삼강행실도》를 암송하였다는 사실이다. 이 이씨가 바로 그 유명한 율곡 이이의 외조모, 즉 신사임당의 어머니인데 그녀는 타고난 성품이 온화하고 유순하며, 어릴 적 《삼강행실도》를 읽어서 능히 대의를 깨달았다고 한다.[28] 아무튼 이 둘은 《삼강행실도》를 보고 효행을 한 사람으로, 이 책을 읽고 교화된 생생한 사례라 할 수 있다. 이 외의 인물들도 사실 그들이 했다고 하는 행적들을 살펴보면 모두가 《삼강행실도》와 밀접한 관련이 있음을 알 수 있다. 여묘살이를 하거나, 허벅지 살을 베어 어버이에게 드린다거나, 진귀한 식물(食物)을 보면 주인 몰래 품속에 넣고 와서 어버이에게 드리는 것 등은 모두 《삼강행실도》에 소개된 인물들이 보여준 행적과 같은 것이기 때문이다. 따라서 이는 비록 직접 《삼강행실도》를 보고 터득한 행위는 아니라고 할지라도 그들의 가족

28 《국역율곡전서》 4책 294~295쪽.

이나 친지 또는 이웃들로부터 전해 들었거나 또는 그러한 행실을 직접 목도하였기 때문에 가능한 일이었다고 할 수 있다. 즉 《삼강행실도》가 널리 보급되어 여러 사람들이 이를 읽고 그 내용을 널리 전파하였으며, 그 결과 이러한 행실을 그대로 따라 실행하려고 하였기 때문에 이 시기에 이와 같은 유형의 효자와 열녀, 충신이 배출되었던 것이다.

간접적인 영향

양계에서 친계 사회로

조선 초기와 중기의 사회가 여러 가지 면에서 조선 말기의 그것과 크게 달랐다는 것은 이미 언급한 바와 같다. 그 중 하나가 조선 초기와 중기는 양계사회였는데, 말기에는 친계사회로 변화하였다는 점이다. 조선 중기는 그러한 변화의 한가운데 있었기 때문에 이 두 측면이 모두 나타났다. 그러한 대표적인 예를 바로 이이의 가계(家系)를 통해서 볼 수 있다. 이이가 쓴 그의 외조모 이씨의 묘지명에 따르면, 그는 외조모의 제사를 받드는 봉사손(奉祀孫)이 되었다. 성리학자로 알려진 그는 제사를 주자의 가례와 종법(宗法)에 따라야 한다고 주장하였지만 실제로 집안에서는 외손봉사(外孫奉祀), 즉 그의 외조모의 제사를 받들고 있었던 것이다.

> (외조모) 이씨는 아들은 없고 딸만 다섯을 두었으니, 맏딸은 장인우(張仁友)에게 시집가고 둘째는 주부(主簿) 이원수(李元秀)에게, 셋째는 생원(生員) 홍호(洪浩)에게, 넷째는 습독(習讀) 권화(權和)에게, 다섯째는 이주남(李胄男)에게 시집갔다. (이 다섯 명의 딸들이 낳은) 손자들은 (무려) 20여 명이나 되며 주부는 바로 나의 선군(先君)이다. (그런데) 나로 하여금 외조부모의 제사를 맡게 하였다.[29]

당시로서는 외손봉사가 그리 드문 일은 아니었으며, 오히려 일반적인 현상이었다. 이러한 점은 손순효(孫舜孝)가 조정에서 펼친 다음과 같은 주장을 통해서도 알 수 있다. 성종 21년(1490) 6월에 청천군(淸川君) 한환(韓懽)이 그의 장인〔妻父〕 조지산(趙智山)을 구타하여 능욕한 사건이 일어났다. 이에 왕은 의금부(義禁府)에 이를 조사하여 보고토록 지시하였다. 그런데 이 사건을 조사한 의금부에서는 그의 죄가 장(杖) 100대를 속(贖)으로 바치고 고신(告身)을 모두 빼앗아야 할 만큼 무거운 중죄에 해당한다고 보고하였다. 그러자 조정의 대소신료들은 그에 대한 처벌을 놓고 갑론을박하였는데, 손순효는 다음과 같이 더욱 무겁게 처벌해야 한다고 주장하였다.

> 우리나라는 중국과 같이 친영(親迎) 하는 의식이 없으므로, 모두 처가(妻家)를 내 집으로 삼아 처(妻)의 아비를 아비라 부르고, 처의 어미를 어미라고 부르며, 평소에 부모의 일로 여기니, 이 또한 강상(綱常)입니다. 비록 무지한 소민(小民)이라 하더라도 오히려 차마 범하지 못할 것인데, (어찌) 더욱이 사대부이겠으며, 사대부도 감히 범하지 못할 것인데, 하물며 재상(宰相)이겠습니까? 재상이 불의를 범한 바가 이와 같으니, 이를 바로잡지 않고 어떻게 조정을 바로잡겠습니까? 한환(韓懽)이 인정(人情)을 범하였으니, 율(律)보다 무겁게 해야 합니다.[30]

손순효의 이야기를 통하여 그가 살던 성종 무렵에는 사대부들조차 처가를 자신의 집으로 여기고 장인을 아버지, 장모를 어머니라고 불렀음을 알 수 있다. 즉 처가의 부모를 친가의 부모와 구별하지 않았으며 이를 또

29 《국역율곡전서》 4책 294~295쪽.
30 《성종실록》 권241, 성종 21년 6월 27일.

하나의 부모와 자식 관계로 인식하고 있었다. 따라서 사위가 장인을 구타한 이 사건은 단순한 사건이 아니라 강상의 관계를 해치는 범죄였다.

그러나 효가 특히 강조되면서 조선 중기 이후에는 이러한 풍조가 서서히 변화하여 오로지 친계(親系)만을 중시하는 경향이 나타났다. 반면 처계(妻系)나 외계(外系)는 상대적으로 그 영향력을 크게 상실하고 말았다.

이성양자에서 동성양자로

조선 후기 각 문중의 족보에서는 이성양자를 입양한 경우를 찾아볼 수 없다. 이 시기에 간행된 족보에는 이성양자 입양 사실이 전혀 기록되어 있지 않기 때문이다. 따라서 이성양자의 입양 사실을 살펴보려면 조선 초·중기에 작성된 각종 전기(傳記)나 묘지명(墓誌銘) 등을 찾아볼 수밖에 없다. 《국역율곡전서》에는 이이와 교유했던 조선 초·중기 인물들의 전기나 묘지명이 상당수 수록되어 있다. 그 중 반성부원군(潘城府院君) 박응순(朴應順)과 신후(申煦)의 사례를 소개하면 다음과 같다.

> 공(公)의 이름은 응순, 자는 건중(健仲)이고 나주박씨(羅州朴氏)다. …… 공은 3세 때에 공의 고모인 군수 박수영(朴秀榮)의 아내가 길러서 자기 아들로 삼았다. …… 공이 9세에 아버지를 여의자, 외조부 사섬시(司贍寺) 정(正) 홍공〔洪士俯〕이 선비 유조순을 집에 들여앉혀서 공과 손자들을 가르치게 했는데 공은 학문을 게을리하지 않았다.[31]

> 군(君)의 휘는 후(煦), 자는 백온(伯溫), 성은 신(申), 관향은 평산(平山)으로 고려 장절공(將節公) 숭겸(崇謙)의 후예다. 18세 때 그의 부친이 염병으로 작고

31 《국역율곡전서》 4책 264~266쪽의 〈반성부원군 박공묘지명(潘城府院君 朴公墓誌銘)〉.

하였다. …… 군은 고모 집에서 양육되었는데 그 고모가 아들이 없으므로 가산(家産)을 군에게 물려주어서 제사를 받들게 하려고 하니 군은 의리를 끌어대며 굳이 사양하였다. 고모가 울면서 간절하게 타일렀으나 군은 끝내 따르지 않고 이에 동성으로서 뒤를 이어주었다.[32]

우리는 박응순이 그의 고모부에게 입양된 사실을 통하여 당시에 하나의 관습으로 굳어져 널리 행해졌던 이성양자 입양의 한 사례를 살펴볼 수 있으며, 신후가 고모의 간청에도 불구하고 동성양자를 입양하도록 한 사례를 통하여 변해가는 당시의 모습을 동시에 파악할 수 있다. 그리고 이러한 사례들을 통하여 이성양자를 아무렇지도 않게 받아들이던 종래의 관습이 효를 중시하면서 조선 중기부터 점차 변하고 있음을 알 수 있다.

혈통에서 종법으로

위의 입양과 관련하여 한 가지 유의하여야 할 점이 있다. 바로 종법이 강화되는 경향이 이와 병행하여 나타났다는 점이다. 이성양자를 아무렇지도 않게 입양하던 조선 초기의 풍습이 조선 중기부터는 이미 동성양자를 선호하는 쪽으로 점차 기울어가면서 이와 함께 문벌의식 또는 신분의식이 점점 고조되어갔던 것이다. 그리하여 조선 중기 이후에는 적자(嫡子)가 없을 경우 서자를 승중(承重)시켜 가통을 잇게 하지 않고 동성질자(同姓姪子)를 양자로 들이는 경향이 점차 짙어졌다. 사대부들은 자신의 피를 물려받은 서자를 제쳐두고 피를 전혀 이어받지 않은 동성질자 가운데 하나를 후계자로 선정하여 자신의 가통을 잇게 하였는데, 이렇게 해야만 가문의 지체가 이어질 수 있었기 때문이다. 만일 서자로 하여금 가

32 《국역율곡전서》 4책 299쪽의 〈신백온묘지명(申伯溫墓誌銘)〉.

통을 잇게 하였을 경우, 그의 직계는 그 순간부터 서얼 가문으로 격하되고 말았다.

율곡 이이는 그의 서자를 승중시켜 그의 가통을 잇게 하였는데, 그의 직계 후손들은 이후로는 다른 사대부 가문의 구성원들과 혼인할 수가 없었으며, 그래서 양반으로 대우를 받지 못했다. 그의 직계 후손들을 승중하였음에도 불구하고 적손(嫡孫)으로 인정받지 못하고 여전히 서손(庶孫)으로 살아야만 했다. 반면에 신독재(愼獨齋) 김집(金集)은 자신의 피를 이어받은 서자가 있었으나 족손(族孫)을 입양하여 어려서 사망한 적자(嫡子)의 뒤를 잇게 하였다. 그 결과 그의 사손(嗣孫)들은 대대로 사대부가와 혼인할 수 있었으며, 양반으로서 인정받았다. 이와 같이 자신의 피를 이어받은 서자를 제쳐두고 질자(姪子)를 입양하여 대를 잇게 하는 조처는 조선 중기 이후 문벌의식이 크게 성장하면서 거부할 수 없는 하나의 풍조로 굳어져갔다.

불교에서 유교로

교화서의 편찬이나 보급과 관련하여 살펴보아야 할 다른 하나는 불교적 전통의 탈피에 관한 것이다. 백성들의 의식 속에 깊숙이 뿌리내리고 있는 불교의 유습을 하루빨리 청산하기 위해서도 교화서의 간행이 절실했기 때문이다. 조선 초기와 중기의 국왕들은 전조(前朝), 즉 고려가 남긴 관습이나 풍속을 하루빨리 유교식으로 변화시켜야 했다. 앞에서 살펴보았듯이, 중종이 고려의 풍습에서 완전히 벗어나지 못하여 불교를 숭상하는 개성부의 백성들에게 《삼강행실도》를 보급하여 이륜(彝倫)을 알 수 있도록 교화하려 한 것이 그러한 사실을 잘 보여준다.

앞에서 거론한 네 가지 변화들이 모두 다 《삼강행실도》의 영향이라고 주장할 수는 없다. 교화서들의 발간과 병행하여 유교 관련 경전들이 널리 편찬되고 간행, 보급되었기 때문이다. 그러나 《삼강행실도》의 간행과 보급이 이러한 변화의 한 축을 담당하여 또는 앞에서 이끌거나 뒤에서 지원해주었던 것은 분명한 사실이며, 조선사회가 유교화되어가는 데 때때로 가속 페달 역할을 하였다고 할 수 있다.

4. 나가며

이상에서 필자는 조선 초기에 《삼강행실도》를 편찬하게 된 배경과 이 책이 간행된 이후 사회에 어떠한 변화가 있었는지를 규명하려고 했다. 이를 요약하면 다음과 같다. 《삼강행실도》를 편찬하게 된 직접적인 계기는 김화 사건이었지만, 이 책을 편찬하게 된 배경을 살펴보면 당시에 조선이 처한 현실과 밀접한 관련이 있었다. 즉 가정과 사회의 측면에서는 효와 열을 바탕으로 하는 유교적인 전통을 하루빨리 정착해야 했으며, 국가 차원에서는 충성과 절의를 기반으로 한 관료질서를 시급히 확립해야 했다. 그래야만 가정과 사회, 국가 모두가 조속한 시일 내에 안정될 수 있었다. 따라서 세종은 이러한 현안을 《삼강행실도》 편찬과 보급을 통해 해결하려고 하였다.

한편 성종대에 이르러 《삼강행실도》를 축소한 '선정삼강행실도'를 간행하였는데, 이는 《삼강행실도》에 실린 사례를 3분의 1로 줄인 것이지만 선정 과정을 면밀히 살펴보면 대략 세 가지 기준이 적용되었던 것으로 추정된다. 첫째, 사례의 내용이 한만하거나 구차한 것들은 제외시켰는데 구체적으로는 분류를 잘못하였거나 번잡한 내용이 포함된 사례 등은 삭제하였다. 둘째, 다른 유교의 이념들과 충돌되는 사례들은 제외하였다.

예컨대 병든 부모를 살리기 위해 허벅지 살을 베어내거나 손가락을 자르는 사례들은 부모님으로부터 물려받은 몸을 온전히 보존해야 한다는 효의 또 다른 원리에 배치되는 행위였기 때문에 탈락시켰다. 셋째, 선정 당시의 상황과 부합되는 사례들은 하나도 빼놓지 않고 모두 수록하였다. 당시에는 처가살이의 관습이 그대로 남아있었는데 남자가 상처한 후 재혼할 경우 전처와의 사이에서 낳은 자식들을 어떻게 양육하느냐와 전처 자식들과 계모와의 갈등을 어떻게 해결하느냐 하는 점이 커다란 문제였다. 따라서 계모에 대해 무조건적으로 효도를 하는 것들은 선정 과정에서 하나도 제외하지 않고 모두 수록하였다.

또 사회나 국가가 안정적으로 유지되기 위해서는 죽은 남편을 따라서 무작정 목숨을 버리는 열녀보다 살아서 어린 자녀들을 양육하고 늙은 부모를 봉양하는 열녀가 더욱 필요하였다. 따라서 살아서 어린 자녀를 양육하고 늙은 부모를 봉양하는 열녀의 사례들은 선정 과정에서 하나도 제외시키지 않고 모두 수록하였다. 이와 같이 '선정삼강행실도'는 편찬하는 과정에서 비록 《삼강행실도》에 수록된 이외의 사례들을 추가하지는 않았지만 당시의 상황과 맞지 않은 것들은 제외하고 부합하는 것들은 수록함으로서 교화의 효율성을 크게 제고하였다고 할 수 있다.

《삼강행실도》의 편찬과 보급이 비록 백성들의 교화를 위한 것이었지만 이 책의 발간 배경을 살펴보면 다분히 깊은 정치성이 깃들어 있음을 부인할 수 없다. 사실 이를 편찬 간행한 그 자체가 이미 고도의 정치적인 행위였는데, 간행된 책이 하사되거나 보급되는 과정에서 정치적인 무언의 메시지가 강하게 전달되곤 하였다. 국왕은 신하들이 〈효자도〉와 〈열녀도〉를 읽어서 가정을 잘 다스리고 〈충신도〉를 자세히 살펴보아 충성스러운 마음을 가슴 속 깊이 새길 것을 직간접적으로 주문하였던 것이다.

《삼강행실도》의 보급을 통해서 당시의 사회가 어떻게 변화되었을까?

조선 초기에 반포된 교화서가 이 책만은 아니었기 때문에 이 책의 영향으로 사회의 풍속과 관습이 달라졌다고 말한다면 이는 지나친 주장일 것이다. 그러나 《삼강행실도》가 보급된 이후 이 책에 수록된 사례와 유사한 효자·열녀·충신이 많이 배출되었는데 그들 중에는 직접적으로 《삼강행실도》의 영향을 받았다고 밝히는 경우가 많았다. 따라서 이와 같이 효자 열녀 등이 많이 배출된 점은 《삼강행실도》가 조선 초·중기 사회에 끼친 직접적인 영향이라고 할 수 있다. 간접적으로는 첫째, 양계에서 친계 사회로 변화하고, 둘째, 양자를 이성으로도 세우던 것이 점차 동성으로만 고집하는 풍속으로 바뀌었으며, 셋째, 혈통보다는 종법이 우선시되고, 넷째, 전반적으로 사회가 불교의 영향력에서 크게 벗어나 유교화 사회로 변화하는 데 크게 영향을 끼쳤다고 판단된다. 결론적으로 《삼강행실도》의 간행과 보급은 조선사회가 유교화되어 가는 변화의 한 축을 담당하여 앞에서 이끌거나 뒤에서 지원하는 견인차 또는 후방지원차 노릇을 충실히 했다고 할 수 있다.

III

지식의 유통에 있어 《삼강행실도》 판화의 기능과 특징

윤진영

한국학중앙연구원 한국학대학원에서 미술사를 전공하였으며 〈조선시대 九曲圖 연구〉로 석사학위를, 〈조선시대 契會圖 연구〉로 박사학위를 받았다. '기록'으로서의 그림인 사대부들의 기록화와 초상화 등에 관심을 두고 있으며, 조선왕실 관련 회화자료로 연구 영역을 넓혀가고 있다. 저서로 《조선시대 연회도》(공저), 《조선시대의 출산문화》(공저), 《越中圖》 등이 있다.

1. 들어가며

책의 제목에 그림 '도(圖)'자를 붙인 경우는 흔치 않다. 그림과 글이 함께 수록된 책은 더욱 그렇다. 그림으로만 묶은 책이 아님에도 불구하고 제목의 끝자를 '도'라 한 것은 단연 그림에 비중을 두었음을 시사한다. 교화서에 이러한 사례가 많은데 대표적인 예가 본고에서 살펴볼 《삼강행실도》이다. 그림과 문자로 구성된 《삼강행실도》에서 그림은 책의 내용을 독자에게 효과적으로 전달하는 기능을 한다. 책의 성격이 교화서임을 감안할 때 그림은 독자 대중의 이해를 돕고, 감화를 유도하여 교화를 이루도록 하는 데 꼭 필요한 매체라 할 수 있다. 그림은 어떤 상황과 사실에 대한 많은 설명보다도 더욱 함축적이고 직접적이며 구체적인 이미지를 전해주기 때문이다.

《삼강행실도》에 수록된 그림은 판화의 형식이지만, 아마도 조선시대의 여러 계층에서 가장 많이 접할 수 있었던 그림이라 해도 과언이 아닐 것이다. 그림의 내용은 인물 묘사와 복식(服飾)의 요소, 가옥과 산수배경, 기물의 표현 등 15세기 조선과 중국의 다양한 생활문화적 단면을 포함하고 있다. 따라서 《삼강행실도》의 그림은 상대적으로 남아 있는 그림이 적은 조선 초기(1392~약 1500)의 회화 자료로서 당시의 생활상과 그림의 양상을 살펴보는 데 큰 도움을 준다. 이러한 특성으로 인해 미술사 분야에서는 《삼강행실도》 판화에 대한 다양한 연구가 진행된 바 있다.[1]

《삼강행실도》는 세종 16년(1434)에 처음 간행된 이후 몇 차례의 개찬(改撰)이 이루어졌다. 중종대에 이르기까지 방대한 책의 분량을 줄이거나 어려운 한자를 한글로 바꾸는 등의 보완을 거쳤다. 그 결과 제작과 보급에 효율성을 높일 수 있었고, 왕실에서부터 양반과 서민층에 이르기까지 폭넓게 유통되었다. 이러한 유통과 관련하여 살펴보아야 할 것이 매체가 갖는 특성이다. 즉 문자와 그림으로 구성된 《삼강행실도》가 독자들에게 어떻게 읽히고 이해되었는가에 대한 검토를 필요로 한다.

본고에서는 지식 전달의 매체라는 관점에서 《삼강행실도》의 판화에 중점을 두어 살펴보고자 한다. 《삼강행실도》는 일반 감상용 그림과 달리 유교윤리의 교육과 학습을 위한 정보를 담고 있다. 따라서 이러한 윤리적 내용을 전달하기 위해 판화가 어떤 기능을 했고, 그 기능을 위해 어떤 특징들이 그림 속에 들어가 있으며, 그것이 교화서로서 어느 정도의 효과를 가져왔는가 하는 논점에 대해 살펴보고자 한다. 또한 본고에서는 《삼강행실도》를 독자와 제작자의 입장에서 그 특징을 고려하고, 글과 그림의 유기적인 기능 속에서 판화가 갖는 특징을 파악하고자 하였다. 《삼강행실도》 판화를 어떻게 읽힐 것인가, 그리고 어떻게 읽을 것인가 하는 문제의 간극이 좁혀질 때 교화서로서의 기능이 극대화될 것이다.

판화가 수록된 《삼강행실도》는 어려운 논리나 사고를 필요로 하지 않

1 《삼강행실도》에 대한 기존의 주요 연구는 다음과 같다. 김원룡, 〈《삼강행실도》에 대하여〉, 《삼강행실도》(효자편), 세종대왕기념사업회, 1971 ; 김원룡, 〈三綱行實圖刊本攷〉, 《동아문화》 14, 동아문화연구소, 1965 ; 정병모, 〈《삼강행실도》 판화에 대한 고찰〉, 《진단학보》 85, 진단학회, 1998, 185~227쪽 ; 송일기·이태호, 〈조선시대 행실도 판본 및 판화에 관한 연구〉, 《서지학연구》 21, 2001 ; 송일기·이태호, 〈初編本 《三綱行實孝子圖》의 編纂過程 및 版畵樣式에 관한 硏究〉, 《서지학연구》 25, 서지학회, 2003 ; 이수경, 〈朝鮮時代 孝子圖 硏究〉, 서울대 대학원 석사학위논문, 2001. 이상의 연구에서는 판화 양식의 특징과 변화를 살펴 판본의 시기를 추정하고자 한 연구와 판화에 나타난 장면과 공간 구성, 그리고 세부 표현에 대한 고찰이 중심이 되었다. 더 세부적으로는 책의 내용을 독자에게 효과적으로 전달하기 위한 화면 구성 방식, 판화 양식과 고려 불화의 관련성, 중국 화풍의 영향, 산수와 인물 표현의 특색 등에 대한 연구가 이루어졌다.

는다. 백성들이 삼강의 윤리를 알고서 실행하도록 하는 실천 사례를 제시한 책이었다. 즉 충·효·열의 모범이 되는 인물의 교훈적인 일화나 행적을 그림으로 옮긴 것이다. 이처럼 교화를 목적으로 한 책에 판화를 수록한 것은 문자와 별개로 그림만이 할 수 있는 지식의 전달 기능을 효과적으로 수행하기 위한 방안이었다. 또한 그림을 통한 시각적인 이해와 탐색은 독자에게 심상(心像)을 제공하고 정서적인 반응을 유도하여 교화를 촉발시키는 체험을 제공하였다. 따라서 교화서의 내용을 판화라는 형상을 통해 이해하는 독자의 입장과 그 내용을 어떻게 그림 속의 장면으로 형상화하였는가 하는 판화의 특성을 함께 살펴볼 것이다.

전근대 사회에서 책에 수록된 지식은 본 연구 과제의 핵심어인 '문자(literacy)', '그림(visuality)', '구술(orality)' 등의 매체를 통해 지식인층이나 백성들에게 전파되었고, 지식을 전달하는 주요 기능을 하였다. 문자 해독력을 지닌 양반이나 문자를 모르는 백성들도 이러한 과정을 통해 지식 체계를 수용하였다. 그리고 이렇게 습득된 지식 체계는 대부분 관습으로 정착되었고[2] 사회윤리로서 내면화되었다. 따라서 본 논문에서는 먼저 《삼강행실도》가 세종대에 간행된 이후 어떤 필요에 의해 개찬이 거듭되었는지 그 과정에 대해 알아볼 것이다. 그리고 지식을 전달하는 매체로서의 판화 양식과 구성상의 특징, 그리고 판화의 기능에 대해서도 고찰하고자 한다. 이와 같이 판화의 특성과 기능상의 문제를 함께 조명하는 것은 문화사적인 측면에서 책을 조명하는 또 하나의 접근 방법이 될 수 있을 것이다. 또한 판화도상의 변화와 관습화의 관계에 대해서도 살펴봄으로

2 이러한 면에서 책은 지식을 체계화하고 그것을 수용한 사람들은 그 지식 체계를 관습으로 실천한다는 것이 이 논문을 포함한 본 연구 과제의 전제다. 이것은 또한 책·지식·관습이라는 키워드를 중심으로 여러 분과학문들이 통합적으로 '책'을 통해 지식과 관습이 어떻게 형성되고, 또 어떤 함수관계를 갖는가를 살피는 것이 궁극적인 목적이 될 것이다.

써 《삼강행실도》 판화가 지식의 유통에 미친 의의를 알아보기로 한다.

2. 《삼강행실도》류 서적의 간행과 개찬

《삼강행실도》가 간행된 이후, 이 책을 열람한 실제 독자층은 누구였을까? 실질적인 교화의 대상인 지방의 백성들에게도 보급이 이루어졌을까? 그들은 글과 그림을 어떻게 이해하였을까? 그리고 백성들에 대한 교화는 어느 정도 효과를 거두었을까? 이러한 물음에 대한 답은 《삼강행실도》의 기능과 관련된 문제이고, 이것이 편찬된 이후 개찬이 이루어지게 된 요인이기도 하여 여기에서 주의 깊게 살펴보기로 한다.

세종은 교화되지 않은 백성에게는 충 · 효 · 열의 주요 강령을 가르쳐 알게 하는 교육의 필요성을 중요하게 생각하였다. 그러므로 《삼강행실도》는 문자를 모르는 백성들을 배려하여 이야기의 내용을 그림으로 묘사한 그림 중심의 체제로 만들어졌다. 그림을 통해 감화를 극대화하는 효과를 얻기 위해서였다. 이러한 점에서 《삼강행실도》는 감계적인 성격의 그림이라 할 수 있다.[3] 그러나 보급 단계에서는 처음 의도한 대로 일반 백성들에게까지 미치지 못했다. 오히려 주된 독자는 식자층(識者層)이었다.[4] 그렇다면 왜 《삼강행실도》는 백성을 교화하고자 한 본래의 명분을

3 세종이 《삼강행실도》를 창안한 데에는 세종 자신이 가까이 했던 감계화(鑑戒畵)가 참고가 되었을 가능성이 있다. 왕이 접했던 궁중의 감계화는 역대의 명군(明君)과 성현, 그리고 백성들의 어려움을 보여주는 그림들로서 빈풍칠월도(豳風七月圖), 유민도(流民圖) 등이 대표적인 예다. 이는 군왕으로서의 덕성을 함양하게 하는 주제로서 왕이 늘 가까이서 보고서 경계와 교훈으로 삼았던 것이다. 조선왕실에서는 국초부터 감계화를 주제로 한 그림들이 수시로 제작되었고, 또 진상(進上)되기도 했다.

4 김훈식, 〈朝鮮初期 《三綱行實圖》 보급의 대상〉, 《인제논총》 12권 1호, 인제대학교, 1996, 151~153쪽 참조.

이루지 못했을까?

세종대부터 성종대까지 이루어진《삼강행실도》의 간행과 개찬 과정을 보면, 어떻게든 이 책의 내용이 백성들에게 쉽게 전해지도록 하는 것이 왕과 신료들의 관심사였다. 무엇보다 책의 유통과 기능을 원활하게 하여 백성들의 교화를 이끌어내는 데 목적을 두었기 때문이다. 장기적으로 볼 때 개찬을 통해 책의 체제를 보완하고자 한 이러한 노력은《삼강행실도》의 유통을 강화하기 위한 과정이라고 볼 수 있다. 백성의 입장에서 책을 읽고 이해하는 데 애로가 있다거나 제작 과정에서 발생되는 비효율성을 개선하기 위한 것이었다. 그 주요 과정들을 살펴보면 다음과 같다.

세종 16년(1434)에 간행된《삼강행실도》는 시간이 지나면서 책의 체제와 보급에서 해결해야 할 문제들이 생겨났다. 첫째,《삼강행실도》는 기본적으로 그림이 중심이지만 그림만으로는 이해할 수 없는 한계가 있었다. 내용을 알아야만 그림을 이해할 수 있는 체제였다. 둘째, 한자를 모르는 백성들이 스스로 읽어서 깨우치기는 불가능하였다. 누군가 내용을 설명하여 가르쳐주는 역할이 필요하였다. 셋째, 책의 분량이 방대하였다. 충신 · 효자 · 열녀 등 330명의 행실을 그림 · 찬(讚) · 시(詩) 등으로 간행하는 데에는 막대한 공력이 들어갔다. 당시의 인쇄술로 볼 때 이렇게 많은 분량의《삼강행실도》를 간행하여 보급하는 것은 결코 쉽지 않은 일이었다.

이러한 문제에 대해서는 차츰 시간이 지나면서 보완할 방안이 마련되었다. 첫째는 그림만으로 내용 접근이 어려운《삼강행실도》를 가르쳐 알게 하는 것이었다. 세종은《삼강행실도》를 반포하면서 기본적으로 백성들에게 가르쳐주어야 함을 강조한 바 있다. "다만 백성들이 문자를 알지 못하여 책을 나누어주었을지라도, 남이 가르쳐주지 아니하면 어찌 그 뜻을 알아서 감동하고 착한 마음을 일으킬 수 있으리오."[5] 이 내용을 보면,

책을 반포한 뒤에 실제로 가르치는 과정을 더욱 중요하게 여겼음을 알 수 있다. 이는 글을 읽고 이해해야만 그림을 알 수 있다는 점을 세종도 잘 인식하고 있었음을 말해준다. 따라서 세종대에는 학식 있는 사람들을 널리 구하여 문맹의 백성들을 가르치도록 하는 방안이 실행되었다. 즉 서울에서는 한성부와 오부의 관리가 이것을 맡고, 지방에서는 감사와 수령이 이를 담당하도록 하였다.[6] 백성을 교화의 대상이자 《삼강행실도》의 보급 대상으로 여기고 교화의 구체적인 방법까지 고려한 세종의 세심한 의도를 읽을 수 있다.

다음으로는 《삼강행실도》를 더욱 효과적으로 유통시키기 위해 언해의 필요성이 제기되었다. 세종 25년(1443) 12월 세종은 훈민정음을 창제하고서 《삼강행실도》를 언문으로 간행하고자 하였다. 여기에 대해 세종은 "내가 만일 언문으로 《삼강행실》을 번역하여 민간에 반포하면 어리석은 남녀가 모두 쉽게 깨달아서 충신 · 효자 · 열녀가 반드시 무리로 나올 것이다."[7]라고 기대하였다. 그러나 관료들의 의견은 세종과 달랐다. 대표적인 예로 정창손은 "《삼강행실》을 반포한 후에 충신 · 효자 · 열녀의 무리가 나옴을 볼 수 없는 것은, 사람이 행하고 행하지 않는 것이 사람의 자질 여하에 있기 때문입니다. 어찌 꼭 언문으로 번역한 후에야 사람이 모두 본받을 것입니까."라고 반대의 입장을 내놓았다. 이는 교화의 여지보다 이른바 자질결정론에 무게를 둔 것으로서 교화의 기능을 부정적으로 본 것이다. 이와 같은 의견의 대립 속에 언해본 《삼강행실도》가 과연 세종조에 간행되었는지는 확인할 수 없다. 다만 확실한 것은 성종 12년(1481) 3월에 《삼강행실열녀도》가 언해본으로 간행된 사실이다. 그 뒤 이

5 《세종실록》 권64, 세종 16년 4월 27일.
6 위와 같음.
7 《세종실록》 권103, 세종 26년 2월 20일.

언해본은 서울의 오부와 여러 도(道)에 반사되었다.[8] 그러나 언해본의 간행과 보급은 여전히 백성들에게까지 미치지는 못했다. 사대부가 여성과 아동들을 제외한 일반 백성들은 여전히 접근하기 어려운 책이었다.

두 번째는 《삼강행실도》의 방대한 분량을 줄이는 일이었다. 성종 20년(1489) 6월 경기관찰사 박숭질은 국왕을 대면한 자리에서 《삼강행실도》의 주요 내용을 가려 뽑아서 축소 간행하고자 하는 건의를 올렸다.[9] 그 이유는 당시 책이 귀해서 관청에서조차 갖추지 못하고 있으며, 그 내용이 너무 방대해서 백성들이 읽기 어렵다는 것이었다. 즉 내용 가운데 핵심이 되는 주요 사례들만 뽑아서 줄여야만 간행하기도 쉽고, 독자가 읽기에도 용이하다는 것이었다.

성종은 이 건의를 받아들여 선정본의 제작을 명하였고, 이듬해인 성종 21년(1490)에는 효자 · 충신 · 열녀를 각각 35명씩 뽑아 총 105명의 행적을 수록한 단권의 《삼강행실도》 선정본(選定本)이 간행되었다. 성종은 "《삼강행실도》를 경성의 오부와 팔도의 군현에 반사하고 백성들로 하여금 두루 알지 못함이 없게 하라."고 명하였다.[10] 이때 반사된 책들은 분량이 줄어들어 간행이 이전보다 수월하였다. 분량을 줄이는 것은 대신 책의 부수를 많이 찍어낼 수 있음을 말한다. 또한 그림의 상단에는 언해가 붙어 있어 내용을 이해하기도 한자보다는 쉬웠다. 언해를 하고 양을 줄이는 것은 결국 《삼강행실도》의 가독성을 높이고 간행과 유통에 큰 도움이 되었다.

성종 21년(1490)에 간행된 《삼강행실도》 선정본은 이후에도 《삼강행실도》의 정본으로 계속 간행되었다. 중종 6년(1511)에 《삼강행실도》 선정본

8 《성종실록》 권127, 성종 12년 3월 24일.
9 《성종실록》 권229, 성종 20년 6월 1일.
10 《성종실록》 권239, 성종 21년 4월 1일.

2,940질을 찍어 전국에 반포한 것은 가장 대량으로 간행된 기록이다.[11] 유통에 편리한 체제를 갖추었기에 이처럼 대량으로 간행하고 보급하는 것이 가능하였던 것이다.

중종 9년(1514)에 간행된 《속삼강행실도》에 이르면 서너 장면으로 그려진 예가 많아지고 찬문의 내용이 차츰 줄어드는 경향을 보인다. 또한 장면들 간의 구획이 없어지고 주인공이 서너 번 등장하더라도 배경의 경관은 하나로 통합되는 현상을 보여주었다.[12] 또한 인물의 복식과 묘제(墓制) 및 가옥 내에 놓인 기물에서도 한국적인 특징들이 발견되는 점도 주목된다.

임진왜란 이후인 광해군 9년(1617)에 편찬된 《동국신속삼강행실도(東國新續三綱行實圖)》에 오면 개별 찬문은 더욱 축소되었고, 반면에 전체 사례 수가 더 늘어났다. 찬문의 분량이 줄어드는 것은 장면의 수가 줄어드는 것과 비례를 이룬다. 이는 1,650명이나 되는 방대한 인물을 다룬 결과로 짐작된다. 《동국신속삼강행실도》가 독자에게 교훈을 주는 감계적 기능보다 전란의 과정에서 귀감이 될 만한 인물을 표창한다는 목적하에 제작된 측면이 있음을 시사한다. 여기에서 개별 찬문의 내용이 축소된 것은 그만큼 충 · 효 · 열의 다양한 사례들이 이미 관습화되고 그 의미가 통용되고 있었음을 말해주는 것으로 볼 수 있다. 즉 내용을 다양한 장면으로 복잡하게 묘사하지 않아도 이해하는 데 문제가 없었던 것이다.

그런데 앞에서 살펴본 바와 같이 《삼강행실도》의 간행과 개찬은 백성을 위한 의도에서 실행되었지만 실제로 그 명분은 실현되지 못했다. 삼강의 내용을 가르쳐 알게 하는 것, 언해와 분량의 축소 등의 대안도 모

11 《중종실록》 권14, 중종 6년 10월 20일.
12 이수경, 앞의 논문, 49~50쪽.

두 이것이 널리 유통되도록 하는 데 필요한 방안이었다. 그러나 《삼강행실도》의 보급은 백성들에게까지 미치지 못했다. 《삼강행실도》의 인출(印出)은 국가에서 주관하였다. 인출이 끝난 책은 조정 관료와 경중(京中)의 오부, 팔도의 군현에 반사되었다. 국왕이 오부와 군현에 반사한 것과 이후 군현에서 직접 인출한 것은 사학(四學)과 향교(鄕校)에 소장되었을 것으로 추정된다.[13] 사학과 향교에 《삼강행실도》가 소장되었던 것은 사학의 생도들과 향교의 교생들을 가르치기 위한 방편이었다. 이것이 《삼강행실도》가 백성들에게 가장 가까이 접근할 수 있는 경계였다. 결국 《삼강행실도》는 책을 읽고 이해할 수 있는 계층에게만 보급이 이루어진 셈이다.

《삼강행실도》의 보급은 관료, 유생 및 그 계층의 자제나 부녀자들이 주된 대상이었고, 좀 더 확대한다면 농민의 상층부까지를 대상으로 한 것이었다.[14] 앞서 실록에 기록된 '우부우부(愚夫愚婦)', '여항소민(閭巷小民)', '동몽부녀(兒童婦女)' 등은 일반 농민층을 포함한 모든 민(民)을 지칭하는 것은 아니었다. 한편 《경국대전》 〈예전(禮典)〉조 '장려(奬勵)'에는 《삼강행실도》 언해본 보급의 주요 대상이 지배층의 부녀자와 아동이었다고 명시되어 있다. 백성들을 대상으로 한 유교윤리의 보급은 명분으로만 머물렀고, 실제로 실현되지는 못했다. 세종대에서 성종대까지 약 200여 년에 걸쳐 시행된 《삼강행실도》류 도서의 간행 과정에서 판화는 책의 기능과 유통을 원활히 하는 기능을 하였다.

13 김훈식, 앞의 논문, 156쪽.
14 김훈식, 앞의 논문, 163쪽.

3.《삼강행실도》 판화의 형식과 구성

조선시대의 서적 가운데 그림을 실어 독자의 이해를 돕고자 한 예로는 불교의 경전과 소설류의 삽화, 의궤의 도설, 그리고 유교의 교화서 등이 있다. 이 가운데 교화서에 수록된 그림은 일화(逸話)를 형상화한 것이어서 전체 이야기의 주요 장면들을 시간 순서에 따라 배치하는 방식을 취하였다. 내용을 전달하기 위해 그림을 도해(圖解)하는 방식을 이 장에서는 판화의 형식과 구성이라는 측면에서 알아보기로 한다.

판화의 기본 형식

《삼강행실도》 판화는 여말선초 불교판화의 전통과 깊은 관계가 있었을 가능성이 높다.[15] 따라서 불교판화와의 관계를 먼저 간략히 알아보고, 《삼강행실도》 판화의 형식에 대해 살펴보기로 한다.

《삼강행실도》에 앞서 간행된 교화서로는 고려시대부터 중국에서 전래된 《이십사효도(二十四孝圖)》와 세종 연간에 간행한 《효행록》이 있다. 남송대(南宋代)의 조자고(趙子固)가 만든 《이십사효도》는 24가지의 효행 사례를 골라 기록과 그림을 실어 편찬한 것이다.[16] 이 책의 영향을 받아 만든 것이 권부 일가에 의해 세종 18년(1346)에 편찬된 《효행록》이다. 권부의 아들 권준(權準, 1280~1352)이 화공(畵工)에게 24종의 효행 관련 그림

15 《삼강행실도》와 고려불화의 연관성에 대해서는 정병모, 〈《삼강행실도》 판화에 대한 고찰〉, 《진단학보》 85, 진단학회, 1998, 201쪽 참조. 정병모는 《삼강행실도》가 제작될 당시에는 유교판화의 전통이 전무한 실정이어서 고려시대 이후 축적된 불교판화의 도상에 의존하였을 정황을 설명하면서 일본 사이후쿠지(西福寺) 소장의 〈觀經序品變相圖〉와 같은 설화의 표현 방식을 예로 들었다.

16 《이십사효도》에 대해서는 이수경, 〈朝鮮時代 孝子圖 硏究〉, 서울대 대학원 석사학위논문, 2001, 6쪽 참조.

을 그리게 하여《이십사효도》를 만들어 올렸고, 여기에 사위인 이재현이 찬을 붙이고, 권부가 여기에 다시 38명을 추가하여 총 62편의 고사를 수록하여《효행록》을 편찬하였다. 그러나 여기에 그림은 수록되지 않았다.

조선 초기까지 전래된《이십사효도》는 현재 전하지 않는다. 하지만《삼강행실도》가 이로부터 영향을 받았을 가능성이 높다.[17]《삼강행실도》는 집현전에서 중국과 우리나라의 고금의 서적을 열람하여 효자 · 충신 · 열녀 각 110명씩을 뽑아 초안을 마련한 것이며, 앞에는 그림을 그리고 뒤에는 찬과 시를 붙여 제작하였다. 그런데《삼강행실도》에서 볼 수 있는 가옥의 형태나 묘제(墓制)의 방식, 인물의 복식(服飾) 등에는 중국적 요소가 많이 나타난다. 이는 그 이전 중국에서 간행된 도설이 실린 책을 참고하여 제작했음을 추정하게 한다. 예컨대 불경에는 이러한 중국식 판본의 수용을 시사하는 자료들이 많다. 성종 16년(1485)에 간행된《불정심다라니경(佛頂心多羅尼經)》(그림 1) 판화는 인수대비(仁粹大妃, 1437~1504)가 중국 판본을 모본으로 하여 간행하게 한 예다.[18] 이 불경에 나타난 중국식 인물 묘사나 건축, 복식 등으로 미루어볼 때, 이와 비슷한 도상을 담은《삼강행실도》역시 중국본 판화를 토대로 했음을 짐작하게 한다.《삼강행실도》판화 제작의 기술적인 역량은 불교판화의 전통과 밀접한 연관이 있었을 것으로 생각된다.《삼강행실도》가 제작될 당시만 해도 유교판화의 전통이 성립되지 않은 때였다. 따라서《삼강행실도》의 간행은 고려시대 이후 축적된 불교판화의 제작 기술에 의존하거나 그 연장선에서 제작된 것으로 볼 수 있다.[19]

17 이러한 추정의 단서가 되는 것이《삼강행실도》효자 편의〈曾參養志〉이다. 여기에 대해서는 이수경, 앞의 논문, 37쪽 참조.

18《불정심다라니경》은 호림박물관 소장품이며,《湖林博物館名品選集》II, 호림박물관, 1999, 34쪽에 도판이 소개되었다.

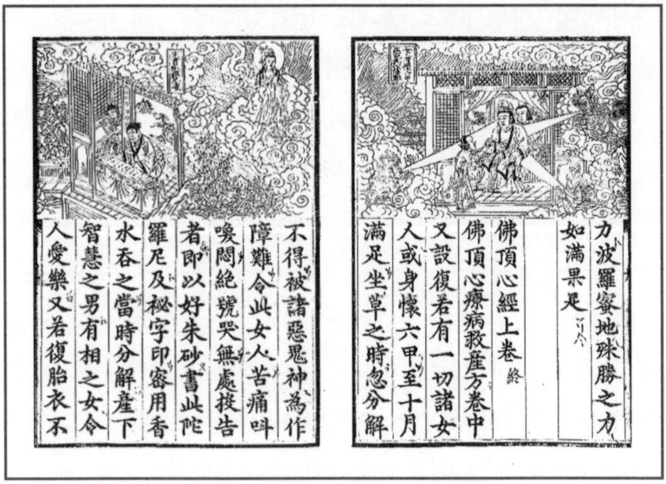

그림 1 《불정심다라니경》, 1485년, 31.0×18.7센티미터, 호림박물관.

《삼강행실도》는 매 주제마다 그림을 앞에 넣고 뒷면에 찬문과 시를 붙이는 형식을 취하였다. 형식이 이렇다면 《삼강행실도》는 글보다 그림을 중심으로 한 책이 된다. 책의 제목이 '삼강행실록(三綱行實錄)'이나 '삼강행실기(三綱行實記)'가 아니라 '도(圖)'를 명시하고 있기 때문이다.[20] 또한 여기에 걸맞게 편집 순서상 그림을 글보다 앞에 두었다. 《삼강행실도》 서문의 "그 그림을 구경하여 형용(形容)을 상상하고"라는 말은 그림의 기능을 가장 함축적으로 설명해준다. 판화는 이러한 이야기의 내용을 시각적으로 형상화함으로써 좀 더 입체적으로 내용을 이해하게 하는 장치다.

《삼강행실도》의 기본 형식을 보면, 우측 상단에는 제목을 네 글자로 새겼다. 앞의 두 글자는 해당 이야기의 주인공 이름이고, 나머지 두 글자

19 정병모, 〈《삼강행실도》 판화에 대한 고찰〉, 《진단학보》 85, 진단학회, 1998, 201쪽.
20 김원룡, 〈《삼강행실도》에 대하여〉, 《삼강행실도(효자편)》, 세종대왕기념사업회, 1971, 5쪽 참조.

그림 2 〈소조위부(紹祖衛父)〉,《삼강행실도》.

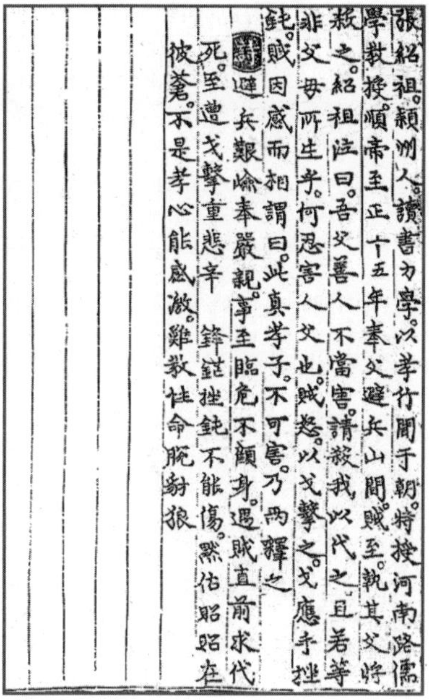
張紹祖穎州人讀書力學以孝行聞于朝特授河南路儒
學教授順帝至正十五年奉父避兵山間賊至執其父將
殺之紹祖泣曰吾父善人不當害請殺我以代之且若等
非父母所生乎何忍害人父也賊怒以戈擊之戈應手挫
鈍賊因感而相謂曰此真孝子不可害乃兩釋之
詩 避兵艱嶮奉嚴親事至臨危不顧身遇賊直前求代
死至遭戈擊重悲辛 鋒鋩挫鈍不能傷默佑昭昭在
彼蒼不是孝心能感激雖教性命脫豺狼

그림 3 〈소조위부〉의 찬문과 시.

는 그림의 내용을 축약한 것이다. 그 아래에 국적도 작은 글씨로 남겼다. 일차적으로 제목을 통해 독자는 이야기의 주인공이 누구이고, 소개하고자 하는 내용이 무엇이며, 어느 시대의 사건인가를 알 수 있게 된다. 예컨대 충신 편의 '소조위부(紹祖衛父) 원(元)'에서 소조(紹祖)는 주인공의 이름이며, 위부(衛父)는 '아버지를 지키다.'라는 뜻이다(그림 2). 그래서 '소조위부'는 '소조가 아버지를 지키다.'라는 제목이다. 그리고 이 고사의 주인공인 소조는 원나라 때 사람임을 밝혀놓았다. 이와 같이 표제는 대개 주인공과 그의 행적을 알 수 있는 핵심 단어를 붙였다.

다음으로 각 그림에는 주인공이 나오는 위치를 중심으로 이야기가 전개된다. 이때 주인공이 누구인지 알 수 있도록 그림 속 주인공의 형상에만 이름을 기입하였다. 주인공이 있는 위치가 바로 한 장면의 이야기가 이루어지는 중심 영역이다. 그리고 주인공의 이름이 나오는 횟수가 곧 이야기의 장면 수가 되도록 하였다. 한 편의 그림은 한 장면으로부터 많게는 여덟아홉 장면에 이르는 그림으로 이루어진다. 즉 하나의 이야기를 몇 개의 장면으로 나눈 다음 그것을 이야기의 줄거리에 따라 연결시킴으로써 전체 내용이 완결될 수 있게 하였다.

그림의 뒤편에는 이야기의 내용인 찬문과 시를 붙였다(그림 3). 《삼강행실도》의 내용을 글을 통해 자세히 이해하도록 하기 위해서이다. 여기에서 주목할 것은 찬문의 내용과 그림의 장면이 일정한 함수관계를 갖는다는 것이다. 즉 찬문의 내용이 길면 그림도 여러 장면으로 나누어지며 서사적인 내용을 형상화하게 된다. 이와 같이 《삼강행실도》는 그림과 함께 찬과 시로도 이해하게 하며, 내용을 숙지하게 하는 다양한 매체가 결합된 형식으로 간행되었다.

판화의 구성과 체제

《삼강행실도》의 구성 방식과 요소, 그리고 판화의 양식에 대해서는 정병모 교수가 정리하여 논한 바 있다.[21] 그 내용을 간략히 정리해보면, 우선 판화의 구성 방식은 시간을 달리하는 연속적인 장면들이 한 화면에 자연스럽게 연결되어 있다. 이를 '다원적(多元的) 구성 방식'이라 하였다. 판화의 구성 요소로는 인물을 제외한 건물과 산수, 그리고 구름 등을 들 수 있다. 이 요소들이 적절히 구성되면서 이야기의 장면을 나누고 구획하는 기능을 한다. 또한 구성된 장면들은 시간의 순서에 따라 연결되

21 정병모, 〈《삼강행실도》 판화에 대한 고찰〉, 《진단학보》 85, 진단학회, 1998, 192~199쪽.

어야만 이야기를 완성시킬 수 있는데, 각 장면의 이야기 전개 방향은 화면 안에서 상향 진행, 하향 진행, 불규칙한 진행, 그리고 진행 방향이 없는 경우로 구분하였다.

또한 이수경은 행실도류 〈효자도〉에서 하나의 장면 또는 여러 장면으로 이루어지는 이미지의 재현 방식을 '단일장면 방식'과 '복합장면 방식'으로 구분하였다. '복합장면 방식'에서는 일화 속의 주인공이 다른 장소와 다른 시간에 반복적으로 등장하는 '순차적 서술 방식'과 하나의 스토리가 시각적 구분 장치 없이 연속적인 단계로 표현되는 '연속적 서술 방식'으로 설명하였다.[22] 《삼강행실도》의 구성과 장면의 전개 방식은 이와 같이 몇 가지 유형으로 정리된다.

《삼강행실도》는 여러 등장인물의 교훈이 되는 행적을 소개하는 방식으로 기록하였다. 각 이야기의 내용을 그림으로 묘사하여 설명하고 또 이해하게 하였다. 여기에서 각 인물의 행적과 이야기의 흐름을 묘사하기 위해서는 가장 핵심적이고 특징적인 장면을 선정하여 판화에 담아야만 했다. 이러한 장면의 구성이 어떻게 이루어졌는가를 다음에서 살펴보기로 한다.

장면의 구성

《삼강행실도》의 판화는 이야기가 담긴 일화를 내용으로 한 것이다. 그러나 그 내용을 모두 그림으로 표현할 수는 없었다. 실제 판화에서는 주요 장면만 선별적으로 그리게 되었다. 그렇다면 주요 장면을 선정하는 데에는 어떤 원칙이 적용되었을까? 효자 · 충신 · 열녀의 사례를 하나씩 살펴보기로 하자.

22 이수경, 앞의 논문, 38~40쪽.

효자의 경우 〈양호감천(楊皞感天)〉, 즉 '양호가 하늘을 감동시키다.'라는 내용의 그림은 모두 네 개의 장면으로 구성되어 있다. 이를 각각의 장면으로 나누어 이야기가 진행되는 과정을 살펴보면, '그림 4-1'~'그림 4-4'와 같이 된다. 우선 찬문을 요약한 다음 이를 판화의 내용과 비교하여 살펴볼 필요가 있다.

① 양호의 어머니 우씨(牛氏)의 병이 위중해지자 양호는 자신이 병을 대신 받게 해달라고 하늘에 빌고, 어머니의 병이 나음.
② 우씨가 실명하자 태백산 신천(神泉)의 물을 떠와 씻게 하니 회복됨.
③ 우씨가 죽자 애통해함.
④ 장사하는 날 큰비가 내렸으나 무덤 주위의 수 리(里)는 비가 내리지 않음.
⑤ 장사를 마치고 여묘살이를 하며 상기(喪期)를 마침.

위의 내용을 그림과 비교해보자. '그림 4-1'은 병들어 누운 어머니를 대신하여 그 병을 자신에게 달라고 간절히 기도를 올리는 장면이다. 주인공 양호의 모습 위에는 이름이 적혀 있다. 이때 기도하는 장면 외에 누워 있는 어머니를 그려 넣음으로써 병중의 어머니를 위한 기도라는 상황이 설명된다. ①의 내용이 묘사된 부분이다.

그 다음의 '그림 4-2'는 '그림 4-1'의 위쪽으로 연결된다. 이 장면은 어머니 우씨가 실명(失明)을 하자 양호가 태백산의 신천수(神泉水)를 떠다 어머니의 눈을 씻게 하여 시력을 되찾게 된 내용을 그린 것이다. 즉 찬문 ②의 내용을 묘사한 것이다. 여기에서 눈을 씻는 장면은 같은 집 안에서 이루어지지만, 시간과 상황이 다르므로 가옥을 한 번 더 그려 넣었다. 앞서 본 '그림 4-1'과 함께 양호의 효행이 무엇인가를 분명하게 보여

그림 4-1

그림 4-2

그림 4-3

그림 4-4

〈양호감천(楊皡感天)〉, 《삼강행실도》.

주는 부분이다.

'그림 4-3'은 우씨가 죽자 상을 치르며 애통해하는 장면이다. ③에서 내용을 짧게 썼으나 이를 묘사한 그림은 구체적이다. 상례는 부모에 대한 사후(死後)의 효행과 관련되어 빠뜨릴 수 없는 부분이다. 이 세 번째 장면은 시간에 따른 장면의 전개 과정을 잘 보여주고 있다.

그 다음 '그림 4-4'는 장례와 연관된 장면이다. 장사(葬事)를 지내고 묘역을 단장하는 날 큰비가 내렸으나 무덤 주위는 비가 멈추어 흙이 젖지 않은 상황을 묘사하였다. 구름과 빗줄기로 이러한 내용을 나타냈다. 독자들에게 하늘이 감동했음을 알려주는 장면이다. 또한 ⑤에서 여묘살이를 했다는 것은 그림 속에서 여막의 일부를 그려 넣어 설명하였다. 어머니의 사전(死前)과 사후 효행에 대한 실천을 보여주는 장면이다. 각 장면은 이야기의 전후 맥락 속에서 상황과 내용을 이해할 수 있게 하였다. 이렇게 보면 찬문의 내용 중에서 가장 핵심적인 부분이 단계적으로 형상화되었음을 알 수 있다. 하늘이 감동하여 비를 내리지 않았다는 것은 일종의 보상적인 요소이며 독자에게도 감동을 느끼게 하는 부분이다.

〈양호감천〉과 비슷한 구성은 열녀 편의 '금가(錦哥)가 우물에 빠져죽다.'라는 내용의 〈금가정사(錦哥井死)〉에서도 볼 수 있다. 찬문의 내용을 요약하면 다음과 같다.

① 금가가 하남(河南)을 공략한 군사들에게 사로잡혀 핍박을 받자, 자신은 양가(良家)의 여자이며 도둑을 따를 수 없다고 말함.
② 군사가 노하여 매질함.
③ 우물 옆에 금을 묻어두었다고 속임.
④ 우물 가까이에서 세 살 난 딸을 안고 우물에 몸을 던져서 죽음.
⑤ 집에 정표(旌表)를 내림.

그림 5 〈금가정사(錦哥井死)〉, 《삼강행실도》.

그림 6 〈성충옥사(成忠獄死)〉, 《삼강행실도》.

그림은 크게 세 개의 장면으로 구성되었다(그림 5). 찬문 ①의 내용은 당당히 군사를 꾸짖는 금가의 당당하고 용기 있는 모습을 묘사하였다. 그러나 ②에서는 매질을 당하는 상황으로 반전된다. 그리고 금을 묻어두었다고 군사들을 속이는 ③의 내용은 판화에서 별도로 묘사하지 않았다. 그러나 ④의 상황은 금가가 아이를 안고 우물에 빠지기 직전의 장면으로 묘사되었다. 즉 핍박에 굴하지 않고 스스로 목숨을 끊어 절개를 지키려는 모습을 표현한 것은 이 그림에서 가장 핵심적인 장면이다. 그림의 왼편 아래에는 금가의 행적을 기리기 위해 가장 마지막에 세워져야 할 정표가 시간의 순서에 관계없이 세워져 있다. 즉 찬문의 내용 ⑤를 빠뜨리지 않고 그려 넣은 것이다.

충신 편의 〈성충옥사(成忠獄死)〉는 백제의 충신 성충(成忠)에 대한 고사이다. 성충이 부당한 죽음을 맞으면서도 끝내 왕을 향한 충절을 버리지 않았음을 설명한 내용이다. 찬문의 주요 내용을 요약하면 다음과 같다.

① 의자왕이 국사(國事)를 살피지 않고 궁인과 함께 방탕하게 술을 즐김.
② 좌평(佐平) 성충이 극진히 간을 올리다 왕의 노여움을 사 옥에 갇힘.
③ 성충이 먹지 않고 전쟁에 대비한 방어계획을 올리고 죽음.
④ 당나라의 소정방이 신라와 함께 공격해와 포위당함.
⑤ 궁녀들이 낙화암에서 투신하고 왕과 세자는 항복함.
⑥ 소정방이 주연(酒宴)을 가질 때 왕을 시켜 술잔을 돌리게 하자, 여러 신하들이 눈물을 흘림.

이 찬문을 그림과 비교해보면, 우선 그림은 위에서 아래로 이야기가 전개되는 하향식 구성을 취하였다(그림 6). 그림의 위쪽 왼편으로부터 갈지자처럼 아래로 내려오는 여섯 장면으로 구성되어 있다. 그림에는 찬문 ①의 내용처럼 주연을 즐기는 왕의 모습으로 시작된다. ②의 장면은 성충의 충성심을 상징하는 장면이므로 가장 비중 있게 그려졌다. ②에서 옥에 갇힌 장면과 ③의 글을 올리는 두 개의 상황은 하나의 장면으로 그렸고, 그 경계에 구름을 둘러 별도로 공간을 분리시켰다. ④에서 나당(羅唐) 연합군이 공격해오는 장면은 싣지 않았다. 화면상의 여유가 없었기 때문일 것이다. 이러한 부분은 ⑤와 ⑥에서 충분히 암시된다. 즉 낙화암과 궁녀를 그려 넣고, 그 반대편에 소정방에게 술잔을 올리는 의자왕을 그림으로써 그 결과를 설명해놓았다. 충신의 간언을 외면함으로써 빚어진 비참한 결과를 교훈으로 새기게 하는 장면이다. 이렇게 보면, 각 일화의 내용 가운데 가장 비중 있고 중요한 대목이 그림으로 선정되었고, 이를 강조하여 그렸음을 알 수 있다.

장면의 분화

《삼강행실도》 판화에서 한 화면을 여러 장면으로 나눌 때 그 기준이 되는 것은 찬문의 내용이다. 찬문이 짧고 간단하면 그림의 장면도 한두 개로 압축된다. 모든 내용을 그림으로 제시할 수는 없으므로 이야기의 흐름상 주요 장면만 선별하여 그리게 된다. 또한 어느 부분을 강조하여 그리느냐에 따라 장면의 분화가 달라지며, 전체의 장면 수가 결정된다. 그러나 내용이 각각 다르므로 여기에 절대적인 원칙을 적용하기는 어렵다. 따라서 판화에 들어간 모티프가 어떤 기준으로 선정되었고 그것을 어떤 형상으로 전달하고자 했는가가 주요 관건이 된다. 먼저 각 판화에 딸린 찬문의 분량과 그림 속의 장면 수에 대해 살펴보기로 한다.

이야기 속의 주인공이 한 번 등장하는 한 장면으로 된 그림은 찬문의 내용도 대부분 짧다. 설명해야 할 요소가 많지 않으므로 그림도 단일 장면으로 표현된다. 따라서 내용도 간단하고 명확하게 전달된다. 그런데 하나의 장면만 그려 화면 전체를 다 채울 수 없는 경우가 있다. 이 경우는 풍경적 요소들이 배경을 채우게 된다. 이러한 점이 잘 나타난 것이 효자 편의 〈오맹문서(吳猛蚊筮)〉이다(그림 7). 〈오맹문서〉의 내용은 "오맹은 어릴 때부터 효행을 잘 하였다. 여름철에는 늘 손으로 모기를 쫓지 않았는데, 자기에게서 떠나 어버이를 무는 것을 염려하였기 때문이다."[23]라고 되어 있다. 간단한 내용이므로 그림에는 오맹이 부모 앞에서 모기 떼에게 물어뜯기면서 미동(微動)도 하지 않는 장면으로 묘사되었다(그림 7-1).

23 "吳猛 少有孝行 夏月常手不驅蚊 畏其去已而噬親也", 《삼강행실도》 〈효자도〉.

그림 7 〈오맹문서(吳猛蚊簭)〉, 《삼강행실도》.

그림 7-1 〈오맹문서〉의 일부분(확대).

그런데 내용이 간략하여 화면에 여백이 많이 남으므로 빈 곳에 언덕과 바위 등을 그려 처리하였다.

다음은 두 장면으로 구성된 도상이다. 《삼강행실도》에서 두 장면으로 된 것이 가장 많다. 그림의 내용도 비교적 간단하다. 즉 주인공이 등장하는 두 장면이 내용상 어떤 상관관계로 연결되는가를 독자에게 연상하게 하여 내용을 전개시켰다. 두 개의 장면이므로 이야기의 흐름을 유추하는 과정이 어렵지 않다. 예컨대 〈효자도〉의 〈왕홍와빙(王興臥氷)〉의 경우, 집 안에 병환으로 누워 있는 노모와 얼음 위에 절규하듯 누워 기도하는 왕홍의 모습을 그린 두 장면이 극적인 대비를 이룬다(그림 8). 독자는 이 두 장면을 통해 왕홍과 노모가 어떤 상황에 놓여 있는지 그 이유를 분석하

그림 8 〈왕흥와빙(王興臥氷)〉, 《삼강행실도》.

그림 9 〈맹희득금(孟熙得金)〉, 《삼강행실도》.

며 내용을 이해해 나간다. 그리고 전체 이야기를 추론하며 전후의 상황을 인지하게 된다.

세 장면 이상으로 표현된 그림은 시간의 선후관계에 따른 장면으로 배열된다. 각 장면은 이야기의 전개에 따른 맥락 속에서만 내용을 이해할 수 있다. 예컨대 〈효자도〉의 〈맹희득금(孟熙得金)〉은 어버이를 봉양하는 장면과 상을 치르며 슬퍼하는 모습, 그리고 그 보상으로 금을 캐는 모습이 화면 아래로부터 순차적으로 묘사되어 있다(그림 9). 어버이가 살아 계실 때와 죽고 난 다음을 하나의 화면 공간에 대비시킴으로써 생전과 사후의 효행에 대한 상황을 인지시켜준다. 이처럼 여러 장면으로 분리된 도상은 각 장면을 의미 있는 맥락으로 연결시킴으로써 이야기의 전체 맥

그림 10 〈서적독행(徐積篤行)〉, 《삼강행실도》.

락을 알게 하는 기능을 한다.

장면의 수가 가장 많은 예는 《삼강행실도》 〈효자도〉의 〈서적독행(徐積篤行)〉이다(그림 10). 모두 여덟 장면으로 구성되어 있고, 찬문의 내용도 상당히 긴 편이다. 찬문의 분량과 그림의 장면 수가 비례관계를 이루고 있음을 다시 한 번 확인할 수 있다. 우선 화면에 설정된 장면들을 요약해보면 다음과 같다.

① 어린 서적이 세 살 때 아버지가 죽음.

② 조석으로 의관을 정제하고 어머니를 문안함.

③ 과거 보러 서울로 갈 때 어머니를 수레에 모시고 감.

④ 거수(擧首) 허안국(許安國)이 같은 연배들과 찾아와 금 백 냥을 주며 축수함.

⑤ 어머니 상을 당함.

⑥ 여묘살이 함.

⑦ 나라에서 양곡과 비단을 하사함.

⑧ 한림학사 여진(呂溱)이 그 무덤 곁을 지나다가 사연을 듣고 눈물을 흘림.

그림의 오른편 아래쪽에 어린아이인 서적(徐積)이 등장하며, 이야기가 시작되어 화면 위로 전개된다. 언덕과 산, 가옥 등을 통해 장면들을 구분해놓았다. 복잡한 구성이지만, 서적을 중심으로 어떤 상황이 벌어지고 있는가를 유추하며 전체 이야기를 이해하게 된다. 역시 찬문의 내용을 충분히 알고 있는 상태에서만 이해할 수 있는 그림이다. 찬문의 내용과 그림을 비교해보면, 장면 가운데 ②, ⑤, ⑥에 해당하는 사전 효행과 사후 효행의 기본 골격을 중심으로 나머지 이야기들을 보충하는 형식으로 그려 넣었다.

《삼강행실도》 판화는 한 화면에 여러 장면의 주요 모티프를 사건의 시간순으로 나열하여 그리게 된다. 일화의 내용 가운데 가장 중요하고 핵심적인 대목을 그리도록 선정하였고, 판화의 장면 수는 찬문의 내용이나 분량과 관련하여 결정되었다.

4. 《삼강행실도》 판화의 기능과 특징

세종대 《삼강행실도》의 편찬에 참여한 대신들의 서발문(序跋文)에는 《삼강행실도》의 주요 기능에 대한 의도가 잘 나타나 있다. 그리고 《삼강행실도》의 도상에는 공통된 표현상의 원칙들이 적용되어 있다. 이러한 원칙은 판화의 기능을 돕기 위한 장치에 해당한다. 앞에서 언급한 바와 같이 《삼강행실도》의 찬문과 판화는 긴밀한 상관관계를 갖는다. 찬문 가운데 핵심적인 주요 부분만이 판화 속의 모티프로 형상화되었다. 따라서 형상화된 모티프는 시각적 이미지를 통해 독자에게 전달되고 아울러 깊은 이해에 이르는 과정을 거친다. 여기에서 독자의 시각적인 경험은 정서적인 판단으로 이어져 감화에 이르는 기능을 하게 된다.[24] 이 장에서는

24 김진영, 〈行實圖의 傳記와 版畫의 相關性〉, 《한국문학논총》 22, 한국문학회, 1998, 248쪽.

위의 과정에 초점을 맞춰 판화의 기능적 측면과 구조적 측면을 살펴보고자 한다.

판화 도상의 기능

듣기와 보기, 상상하기

《삼강행실도》 판화의 기능에 대해 서술한 한 예를 《삼강행실도》 편찬 당시에 올린 권채의 서문에서 확인할 수 있다. 그런데 편찬 당시에 의도했던 판화의 기능은 그 당시뿐만 아니라 이후로도 지속적으로 적용되는 상당히 보편적인 측면을 지닌다. 권채의 서문 가운데 관련 부분을 인용하여 살펴보면 다음과 같다.

> (1) "간혹 훌륭한 행실과 높은 절개가 있어도, 풍속·습관에 옮겨져서 보고 듣는 자의 마음을 홍기(興起)시키지 못하는 일도 많다. 내가 그 중 남달리 뛰어난 것을 뽑아서 그림과 찬을 만들어 중앙과 지방에 나누어주고, 우매한 남녀들까지 다 쉽게 보고 느껴서 분발하게(觀感而興起) 되기를 바란다.[25]

훌륭한 행실과 절개는 풍속과 관습이 되어 사람들의 마음을 분발하게 할 수 있어야 한다. 그러나 당시의 실상은 그렇지 못하여 《삼강행실도》를 제작하게 되었음을 말하고 있다. 《삼강행실도》의 효과는 '관감이흥기(觀感而興起)'로 표현된다. 즉 그림을 보고 느껴서 분발하게 하는, 그래서 마음을 홍기시키는 것이 중요한 관건이었음을 알려준다. 여기에서 그림

25 《세종실록》 권56, 세종 14년 6월 9일.

의 기능은 보고 느껴서 실천에 옮기려는 마음이 일어나게 하는 것으로 보았다. 즉 삼강의 윤리를 실천하기 위한 자발적인 의욕을 불러일으키는 기능을 그림이 제공한다는 것이다. 권채의 글 가운데 다음의 내용은 이를 좀 더 구체적으로 부연해준다.

> (2) 어진 이거나 어리석은 자이거나 귀한 사람, 천한 사람, 어린이, 부녀자의 구별 없이 다 즐겨 보고 익히 들으며, 그 그림을 구경하여 그 형용을 상상하고, 그 시를 읊어서 인정과 성품을 본받게 한다면, 흠선(歆羨)하고 감탄하고 사모(思慕)하여서 권면(勸勉)과 격려(激勵)로 그들의 다 같은 본연(本然)의 선심(善心)이 감발(感發)되어, 자기들 직분의 마땅히 해야 할 것을 다하지 않는 자가 없을 것입니다.

이 과정들을 자세히 살펴보면, 여기에는 《삼강행실도》를 보게 될 대상 독자와 읽는 방법, 그리고 그 결과까지 예시해놓았다. 대상 독자는 거의 모든 계층의 사람들을 포괄하는 '무현우귀천해동부녀(無賢愚貴賤孩童婦女)'로 규정하였다. 또한 독자들이 이 책을 읽는 방법에 대해서는 내용을 이해하고 느끼며 내면화하는 과정으로 다음의 세 가지를 제시하였다. 첫째, 즐겨 보고 익히 듣는 과정, 둘째 그림을 구경하여 실제의 형용을 상상하는 것, 셋째 시를 읊어 인정과 성품을 본받게 하는 것이다. 상당히 분석적인 과정이다. 이 세 과정을 거치면 선심이 저절로 생기게 되어 교화가 이루어지는 것으로 보았다.

이를 좀 더 자세히 분석해보면, 첫째의 '즐겨 보고 익히 듣는 과정〔樂觀而習聞〕'은 《삼강행실도》가 친숙하게 즐겨 보는 대상이어야 함을 말한 것이다. 즉 그림에 흥미를 갖고 접하면 내용을 이해하는 데 도움이 될 수 있다는 뜻이다. 또한 익히 들어야 한다는 의미의 '습문(習聞)'은 구술을 통해 내용을 이해하게 하는 과정을 말한다. 즉 문맹의 백성들에게 구술이나 말로 설명하여 가르치는 과정을 통해 전달되는 것을 말하며, 이 과정에서 교육과 학습이 이루어진다. 따라서 '낙관이습문(樂觀而習聞)'은 그림을 즐겨 보고, 그 이야기를 익히 듣는 과정을 말한 것이다. 이는 《삼강행실도》를 최초 편찬할 당시의 판화에 대한 기본적인 관점을 시사하는 것이며, 듣는다는 것은 가르침을 전제로 하는 교육적 의미를 포함한 것으로 볼 수 있다.

두 번째의 '그림을 보고 실제의 형용을 상상하는 것〔披玩其圖, 以想形容〕'은 판화 속의 장면을 통해 실제 주인공의 행적을 구체적으로 상상하게 하는 작용을 말한다. 즉 보는 것만이 아니라 그림 속의 장면들이 상상작용을 촉발하게 한다는 것이며, 이를 근거로 하여 감화에 이르는 작용이 이루어진다는 것이다. 추상적인 것보다 구체적인 상상의 근거로서의 그림의 기능을 말한 것이다. 세 번째의 '시를 읊어 인정과 성품을 본받게 하는 것〔諷詠其詩, 以體情性〕'은 《삼강행실도》 속의 주인공이 지닌 인정과 성품이 몸에 배게 하는 체화(體化)를 의미하는 것으로 이해된다. 시를 읊는다는 것은 이를 통해 바로 주인공의 인성과 성품을 자기의 것이 되게 한다는 것이다. 따라서 열심히 보고 들으며 상상하는 것, 그리고 이를 시나 찬문을 통해 완전히 체화하는 것이 마음을 흥기시킬 수 있는 요인으로 보았다.

《삼강행실도》를 편찬할 당시 대제학 정초가 쓴 발미의 내용 가운데 있는 "친히 그 모양을 보고 그 일을 영탄(詠嘆)함이리오. 그 느낌이 반드시 깊고, 그 흥분(興奮)이 반드시 빠를 것입니다."[26]라는 내용은 이야기의 개요를 신속하게 전달해주는 그림의 효능을 말한 것이다. 느낌이 깊고 흥

26 《세종실록》 59권, 세종 15년 2월 24일.

분이 빠르다는 것은 그림을 볼 때 해당하는 이야기의 내용을 바로 떠올려 연상하게 하는 과정을 말한다. 다시 말해서 시각적인 단서를 통해 기억을 촉발시키고 그 내용을 음미하게 하는 것이 그림이 주는 큰 효능이라는 설명이다. 《삼강행실도》가 처음 간행되어 반포될 때 판화를 수록한 것은 앞에서 살펴본 바와 같이 보고 느껴서 마음을 흥기시키는 기능과 형용을 상상하게 하는 데 그 의도가 있었던 것이다. 즉 단순히 알기 위한 지식을 얻는 것이 아니라, 그것을 실천하게 하려면 독자에게 강한 감화가 필요한데, 판화가 그 기능을 이끌어낸다는 것이다. 그리고 이러한 기능은 이후 간행된 행실도류 판화들에도 보편적으로 적용되었다.

보기와 느끼기

중종 9년(1514)에 간행된 《속삼강행실도》의 내용과 특색에 대하여 규장각 직제학 이만수(李晚秀)는 다음과 같이 적고 있다. "이 책의 내용을 말하면, 위로 순결한 행실과 아름다운 절개를 싣고 옆으로 높은 공열(功烈)과 거룩한 일만 채취한 다음, 글로 기록하고 그림으로 형용하여 백성들로 하여금 책을 펴서 한 번만 눈으로 보아도 그 감동된 마음과 애절한 심경이 자연히 생기게 하였다." 여기에서 주목할 것은 '보는 것'과 '느끼는 것'이 인과관계를 형성하며 동시적으로 이루어진다는 것이다. '본다'는 것은 시각 자체에 인지와 판단의 기능이 포함되어 있고, 그것이 '느낌'의 단계로 나아가게 한다는 것을 의미한다. 여기에서의 '느낌'이란 다분히 감성적인 용어인데, '보는 것' 자체가 바로 감성적인 작용을 일으킨다는 것이다. 즉 앞에서 언급한 바와 같이 그림은 "그 느낌이 반드시 깊고, 그 흥분(興奮)이 반드시 빠를 것"이라는 말과도 부합된다. 이러한 관계는 교화서를 보는 독자의 입장에 시사하는 바가 크다.

《삼강행실도》를 읽는 독자의 입장에서 그림을 보는 과정은 어떻게 설명될 수 있을까? 이는 독자가 판화를 보고 탐색하여 정보를 이해하는 인지의 과정을 자세히 살펴보는 것이기도 한다. 먼저 판화를 본다는 것은 그림의 내용을 알고 있는 상태에서 보는 것을 전제로 한다. 앞에서 언급한 바 있지만, 판화는 내용을 전혀 모른 채 그림만 보아서는 제대로 이해할 수 없으며, 내용을 아는 사람만이 이해할 수 있는 특성을 갖고 있기 때문이다.

판화를 통해 내용을 인지하는 과정을 살펴보면 다음과 같다. 독자의 입장에서 판화를 볼 때 가장 먼저 그림의 표제를 읽게 된다. 네 글자로 된 제목에서 주인공이 누구이고, 주제가 무엇인지를 확인한다. 그리고 이를 통해 그림 속의 이야기가 자신이 알고 있는 것인지를 판단하게 된다. 내용을 잘 알고 있다면 그림을 보면서 한 번 더 이야기의 줄거리를 명확히 이해하게 된다. 만약 이야기의 내용이 잘 떠오르지 않는다면 그림을 더욱 면밀히 살펴본다. 불규칙적으로 전개되는 장면의 부분들을 연결하며 탐색한다. 이 과정에서 장면들 간의 상호 연관성을 찾아 기억을 재구성한다. 그림 속의 주요 모티프가 종합적인 이해를 완성시키기 위한 단서가 된다. 여기에서 끝내 이해가 되지 않으면 판화 뒤편의 찬문을 읽으며 내용을 다시 숙지한다. 그런 다음 다시 그림을 보고서 그림 속 상황들을 이해한다. 이러한 절차는 판화의 주제를 반복 학습함으로써 인지의 기능을 강화하는 과정이다. 이렇듯 판화 속의 그림은 그 내용을 짧은 시간 내에 이해하게 하고, 그것이 미비할 경우 반복하여 숙지해야 할지의 여부를 판단하게 하는 기능을 한다.

눈으로 그림을 보는 것은 글로 인지한 내용들을 대입시키며 알고 있는 지식을 재구성해 나가는 과정이다. 그림 속의 장면들을 순서에 따라 재구성하는 것은 곧 기억된 이야기의 내용을 체계화하고 그려진 장면 속의 상황들을 구체적으로 이해하게 한다. 그래서 지식의 전달을 훨씬 용이하게 하고 기억의 효과도 높여준다. 또한 그림 속 장면들의 상황을 통해 감화가 일어나거나 실천의 의지를 불러일으키게 한다. 이러한 과정이 바로 판화가 가져다주는 주요 기능이다. 그리고 독자가 보는 것과 이해하는 것은 시간적 간격을 두지 않고 동시적으로 이루어진다는 점도 주목할 만한 현상이다.

독자가 찬문을 읽고 난 뒤에 다시 판화를 본다면, 판화는 이야기의 내용을 훨씬 자세히 회상하도록 하는 데 도움을 준다. 또 내용을 반복하여 이해하고자 할 때 판화는 매우 효과적인 기능을 제공한다.

기억과 다독

《삼강행실도》는 여러 번 읽어야 하는 다독(多讀)의 속성을 지닌 책이다. 한 번 읽거나 학습한 뒤에 그림을 본다면 이야기의 내용을 좀 더 쉽게 떠올릴 수 있다. 여기에서 그림은 장면을 통한 시각적 판단과 신속한 인지를 가능하게 하고, 알고 있는 기억을 재생시켜주기 때문이다. 따라서 몇 번 내용을 정독한 후 그림을 본다면 찬문을 읽지 않고도 그림을 통해 내용 전체를 좀 더 신속히 파악할 수 있다. 이러한 과정을 완전히 체득하게 해주는 것이 시와 찬문인데 이 또한 매우 중요한 기능을 한다. 이런 특성은 《삼강행실도》를 몇 차례 다독하게 될 경우 상당히 효과적이다. 즉 《삼강행실도》를 펼쳐 그림을 보았을 때, 그림 속의 상황 가운데 이해가 되는 부분은 그림만 보고 넘어가고, 이해가 안 되는 부분은 다시 내용을 읽고 학습하는 과정을 거치게 된다.

판화의 이해 방식은 처음에는 이야기의 내용을 글로 읽으면서 순차적으로 이해하게 되지만, 그 다음부터는 그림을 봄으로써 사전에 기억된 정보를 불러내어 신속히 이해시켜주는 이점이 있다. 이는 그림을 보는 시각이 사전에 알고 있는 정보와 만나게 되면, 짧은 시간에 이해가 완결

된다는 것이다. 만약 그림과 글을 병치시키거나 글이 먼저 나오고 그림이 뒤에 나온다면, 그림의 기능은 더 약화될 수밖에 없었을 것이다. 이러한 특징은 앞서 예시했던 호림박물관 소장의 《불정심다라니경》과 비교해봄으로써 좀 더 구체적으로 이해할 수 있다(그림 1). 《불정심다라니경》은 상단에 그림을 넣고 하단에 그림에 대한 내용을 수록하여 한눈에 이해가 가능하도록 편집되었다. 《삼강행실도》가 책의 내용을 쉽게 전달하기 위함을 목적으로 했다면 오히려 이러한 구성을 채택했을 것이다. 그러나 《삼강행실도》에는 그림과 글이 분리되어 있고 그림이 먼저 제시되어 있다. 이는 판화가 학습된 지식을 재생하는 기능을 하며, 독서를 반복할 때 그 효과가 배가된다는 것을 말해준다.

다음으로 《삼강행실도》에서 그림과 함께 편집된 찬문과 시는 어떤 기능을 하였을까? 우선 찬문의 기능을 시사해주는 자료로 권근(權近, 1352~1409)이 쓴 《효행록서(孝行錄序)》가 참고된다. 《효행록서》에서는 각각의 효행 사례에 찬(贊)을 붙인 것은 "아침저녁으로 찬문을 읽고 노래하여 익히 보고 듣게 하기 위한 것〔朝夕詠歌 習熟見聞〕"이라 하였다. 이는 찬문을 반복하여 읽거나 암기함으로써 《효행록》의 내용을 완전히 숙지하고 체득하도록 하기 위한 설정이라 생각된다.[27] 《삼강행실도》에도 찬문과 시를 실은 것은 수시로 읽고 암송하여 내용을 깊이 이해하도록 하기 위한 방법이었음을 짐작할 수 있다.

> "입으로 외우고 마음으로 생각하여 아침에 더하고 저녁에 진취하여, 그 천성의 본연을 감발하지 아니하는 자가 없게 되면" 교화가 행해지고 풍속이 아름다워질 수 있다는 것이다.[28]

27 김훈식, 〈朝鮮初期《三綱行實圖》 보급의 대상〉, 《仁濟論叢》 12권 1호, 인제대학교, 1996, 152쪽.
28 《세종실록》 권64, 세종 16년 4월 27일.

즉 시와 찬의 내용을 알고서 그림을 본다면 좀 더 명확하게 이해할 수 있다. 그런데 여기에서 강조하는 것은 지식의 선명한 재생보다 '천성의 본연을 감발하게 하는 것', 즉 마음을 움직이게 하는가가 핵심이다. 즉 감성의 작용을 말한 것이다. 시와 찬문을 통해 얻게 되는 이러한 효과가 그림에 투사된다면 감화의 강도를 훨씬 높일 수 있고, 판화의 인지적 기능을 한층 강화해주는 것이 된다.

시에는 추상적인 어휘보다 그림의 상황을 암시하는 어구가 들어가 있다. 따라서 그림을 보며 읊는다면 찬문과는 다른 매우 효과적인 이해에 이를 수 있다. 또한 시는 읽고 마는 것이 아니라 암기하고 반복하여 읊조리는 것을 요구하고 있다. 《효행록》에서도 찬과 시를 둔 것은 수시로 가영(歌詠)하여 익히 듣고 보게 하기 위한 것이라는 말도 이와 부합되는 맥락이다. 《삼강행실도》에서 볼 수 있는 이러한 구성에 있어서 특히 찬문과 시는 이후 《삼강행실도》 선정본이나 《속삼강행실도》를 비롯하여 조선 후기의 《오륜행실도》에 이르기까지 기본적인 구성 요소로 전승되었다.

내용과 장면의 구조

《삼강행실도》의 내용이 어떻게 그림 속의 장면으로 설정되는가를 주시할 때 발견되는 원칙들을 살펴볼 필요가 있다. 《삼강행실도》의 찬문에 간략히 서술되거나 생략된 내용은 판화에 구체적으로 표현되는 경우가 많다. 즉 장면의 설정은 기본적으로 찬문에 근거하지만 반드시 찬문에 국한되는 것이 아니다. 이러한 시각적 설정과 관련된 요소들이 판화가 지닌 메시지의 전달을 효율적으로 하여 독자의 이해를 돕는 기능을 한다. 이렇게 본다면, 《삼강행실도》 판화에서 몇 가지 표현 원칙을 발견할

그림 11 〈강시출리(姜詩出鯉)〉, 《삼강행실도》.

그림 12 〈황향선침(黃香扇枕)〉, 《삼강행실도》.

수 있는데, 그 구체적인 양상을 살펴보기로 하겠다. 여기에서 예시하는 그림들은 주로 〈효자도〉를 중심으로 하였다.

첫째, 동일 장소의 반복적 표현이다. 《삼강행실도》의 한 화면이 여러 장면으로 분할되는 경우, 가옥과 인물은 반복적으로 그려진다. 즉 동일한 장소가 반복적으로 표현되는 경우이다.[29] 대표적인 예로 가옥 안에서 일어난 일의 시간과 상황이 바뀌면 같은 가옥이 한 번 더 그려지는 현상을 보인다. 예컨대 《삼강행실도》 〈효자도〉의 〈강시출리(姜詩出鯉)〉에서 강시(姜詩)가 처를 쫓아내는 장면과 강씨와 처가 어머니를 모시는 장면

29 여기에 대해서는 이수경의 분석이 주목된다. 이수경, 앞의 논문, 40~41쪽 참조.

에서 가옥이 두 번 그려졌다(그림 11). 즉 부모가 거처하는 공간에 두 개 이상의 각기 다른 상황이 전개되면, 가옥을 두 번 그려 설명하는 방식을 취하였다. 두 개의 연속 장면을 하나의 실내 공간에 그릴 수 없기 때문이다. 따라서 가옥을 하나 더 그림으로써 집 안에서 일어나는 행위를 분리하여 설명해주고 있다. 여기에서 집 안이라는 상황은 울타리를 묘사함으로써 가옥들을 아우르는 형식으로 그려졌다.

〈효자도〉의 '황향(黃香)이 베개에 부채질하다.'라는 제목의 〈황향선침(黃香扇枕)〉의 경우도 이와 동일한 특징을 보여준다(그림 12). 아버지를 봉양하던 황향이 겨울에는 몸으로 아버지의 이부자리를 따뜻하게 하고, 여름에는 베개와 잠자리에 부채질을 하여 서늘하게 하였다는 내용을 그린 것이다. 겨울과 여름에 행한 효행의 장면을 동시에 보여주기 위해 가옥을 반복하여 그렸다. 그러나 울타리는 하나로 되어 있어 다른 시간대에 진행된 동일한 장소에서의 장면을 표현한 것이 된다.

둘째, 동일 인물의 반복적 표현이다. 같은 장소에서 일어나는 이야기 속 주인공의 행위가 다를 때, 그 주인공은 하나의 배경 안에 여러 번 그려진다. 즉 동일한 인물의 행위를 연속적으로 설명할 때 반복하여 그리게 된다. 한 인물이 다른 시간과 장소에 있는 상황을 나타낼 때도 인물을 여러 번 그리는 것이 원칙이다.[30] 한 예로 〈사월단지(四月斷指)〉에서 사월(四月)이 문 앞에서 지아비를 떠나보내는 장면과 집 안에서 어머니를 위해 단지하는 장면이 하나의 가옥을 배경으로 하여 이루어진다(그림 13). 즉 주인공의 위치가 한 집 안에서 중복되지 않는다면, 시간의 순서에 따라 연속적으로 그리게 된다.

《삼강행실도》〈열녀도〉의 '여종(女宗)이 예를 알다.'라는 제목의 〈여종

30 이처럼 인물을 시간의 흐름에 따라 그리는 것을 '연속적 구성'이라 한다. 이수경, 앞의 논문, 37~41쪽.

그림 13 〈사월단지(四月斷指)〉, 《삼강행실도》.

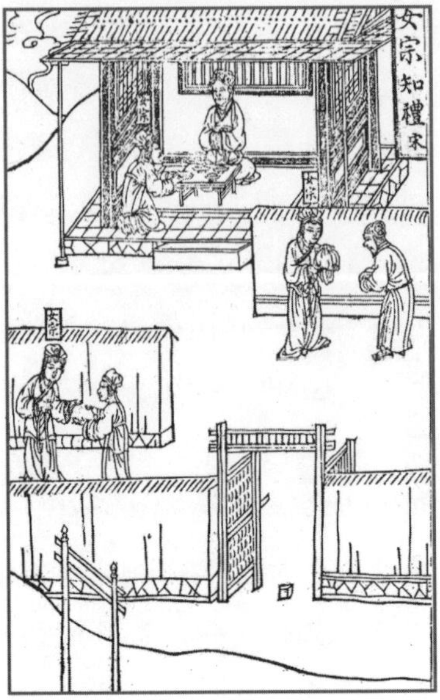

그림 14 〈여종지례(女宗知禮)〉, 《삼강행실도》.

지례(女宗知禮)〉에서도 동일 인물의 반복적 표현이 잘 나타나 있다(그림 14). 여종의 남편이 외처(外妻)를 두자, 왕래하는 사람 편에 남편의 소식을 묻고, 외처에게 후한 선물을 보냈으며, 시어머니를 더욱 공경히 봉양했다는 여종의 모습이 하나의 가옥 안에 여러 번 등장하며 묘사되어 있다. 즉 주인공의 행위에 중점을 두고 있음을 살필 수 있는 매우 중요한 특징이다.

셋째, 가옥 · 묘제 · 복식 표현의 시대성이다. 《삼강행실도》에는 그림 속의 가옥이나 묘제, 복식 등이 구체적으로 묘사되어 있다. 그런데 세부적인 특징을 보면 중국식이 대부분이다. 그림 속 주인공이 중국 인물이기 때문이다. 그러나 우리나라의 인물일 경우에는 복식에서 다른 특징이 나타난다. 《삼강행실도》 〈효자도〉의 〈석씨부고(石氏負姑)〉에 등장하는 아

그림 15 〈석씨부고(石氏負姑)〉, 《삼강행실도》.

그림 16 〈자강복총(自强伏塚)〉, 《삼강행실도》.

버지(그림 15), 〈자강복총(自强伏塚)〉의 주인공 자강(自强)과 남성 인물(그림 16), 〈성무구어(成茂求魚)〉의 인물은 조선 초기에 유행한 평량자(平涼子)와 같은 모자를 쓰고 있다. 부분적이지만 중국 인물의 형상에서는 볼 수 없는 여말선초의 특색이 잘 나타나 있다. 판화를 제작할 때 중국적 요소와 한국적 요소에 대한 변별된 이해가 있었음을 알려준다. 상장례(喪葬禮)의 장면에 묘사된 상주의 의복이나 상례 장면은 당시의 풍속적인 특징으로 엿볼 수 있을 만큼 현실적이면서도 사실에 기초해 있다.

넷째, 상례와 장례 및 여묘살이의 표현이다. 《삼강행실도》의 판화에는 상례와 장례 및 여묘살이의 구분이 분명하다. 일반적으로 찬문의 내용에는 '부모의 상을 당하여'라고 표현되지만 그림에는 상례와 장례의 장면이 공간과 기물과 인물의 복식 등 구체적으로 묘사되어 있다. 둘 다 효행

그림 17 〈맹희득금(孟熙得金)〉의 상례 장면.

그림 18 〈유정분향(劉政焚香)〉의 장례 모습.

의 주요 절차이기에 시각적인 사실성을 갖추어 설명한 것이다.[31] 예컨대 《삼강행실도》를 만들면서 불교적인 효행과 유교적인 효행을 구분하고, 유교적인 효의 행동규범을 정립하려는 것도 같은 맥락으로 이해할 수 있다.[32] 즉 상·장례의 표현에서는 상복을 갖추어 입고 분향하는 등 예를 행하는 모습과 무덤을 단장하고 여묘살이 하는 장면 등이 연속적인 장면으로 그려진다. 예컨대 〈맹희득금(孟熙得金)〉의 상례 장면이나(그림 17) 〈유정분향(劉政焚香)〉의 장례 모습(그림 18) 등이 대표적인 예다.

다섯째, 자학 장면의 설정이다. 《삼강행실도》에는 단지나 할반과 같은 자학적인 장면이 자주 등장한다. 그런데 이런 그림들은 모두 원인과 결과의 인과관계가 잘 설명되어 있다. 단지와 할반에는 그 행위를 하는 주인공의 주위에 반드시 부모가 누워 있고, 단지나 할반을 행하는 공간에

31 김진영, 앞의 논문, 248쪽.

32 김항수, 〈조선 전기 《三綱行實圖》와 《小學》의 편찬〉, 《한국사상과 문화》 19, 한국사상문화학회, 2003, 197쪽.

는 가림막이 반드시 설치되어 있다. 즉 부모는 단지나 할반의 사실을 모르는 상황으로 설정되어 있다. 만약 가림막이 없다면 이를 지켜보는 부모를 더욱 고통스럽게 하는 것이기 때문이다. 그런데 이처럼 병든 부모를 가리개 너머에 함께 등장시킨 것은 주인공의 행위가 병든 부모를 위한 것임을 독자에게 알리기 위한 것이다. 부모가 그려지지 않으면 주인공은 이유 없는 자해를 행하는 것으로 오인될 수 있기 때문이다. 〈위초할반(尉貂割股)〉과 같은 도상에 이러한 상황이 잘 묘사되어 있다(그림 19).

그림 19 〈위초할반(尉貂割股)〉, 《삼강행실도》.

이러한 상황 묘사는 찬문의 기록에는 없지만 장면 안에서 독자에게 나름대로의 상황을 설명해준다. 해서는 안 될 일과 모르게 해야 하는 일을 독자가 판단하게 하는 부분이다. 단지와 할반은 매우 비현실적이고 맹목적인 것으로 비쳐질 수 있으나 당시에는 자신의 몸을 상하게 하여 부모를 섬기는 행위도 효심의 행위로 간주되었다.[33]

여섯째, 극단적인 상황의 대비다. 《삼강행실도》에는 효행을 위한 것이라면 자식마저 버리는 극단적인 이야기를 담은 내용이 있다. 부모를 향한 효행에 방해가 된다면, 자식마저 서슴없이 땅에 묻거나 팔아버리는 이야기들이 그 예다. 이러한 행위는 어떤 이유로든 용납할 수 없는 또 하나의 비윤리적인 행태다. 행위의 정도가 이미 윤리적 차원을 넘어선 것

33 김항수, 앞의 논문, 198쪽.

이지만, 《삼강행실도》에서는 그것이 효를 위한 것이라면 상황은 달라진다. 예컨대 〈곽거매자(郭巨埋子)〉(그림 20)와 〈명달매자(明達賣子)〉(그림 21)에는 부모를 봉양하기 위해 자식을 버리는 납득하기 어려운 상황이 묘사되어 있다. 그림은 인과관계를 설명하기 위해 두 장면으로 대비시켜 처리하였다. 즉 노모에게 음식을 올렸으나 노모가 이를 어린아이에게 먹이자, 봉양이 제대로 되려면 아이가 없어야겠다고 판단하고서 아이를 땅에 묻거나 팔아넘기는 장면이 적나라하게 그려져 있다. 매자(埋子)와 매자(賣子)의 비윤리적인 상황을 지극한 효행과 대비시킴으로써 부모에 대한 효는 선택의 여지가 없는 절대적인 가치라는 강한 메시지를 전해주는 효과를 거두고 있다.

일곱 번째는 보상과 포상이다. 《삼강행실도》에는 정려(旌閭)와 하사품 등 포상에 관한 모티프가 자주 등장한다. 모범이 되는 효행을 알리고 장려하기 위한 방안이다. 이는 독자에게 자발적인 동기를 부여하기 위한 의도라 할 수 있다. 만약 포상이 없다면 실천을 유도하는 힘은 대단히 미약해질 것이다. 그런데 흥미로운 것은 각 이야기에서 시간적으로 가장 나중에 설명되어야 할 포상과 관련된 모티프가 시간의 경과를 고려하지 않고 미리 화면 위에 그려지는 경우이다. 이러한 요소는 《삼강행실도》가 삼강윤리의 실천자에 대한 포상정책과도 관련이 있음을 말해준다. 그 형태를 보면, 어머니를 위해 자신의 허벅지살을 벤 〈성각양모(聖覺養母)〉의 경우 쌀을 하사하는 장면(그림 22), 〈사월단지〉에서 집밖에 세워진 정문(旌門)(그림 13), 〈효아포시(孝娥抱屍)〉에서 행적을 기리기 위해 세운 비(碑)(그림 23) 등이 대표적인 예다.

위에서 살펴본 판화의 요소들은 모두 문자로 설명할 수 있는 부분인 반면, 문자로 설명하지 못한 측면을 그림으로 표현한 부분도 있다. 그림 속의 상황을 이해하는 과정은 곧 그림에 담긴 메시지를 수용하게 됨을 말하

그림 20 〈곽거매자(郭巨埋子)〉, 《삼강행실도》.

그림 21 〈명달매자(明達賣子)〉, 《삼강행실도》.

그림 22 〈성각양모(聖覺養母)〉, 《삼강행실도》.

그림 23 〈효아포시(孝娥抱屍)〉, 《삼강행실도》.

며, 그것이 축적된다면 그 지식은 곧 실천을 동반할 수 있다는 것이다.

5. 판화 도상의 변화와 관습화

《삼강행실도》의 증보와 개찬은 책의 보급과 유통을 더욱 촉진시키는 결과를 가져왔다. 그리고 이를 독자의 입장에서 보면, 책의 내용을 쉽게 이해하도록 가독성을 높여나간 점진적인 노력이었다고 할 수 있다. 이 과정에서 판화의 도상에는 어떤 변화가 진행되었을까? 또한 도상의 변화는 어떤 기능상의 효과를 거두었을까? 그리고 도상의 변화는 지식의 관습화와는 어떤 관계로 설명될 수 있을까? 여기에 대해 짚어볼 필요가 있다.

《삼강행실도》는 세종 16년(1434)에 처음으로 반포된 이후 중앙과 지방에서 여러 판본들이 간행되었다. 여기에서 주목할 것은 반포된 이후 초간본의 체제에 대한 보완책이 제시되었고, 이를 적극 반영한 수정 간행이 이루어진 점이다. 초간본이 반포된 이후 채 50년이 지나지 않은 성종 12년(1481)에는 한글언해본이 나왔다. 이때는 《삼강행실열녀도》에만 국한되었지만, 한자를 언문으로 풀어낸 것은 책을 보게 될 백성들의 편의를 돕기 위해서였다. 또한 성종 21년(1490)에는 330인의 고사를 다룬 분량을 105인으로 줄인 선정본이 간행되었다. 역시 책을 보는 독자에게 편리함을 제공하고, 이를 간행하는 입장에서는 분량에 대한 과도한 부담을 덜어 유통의 범위를 넓히기 위한 것이었다.

16세기에는 《속삼강행실도》(1514), 17세기에는 《동국신속삼강행실도》(1617)가 이어져 책의 구성과 그림의 형식에도 많은 변화를 가져왔다. 이처럼 《삼강행실도》 이후에 간행된 판화의 변화를 살펴보는 것은 거기에 담긴 교화의 메세지가 어떻게 이해되었고 또 변화를 유지했는가를 살펴보는 데 큰 시사점을 준다. 판화의 판각 기술과 수준을 보면, 초편(初編) 한문본 《삼강행실도》 이후 언해본과 선정본, 그리고 《속삼강행실도》에 이르기까지 시대를 내려올수록 그 구성과 선묘가 번잡스러워지거나 치졸해지는 경향을 보인다.[34] 판화의 발전 단계로 보기에는 적절하지 않다. 그러나 분명한 것은 변화의 방향을 읽을 수 있다는 것인데, 이 과정에서 나타난 주요 현상들을 살펴보면 다음의 몇 가지로 요약할 수 있다.

형식의 변화와 형식화

《삼강행실도》 선정본 판화는 《삼강행실도》를 토대로 하였기에 그림의 기본 구성이 원간본과 큰 차이가 없다. 언해가 그림 위쪽에 붙은 관계로 그림이 축소된 상태다. 그러나 지방에서 간행된 것은 판화가 대단히 소략하게 새겨진 예가 많다. 이 경우 내용을 이해하는 데 어느 정도 효과를 거둘 수 있을지 의문이다. 또한 아예 그림 없이 내용만 필사하여 엮은 사례도 볼 수 있다.

《속삼강행실도》 역시 판화의 위쪽 4분의 1 정도를 비워 언해를 새겼다. 이는 언해의 내용과 그림을 한눈에 비교하며 보는 데 장점이 있다. 책장을 넘기지 않고 그림 한 편의 상황을 글과 함께 보기에는 매우 편리하다. 그러나 《동국신속삼강행실도》에는 판화의 그림 뒤편에 한자로 된 찬문과 함께 언해가 실려 있다. 화면의 가로 길이가 이전보다 약간 길어졌으며, 이야기의 전개가 수평적으로 진행되는 장면 배열이 새롭게 등장한

34 송일기·이태호, 〈初編本《三綱行實孝子圖》의 編纂過程 및 版畵樣式에 관한 硏究〉, 《서지학연구》 25, 서지학회, 2003, 115쪽.

그림 24 〈권질거려(權眰居廬)〉, 《동국신속삼강행실도》.

그림 25 〈안도여묘(安堵廬墓)〉, 《동국신속삼강행실도》.

그림 26 〈득온여묘(得溫廬墓)〉, 《동국신속삼강행실도》.

다.[35] 이 경우는 판화의 뒤편에 언해가 수록되어 있고, 또한 찬문의 분량이 앞 시기에 비해 월등히 적어 《삼강행실도》와는 차이가 많지만 내용을 이해하는 데 큰 어려움은 없다.

또한 《동국신속삼강행실도》에는 수록된 그림의 종수가 많은 관계로 비슷한 주제의 그림들은 비슷한 구도로 그린 형식화된 화면 구성을 보이고 있다. 시각적인 이미지를 전달하는 데 대한 강한 의도보다는 그림을 그리는 과정의 편리함만 추구하여 도상의 변별성이 상당히 떨어진다. 이러한 예로는 《동국신속삼강행실도》에서 여묘살이를 주제로 한 〈권질거려(權眰居廬)〉(그림 24), 〈안도여묘(安堵廬墓)〉(그림 25), 〈득온여묘(得溫廬墓)〉(그림 26) 등이 있는데, 성근 화면 구성과 형식화된 구도를 확인할 수 있다.

35 이수경, 앞의 논문, 53쪽.

그림 27 〈서릉득규(徐稜得蛙)〉, 《삼강행실도》(1434).

그림 28 〈서릉득규(徐稜得蛙)〉, 《동국신속삼강행실도》(1617).

장면 수의 축소

《동국신속삼강행실도》는 화면에 여백이 많아지고, 그 여백의 대부분이 산수로 채워져 있다. 그림이 서너 장면으로 구성되는 것이 전체의 절반을 넘는다. 장면이 많으면 이를 하나하나 이해하는 데 많은 시간이 들지만, 서너 장면이면 빠른 시간에 전체 개요를 파악할 수 있다는 이점이 있다.

또한 《동국신속삼강행실도》에 오면 하나의 배경에 주인공이 여러 번 등장하는 형식으로 바뀐다. 이는 앞서 보았듯이 찬문의 내용이 간략해지는 것과 더불어 나타난 현상이다. 찬문이 단순화된 것은 그림이 한 장면으로 간단히 그려질 수 있는 여지를 준다. 예컨대 《삼강행실도》의 〈서릉득규(徐稜得蛙)〉에는 의원이 서릉의 어머니를 진료하고 처방을 말하는 장면과 울타리 밖에서 약을 달이는 두 장면으로 설정되어 있다(그림 27). 그런데 《동국신속삼강행실도》에서는 이 두 장면이 한 울타리 안에서 전개되는 장면으로 묘사되었다(그림 28). 이처럼 그림 속의 장소가 통합되고 장면 수가 축소된 것은 설명적 요소를 생략하고 판화 장면 속의 상황을 좀 더 함축적이고 집약적으로 표현한 것이 된다.

이러한 변화 중에서도 중요한 것은 그림을 통한 이야기의 전달이 한결 단순화되고 개념화되었다는 점이다. 이는 최초 간행된 《삼강행실도》 이후 독자의 이해를 돕는 방식으로 개찬이 이루어졌고, 삼강의 윤리에 대한 사회적 관습화도 함께 진행되었다는 맥락에서 이해할 수 있다. 다시 말해서 충 · 효 · 열의 고사가 이미 대중적으로 확산되었고 이해의 기반이 마련되었음을 말해준다. 여기에는 세종조에 간행된 《삼강행실도》 이래로 꾸준한 간행과 보급, 그리고 《소학》의 교육 등을 통한 학습이 크게 기여하였다. 또한 그러한 관습화의 결과가 그림에 반영되고 또 인지되었음을 알려주고 있다.

장면 묘사의 통합과 세분화

《동국신속삼강행실도》에서는 몇몇의 특정 사건을 표현하는 경우 인물 묘사의 세분화와 배경의 통합화 현상이 나타난다.[36] 예컨대 병중에 있는 어버이에게 손가락을 잘라 약을 올리는 장면은 이전의 《삼강행실도》에 비해 주인공의 동작이 더 세분화되어 있다. 《속삼강행실도》의 〈종손단지(從孫斷指)〉와 《동국신속삼강행실도》의 〈수명단지(守明斷指)〉를 비교해보

36 이수경, 앞의 논문, 49쪽.

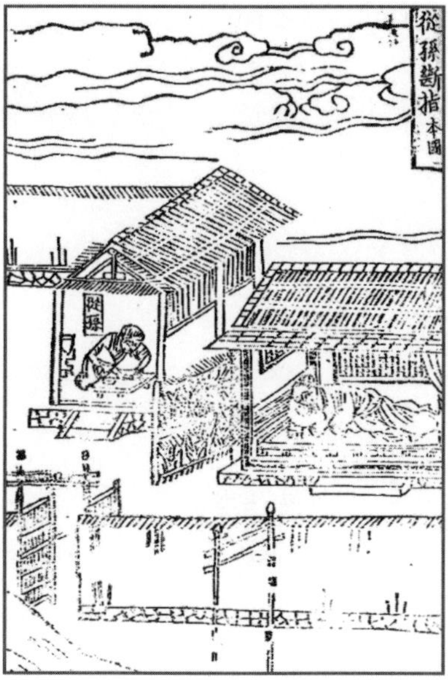

그림 29 〈종손단지(從孫斷指)〉, 《속삼강행실도》(1514).

그림 30 〈수명단지(守明斷指)〉, 《동국신속삼강행실도》(1617).

자. 전자에서는 단지가 병든 아버지 몰래 분리된 공간에서 이루어지고 있으나(그림 29), 후자에서는 누워 있는 아버지 앞에서 단지하고 그것을 바로 약으로 올리는 주인공의 모습이 두 번 등장하며 동작이 세분된다(그림 30). 배경이 그림의 절반을 차지하는데 산수의 모티프로 처리되어 있다. 그러나 배경의 표현은 공간을 통합시켜 주제에 대한 집중도를 높이고 표현상의 경제성을 제공한다.

《속삼강행실도》에서는 복식과 기물, 무덤 등을 묘사할 때 중국적인 요소와 변별되도록 하였다. 이는 장면 속 배경의 설정에 있어 중국적 요소와 한국적인 것을 구별하여 묘사하고자 한 현상으로 파악된다. 중국 효자들의 여묘살이 그림에서는 분묘가 벽돌로 만들어진 중국식이었으나 《속삼강행실도》에서는 우리나라 묘제인 토분(土墳)으로 바뀌어 있다.[37]

이 또한 묘사의 현실화와 구체화를 설명해주는 부분이다.

관습으로의 정착

《삼강행실도》가 출간된 이후 《동국신속삼강행실도》가 간행되기까지 행실도 계통의 판화는 약 200여 년간 지속적으로 간행되었다. 따라서 《삼강행실도》에 담긴 충 · 효 · 열의 교훈은 이 200여 년간의 조선사회에 어느 정도 관습화되는 기반을 마련하였다고 할 수 있다. 교화서를 제작한 궁극적인 목적은 충 · 효 · 열의 윤리가 그 사회 구성원들의 가치관으로 정착하게 하는 것이었다. 세종도 《삼강행실도》를 반포할 때 훌륭한 행실과 높은 절개는 궁극적으로 '풍속과 관습'으로 정착되어야 함을 강조한 바 있다.[38] 따라서 행실도류 교화서가 보급되고 전파되면서 조선사회에 실제로 어떤 과정을 거쳐 삼강의 윤리가 관습화되었는가를 살펴보아야 한다.

우선 《삼강행실도》 자체가 꾸준히 개찬되고 지방에서도 판각과 간행이 이루어진 점을 보면, 충 · 효 · 열은 절대적 가치를 지닌 윤리로서 학습되고 내면화되었을 개연성이 충분하다. 예컨대 세종대의 문신인 정창손이 세종이 제안한 《삼강행실도》 언해본에 대한 반대 의견을 개진하면서 "《삼강행실》을 반포한 이후에 충신 · 효자 · 열녀의 무리가 나옴을 볼 수 없었다."[39]고 한 때는 《삼강행실도》가 반포된 지 10년 뒤의 일이다. 10년 만에 그 성과가 가시화되기를 기대하기란 실제로 어려울 수밖에 없

37 이수경, 앞의 논문, 51쪽.

38 《세종실록》 권56, 세종 14년 6월 9일. 여기에서 세종은 훌륭한 행실과 높은 절개가 풍속과 습관으로 옮겨져야 하지만, 실제는 보고 듣는 자의 마음을 흥기시키지 못하는 일이 많음을 말한 바 있다. 즉 교화의 최종 목적은 그것을 풍속과 습관으로 정착시키는 것으로 보았다고 할 수 있다.

39 《세종실록》 권103, 세종 26년 2월 20일.

다. 《삼강행실도》의 효과를 알려주는 사례는 반포된 지 약 90여 년이 지난 중종 21년(1526)의 실록기사에서 찾을 수 있다. 이때는 《속삼강행실도》가 간행된 이후여서 책의 간행과 보급이 더욱 원활해진 시기였다. 실천 사례들을 엿볼 수 있는 한 예로 중종 21년 7월에 강원도와 평안도에서 올라온 효행과 절의를 보고한 내용을 들 수 있다. 먼저 강원도 관찰사 황효헌(黃孝獻)이 치계(馳啓)한 내용을 보면 다음과 같다.

① 강릉부(江陵府) 진사(進士) 신명화(申命和)의 아내 이씨(李氏)는 천성이 순수해서 학문을 대강 알았으므로 늘 《삼강행실도》를 외웠습니다. 그래서 어버이와 남편을 섬김에 있어 그 도리를 다했으므로 일찍부터 고장에 소문이 났습니다.

② 유학(幼學) 최응록(崔應祿)은, 그 아비 생원(生員) 최숙남(崔叔男)이 발광하여 죽을 지경이 되었는데 응록이 인육(人肉)이 좋은 약(藥)이 된다는 말을 들은 바 있어 즉시 왼손 무명지를 잘라 이를 태워서 약에 타 올렸습니다. 그랬더니 아비의 병이 과연 치유되었습니다.

③ 삼척부(三陟府) 유학(幼學) 김숭손(金崇孫)은 어려서부터 절조(節操)가 있어 지극한 효성으로 어버이를 섬겼다. 집이 가난해서 잘 봉양할 수가 없었지만 특별한 음식으로 잘 모셨다.
양구현(楊口縣) 호장(戶長) 유혼(柳渾)은 어려서부터 효심이 지극해서 생전이나 사후의 구분 없이 정성을 다해 어버이를 봉양하였습니다.

다음은 같은 시기에 평안도 관찰사 윤은보(尹殷輔)가 치계한 내용이다.[40]

④ 함종현(咸從縣) 전(前) 여수(旅帥) 유인달(劉仁達)은 홀어머니를 진심으로 효양(孝養)하였고, 돌아가신 뒤에도 온갖 정성을 다하였으며, 자기 집 한 칸을 사당(祠堂)으로 만들어 아침저녁 전제했고, 또 생시와 다름없이 출타할 때와 돌아왔을 때는 반드시 영전에 고하였습니다.

⑤ 유학(幼學) 유인석(劉仁碩)은 …… 온갖 약을 써도 효험이 없자 손가락을 끊어 효험을 보았다는 《삼강행실도》의 얘기를 보고, 몰래 도끼를 가져다 스스로 손가락을 끊어 불에 태운 다음 이를 빻아 물에 타서 드리니, 그 병이 치유되었다.

위의 기사는 《삼강행실도》의 학습을 통한 실천 사례를 알려주는 내용이다. 즉 《삼강행실도》는 단순히 읽히는 것으로 끝나지 않고 독자들에게 모방과 실천의 대상이 되게 하고, 이를 통해 내면화된 가치관의 형성에 이르게 된다면 상당한 성공을 거둔 것이 된다.

①에서 《삼강행실도》를 읽어 어버이와 남편에 대한 도리를 다함은 학습과 실천의 결과였으며, 내용을 암기했다는 것은 완전한 내면화가 이루어졌음을 시사한다. ②~⑤는 《삼강행실도》의 구체적인 사례를 따르고 있음을 알 수 있다. 이처럼 단지라든가 극진한 효심의 실천 사례들은 실제로 《삼강행실도》 속 주인공들의 행적과 별반 다르지 않았음을 알 수 있다. 또한 단지와 같이 극단적인 행위도 실천의 대상이 되었고, 효행의 전범으로 지속되었음을 알 수 있다. 그리고 위에서 인용된 사례들은 신분이 유학 등 식자층이라는 사실이 주목되는 점이다. 이는 앞에서 언급했듯이 《삼강행실도》의 실제 보급 대상과 독자층이 양반계층에 한정된

40 《중종실록》 권57, 중종 21년 7월 25일.

다는 사실을 뒷받침해주는 것이다.

《속삼강행실도》는 지방에서 보고한 실제 사례를 근거로 한 것이 많았고, 실현성이 없는 변고나 상식을 벗어난 특별한 행위를 수록한 《삼강행실도》와는 차이를 보인다. 즉 극단적인 예가 많이 완화된 것으로 볼 수 있다. 그러나 《속삼강행실도》의 간행과 배포가 이루어진 지방에서 올라온 앞의 보고 내용을 보면, 여전히 단지와 같은 극단적인 내용들이 보고되고 있음을 볼 수 있다. 이는 오히려 《삼강행실도》의 고전적 행위가 한편으로는 지속적으로 모방되고 있었음을 말해주는 것으로 이해된다.

허목(許穆, 1595~1682)이 지은 《기언별집(記言別集)》(23권)의 토산 현감 이공(李公)의 묘갈명(墓碣銘)에서 "한산(韓山) 이경항(李景沆) 공의 아내 송씨(宋氏)는 《소학》과 《삼강행실도》를 즐겨 읽어 자기 몸을 단속하고 시부모를 잘 섬겼다."고 한 내용이나, 안정복(安鼎福, 1712~1791)이 지은 《순암집》(27권)의 흡곡 현령을 지낸 김공(金公)의 행장(行狀)에 "책상 위에는 항상 《삼강행실도》를 비치해두고는 글을 읽다가 고어(皐魚)의 풍수(風樹)에 대한 말에 이르면 책을 덮고 울음을 삼키지 않은 적이 없었다."고 한 내용은 17, 18세기에도 《삼강행실도》가 꾸준히 교화를 위한 학습서로 읽혔음을 말해준다.

《삼강행실도》의 판화 도상은 이러한 관습화의 표상으로서 다양한 면모를 보여준다. 특히 〈효자도〉는 독자적인 그림 양식으로 발전하여 조선 후기와 말기에 하나의 장르로 유행을 이룬다. 효자의 고사를 내용으로 한 이 그림들은 《삼강행실도》에서 비롯되었지만, 독자적인 회화로 발전하는 변화를 보여준다. 특히 이 그림들은 민화(民畵)로 통칭되는 영역에 포함되어 있어, 《삼강행실도》에 담긴 구체적인 교화의 사례들이 관습으로 정착되고 대중적인 공감 속에서 유통되었음을 알려준다. 《삼강행실도》는 단순히 실천 사례의 모방을 유도하는 것이 아닌 삼강의 윤리의식과 가치관을 형성하게 하는 데 목적을 두었고, 그것이 곧 《삼강행실도》의 궁극적인 기능이었다.

6. 나가며

《삼강행실도》는 우리나라 최초의 유교판화이자 충·효·열 삼강의 윤리를 보급하기 위해 간행된 책이다. 여기에 수록된 찬문과 시, 그림은 이 책의 독자에게 삼강의 윤리를 입체적으로 이해하게 하는 매체였다. 특히 문자와 함께 그림을 수록한 것은 문맹인 백성을 위한 방안이었지만, 이는 식자층에게도 큰 이점을 제공하였다. 교화서의 내용을 형상화하여 시각적으로 체험하게 하는 것은 내용의 이해는 물론 교화의 효과를 배가시키는 데 한몫하였기 때문이다. 지식의 전달이 문자와 구술 및 그림을 매개로 이루어진다고 할 때, 그림으로 형상화된 《삼강행실도》의 내용은 지식이 아닌 정서적인 체험의 단서를 제공하는 것이었다.

본고에서는 《삼강행실도》의 내용과 구성상의 특징에 대해 몇 점의 그림을 예시하여 살펴보았다. 《삼강행실도》는 그림을 앞면에 싣고, 내용을 기술한 찬문을 뒷면에 싣는 형식으로 구성되었다. 이는 이 책의 기능을 우선적으로 고려한 것이라 하겠다. 찬문과 시는 문자를 아는 식자층을 위한 것이고 그림은 문맹인 백성을 위한 것이라 했지만, 《삼강행실도》의 판화는 기본적으로 내용을 알아야만 그림을 이해할 수 있도록 되어 있다. 따라서 시와 찬문은 그림을 이해하는 데 필수적인 요소이며 독자가 읽을 수 있거나 설명을 들어야 하는 과정을 필요로 한다.

《삼강행실도》 판화는 일화의 내용 가운데 가장 중요하고 핵심적인 대목을 선별하여 그렸으며, 판화의 장면 수는 찬문의 내용이나 분량과 관련하여 설정되었다. 즉 찬문이 길면 장면의 수도 많아지는 경향을 보였다. 또한《삼강행실도》의 장면 구성에는 동일 장소의 반복적 표현, 동일 인물의 중복 표현 등을 통해 화면 구성의 원칙을 적용하였으며, 가옥 · 묘제 · 복식 표현의 시대성, 극단적인 상황의 대비, 보상과 포상 등을 통해 교화가 이루어질 수 있는 요소들을 구조화하였다.

《삼강행실도》에 수록된 그림은 시각적인 설명을 제공하는 데 그치지 않고 독자에게 감동과 감화를 느끼게 하는 장치로 활용되었다. 즉 그림을 통해 독자의 정서적인 감응을 촉발시킬 수 있어야 한다는 것이다. 이를《삼강행실도》의 서문에서는 "보고 느껴서 마음을 흥기(興起)시킨다." 라고 하거나 "본연의 선심(善心)이 감발(感發)되게 하는" 것이라 표현하였다. 이렇게 본다면《삼강행실도》를 통한 교화에는 그림이 매우 핵심적인 기능을 했다고 할 만하다. 따라서 판화의 기능에는 시각적인 것에만 한정하지 않고 풍부한 상상력, 감동의 경험, 이야기 속 인물에 대한 동일시 등 그림을 접하면서 일어나는 정서적 작용이 포함되었다. 이런 점에서《삼강행실도》 판화는 일면 독자의 감성에 의존한 매체라고 할 수 있다.

《삼강행실도》 관련 서적은 세종대에 초간본이 간행된 이후 몇 차례 개찬의 과정을 거쳤다. 언해본《삼강행실열녀도》(1481)와 선정본(1490), 《속삼강행실도》(1514), 그리고《동국신속삼강행실도》(1617) 등은 교화와 학습에 불합리한 점들을 보완하는 방향으로 간행되었다. 이 과정은《삼강행실도》의 보급과 유통을 더욱 촉진시킨 결과를 가져왔다. 그리고 이를 독자의 입장에서 보면, 책의 내용을 쉽게 이해하도록 가독성을 높여주는 차원에서 간행되었다. 그 양상은 한자를 풀이한 언문을 수록한다거나 방대한 책의 분량을 줄인 형식, 그림을 단순화시킨 형태 등으로 전개되었다. 이러한 개찬은 독자의 이해를 돕고 간행을 원활히 하기 위한 방편이었다.

《삼강행실도》의 변화 과정을 보면, 장면 수가 많은 그림에서 장면 수가 줄고 묘사가 단순화되는 경향으로 전개되었다. 특히 《동국신속삼강행실도》에 오면 그러한 경향이 더욱 심화되었다. 이는 《삼강행실도》가 시간이 지남에 따라 차츰 대중적인 유교윤리로 자리 잡았고, 이해의 기반을 마련하였음을 말해주는 것으로 이해된다. 여기에는 세종조의 《삼강행실도》 이래로 꾸준한 간행과 보급, 그리고 교화와 관습화가 그 배경을 이루었다고 할 수 있다. 《삼강행실도》를 비롯한 행실도 관련 서적은 17세기 후반까지 꾸준히 간행되어 유교윤리의 관습화와 지식의 유통에 기여하였다. 이 과정에서 판화는 '윤리풍속'이라 할 만한 모범적인 모습을 제시하여 이를 따르고 실천하게 하였고, 책의 내용이 개편되고 형식이 바뀌더라도 삼강의 덕목을 조선시대의 사회 풍속으로 정착시키는 데 매우 효과적인 매체로서의 기능을 하였다.

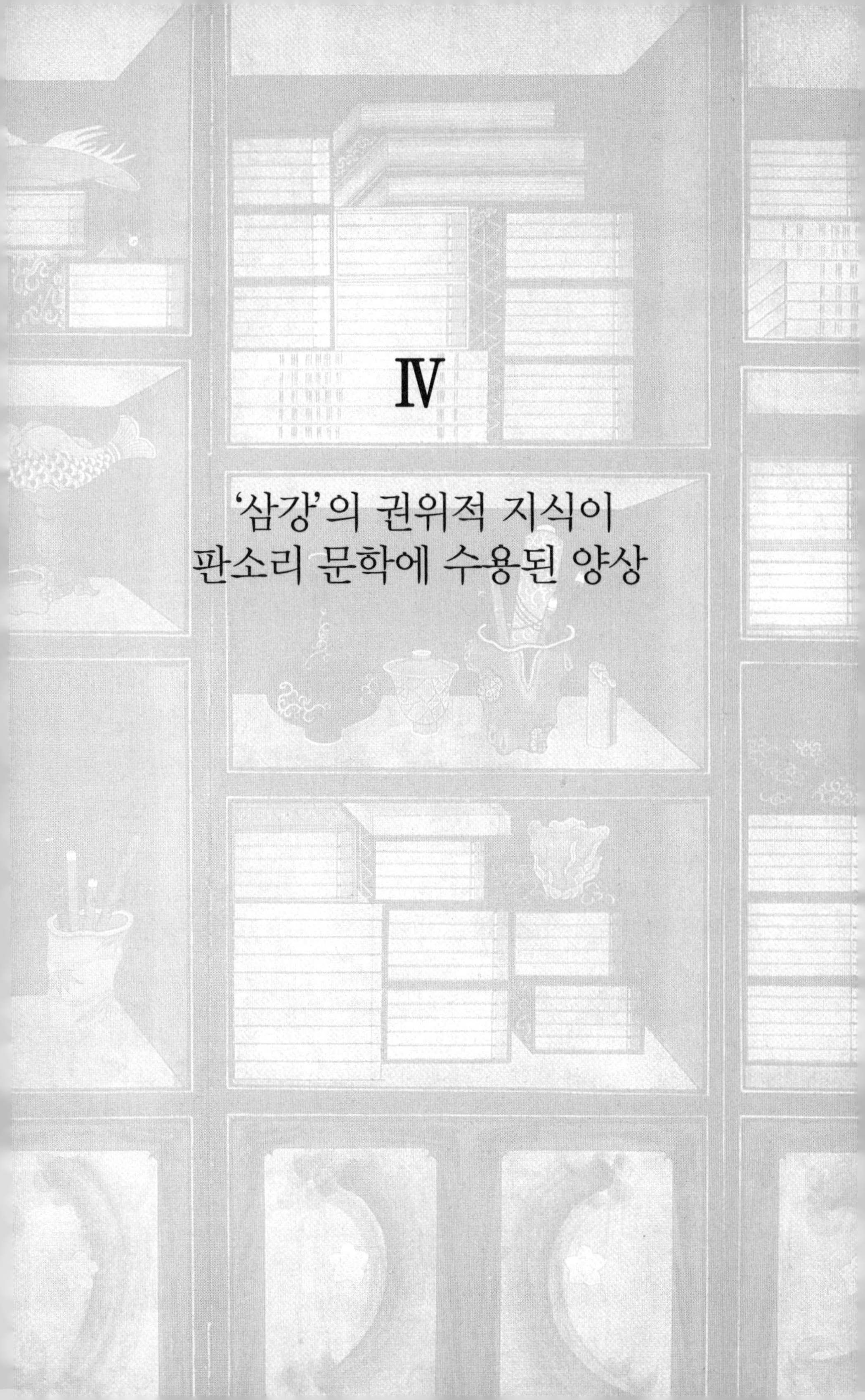

Ⅳ

'삼강'의 권위적 지식이 판소리 문학에 수용된 양상

이정원

전북 완주에서 태어나 서강대 국문과를 졸업했다. 동 대학원에서 〈기술 판소리 문학의 수용미학적 연구〉로 석사학위를, 〈조선조 애정 전기소설의 소설시학 연구〉로 박사학위를 받았다. 이후 고려대 민족문화연구원에서 안성 방각본을, 세종대 만화애니메이션산업연구소에서 캐릭터를, 한국학중앙연구원 고전학연구소에서 신작구소설을 연구했다. 지금은 경기대 국문과에서 근무한다. 〈장화홍련전의 환상성〉, 〈영화 〈장화, 홍련〉에서 여성에 대한 기억과 실제〉, 〈애정 전기소설사 초기의 서사적 성격〉 등의 논문이 있다.

1. 삼강에 대한 문학적 성찰로서의 판소리 문학

《삼강행실도》는 세종 13년(1431)에 초간되었다. 그 뒤 이 책은 중종 9년(1514), 광해군 9년(1617)에 각각 《속삼강행실도》와 《동국신속삼강행실도》로 새롭게 편찬될 정도로 사회 존속의 이념으로서 삼강(三綱)을 사회 전 계층에 확산시키기 위한 중요한 문헌적 수단이었다.[1]

《삼강행실도》의 파급력[2]은 단지 책의 내용이 지식으로서 사회 전 계층에게 알려지는 데 그치지 않았다. 충 · 효 · 열의 덕목은 《소학》과 《내훈(內訓)》 등 여러 교화서로서 구체적인 실천 지침이 마련되고 훈육되었던 것이다. 가령, 《내훈》을 비롯한 많은 여훈서(女訓書)의 내용은 《삼강행실도》의 〈열녀도〉를 받아들여 독자층의 현실에 맞게 새로운 규범을 창조하였다. 조선조 여훈서의 효시라 할 《내훈》의 체계는 언행장(言行章) · 효친장(孝親章) · 혼례장(婚禮章) · 부부장(夫婦章) · 모의장(母儀章) · 돈목장(敦睦章) · 염검장(廉儉章)으로 이루어져 있는데, 이는 각각 수신의 도리와 효자 · 효부의 도리, 혼인의 의미, 아내의 도리, 어머니의 도리, 시가 식구들과 우애하는 도리, 청렴하고 검소하게 사는 도리에 대해 밝히고 있

1 《삼강행실도》의 편찬에 관해서는 다음의 논문 참조. 김항수, 〈《三綱行實圖》 편찬의 추이〉, 《진단학보》 85, 진단학회, 1998, 229~245쪽.

2 《삼강행실도》의 사회적 영향에 대해서는 다음의 논문 참조. 김훈식, 〈《삼강행실도》 보급의 사회사적 고찰〉, 《진단학보》 85, 진단학회, 1998, 247~273쪽. 김항수, 〈조선 전기 《三綱行實圖》와 《小學》의 편찬〉, 《한국사상과 문화》 19, 한국사상문화학회, 2003, 191~221쪽.

다.[3] 여성이 지켜야 할 이들 생활규범의 근간으로서 '열'이 자리하고 있었음은 물론이다.

이처럼 교화서의 발달이 갖는 의의는 독자층이 《삼강행실도》를 새롭게 '자기화'했다는 점이다. 그리하여 단지 '열'에 국한되던 부녀자의 생활규범은 여훈서에 이르러 가부장제 사회에서 여자가 지키고 따라야 할 다양한 정체성으로 구체화되었고, 그 정체성의 당위성은 아무런 공식적인 문제 제기 없이 조선시대 내내 신뢰되었다.

그러나 《삼강행실도》의 각 편에 수록된 사례가 보여주는 것처럼 충신되기, 효자 되기, 열녀 되기란 곧 '자기 상해', 특히 열녀의 경우 '따라 죽기'를 말하였다. 이런 현실에서 삼강의 도리를 지키는 삶이 인간적 도의의 차원이 아니라 자학(自虐)의 경지에서 강요되었다는 점[4]은 교화서가 유통되고 그 이념이 확산될수록 암암리에 비판되었던 것 같다. 가령 삼강의 도리가 정도를 지나치고 있음을 공개적으로 언급한 정약용의 경우가 대표적이라 할 수 있다. 다음은 정약용이 쓴 〈열부론(烈婦論)〉의 일부분이다.

> 남편이 편안히 천수(天壽)를 누리고 안방 아랫목에서 조용히 운명하였는데도 아내가 따라 죽는다. 이는 스스로 제 목숨을 끊은 것일 뿐 아무것도 아니다. 이런 죽음이 의(義)에 합당한 것이냐 하면 천부당만부당하다. 나는 확고히 스스로 목숨을 끊는 것은 천하에서 제일 흉한 일이라고 여긴다. 따라서 이미 의에 합당한 자살이 아니라면 그것은 천하의 가장 흉한 일이 될

3 여성을 대상으로 한 교화서에 대해서는 다음의 논문 참조. 허재영, 〈조선시대 여자 교육서와 문자생활〉, 《한글》 272, 한글학회, 2006, 197~219쪽.

4 《삼강행실도》가 폭력적 윤리를 전파하였음에 대한 논증은 다음의 논문 참조. 강명관, 〈《삼강행실도》 — 약자에게 가해진 도덕의 폭력〉, 《한국고전여성문학연구》 5, 한국고전여성문학회, 2002, 5~32쪽.

뿐이다. 이것은 단지 천하의 가장 흉한 일인데도 관장(官長)이 된 사람들은 그 마을에 정표하고 호역을 면제해주는가 하면 아들이나 손자들까지도 요역을 감해주고 있다. 이는 천하에서 가장 흉한 일을 서로 사모하도록 백성들에게 권면하는 것이니, 어찌 옳다고 할 수 있겠는가. ……

아, 신체(身體)와 모발(毛髮)은 부모에게서 받은 것이므로 감히 상(傷)하게 해서는 안 되는 것이다. 부모가 아무리 위독한 병에 걸렸다 하더라도 자식의 몸을 해쳐가면서 그 고기를 먹고 싶어할 리가 있겠는가? 인육을 먹는 것은 어리석은 백성들의 우견(愚見)일 뿐이다.[5]

《삼강행실도》에서 그토록 칭송받던 단지나 할고의 충 · 효 · 열은 정약용에게는 잔혹하고 비합리적일 뿐만 아니라, 세상의 명예나 부역을 도둑질하는 부도덕한 일이었다. 그리하여 그는 "효자란 사람들이 부모의 죽음을 이용하여 세상을 진동시킬 명예를 도둑질하는 사람"이며, 천수를 다하고 죽은 남편을 따라 아내가 죽는 일도 천하에서 가장 흉한 일을 저지르는 것이라고 하였던 것이다.[6]

정약용의 비판이 지식인의 입장에서 행해진 성찰적 접근이라면, 병자호란 이후 쓰인 《강도몽유록(江都夢遊錄)》과 같은 소설 작품은 전쟁과 같은 극단적인 상황에서 '열녀 되기'가 여성에게 갖는 의미란 '열녀'라는 허울 속에서 빚어지는 간접 살인이었음을 구체적으로 토로하는 담론이기도 하다.[7]

5 정약용, 〈열부론〉, 《국역 다산시문집》 5, 민족문화추진회, 1983, 151~154쪽.
6 정약용의 비판을 학계에 소개한 것은 강명관(2002)이다.
7 《강도몽유록》의 여성 담론적 의미는 다음의 논문 참조. 조혜란, 〈《강도몽유록》 연구〉, 《고소설연구》 11, 한국고소설학회, 2001, 329~356쪽. 조혜란, 〈원귀들의 통곡성 — 《강도몽유록》〉, 《여성 이론》 7, 여성문화이론연구소, 2002, 145~164쪽.

마침내 말이 끝나기도 전에 한 부인이 그 심정을 토로하려고 하였다. 청춘은 이미 지났고 떨어진 꽃처럼 시든 얼굴로 탄식을 하더니 말을 한다. "나는 본래 왕비의 언니로, 중신의 아내입니다. 평생토록 부귀하여 오랫동안 춤과 노래로 잘 지냈는데 어찌 오늘 같은 일이 있을 줄 짐작이나 했겠소? 사람의 일이 이와 같으니, 아아, 한 번 죽음에 과연 다른 사람들과 같았다면 정렬(貞烈)은 스스로 드러나고 혼 또한 빛나겠건만 우리 아이가 어질지 못해 일하는 것이 거꾸로 되어 적의 칼날이 닥치기도 전에 먼저 칼 하나를 던졌다오. 결국 내가 먼저 자결한 것이 아니니 어찌 다른 사람들의 말인들 없겠소? 다른 이가 권하여 정절을 이룬 셈이니 세상에서 모두 웃고 욕하는데 하물며 오늘날 정려문은 또 무슨 일이란 말이오.[8]

강화도가 함락할 상황에 처하자, '열녀 되기'는 주체적 선택의 문제가 아니었다. 부녀자들은 때로는 남편이나 아들이나 아버지나, 심지어는 손자의 손에 끌려 죽어야만 했다.[9] 《강도몽유록》은 그렇게 죽어야만 했던 여성 원귀들이 처참한 모습으로 나타나 자신의 원통함과 세상에 대한 비판을 쏟아내는 소설이다. 원귀들의 통곡에서 엄연한 타살을 두고 '정려문'을 세우는 것은 '협잡'일 뿐이라는 인식을 읽을 수 있다.[10]

그런데 정약용의 비판이나 《강도몽유록》의 언술들이 그나마 문언(文言)을 통해 자기의 입장을 소통할 수 있었던 사회 기득권층의 발언임을 전제한다면, 그러한 발언의 기회가 여유롭지 않았던 일반 백성들에게 《삼강행실도》의 '권위적 지식'이 어떤 의미였는지 파악하기가 상당히 곤

8 김기동 편, 《강도몽유록》, 고전소설전집 3, 아세아문화사, 1980, 283~284쪽. 조혜란(2002), 158쪽에서 재인용. 원문은 한문이고 번역과 윤문은 조혜란의 것을 따른다.

9 조혜란(2001), 349쪽.

10 조혜란(2001), 349쪽.

란한 문제가 아닐 수 없다. 즉 사대부가 아닌 일반 백성들의 견해를 생생히 전해줄 사료도 그리 충분치 않거니와 무엇보다도 이러한 교화의 담론에서 일반 백성들은 언제나 대상일 뿐 주체일 수는 없었기 때문이다.

이런 점에서 조선 후기 판소리 문학[11]은 주목할 만한 가치가 있다. 알려진 바와 같이 판소리 문학이 조선 후기 발랄한 민중의식의 소산인 점을 고려하면, 봉건적 생활윤리를 강제하는 교화서에 대한 서민층의 입장이 서사화되었을 가능성이 충분하다. 《삼강행실도》를 필두로 한 교화서들이 제시하는 지식과 관습은 한편으로는 윤리도덕이라는 공준(公準)의 외피를 띠지만, 다른 한편으로는 자학의 과정을 전제한다는 점에서, 모방과 배척의 긴장관계 속에서 판소리 문학에 수용되었을 가능성을 무시할 수 없는 것이다. 그리고 삼강의 훈육이 범국가적 차원에서 이루어졌고, 그에 따라 삼강이 조선사회를 지탱하는 실질적인 이념의 지위를 굳건히 하였던 점을 고려하면, 그 반성과 형상화의 편폭은 상당히 넓었을 것이다.

가령 〈춘향가〉의 경우만 보더라도 춘향의 신분은 기생부터 성 참판의 여식에 이르기까지 다양하며, 결말도 단순히 암행어사의 출도로 자유를 만끽하는 것에서부터 정실부인의 자리를 차지하는 것까지 다양하다. 스토리 차원의 다양성에 더하여 한문본 〈춘향전〉[12]은 각 인물의 행적에 대해 주석을 달아가면서 춘향의 행적을 삼강의 범주 안에 붙잡아두려고도 한다.

이러한 다양성은 비단 〈춘향전〉에서만 발견되는 것이 아니며, 각 작품마다 조금씩 내용을 달리하는 텍스트가 있다는 사실 자체가 교화서가 제

11 이 논문에서는 연행예술로서의 판소리 사설과 독서물로서의 판소리체 소설을 총칭하는 개념으로 '판소리 문학'이란 용어를 쓴다. 이 둘은 엄연히 다른 예술양식이기는 하지만, 서사의 측면에서 양쪽은 상호보완적 관계에 있고, 이 논문의 동기에 비추어 둘의 구별이 큰 의미가 없기 때문이다.

12 수산(水山) 조항(趙恒)이 지은 《광한루기(廣寒樓記)》가 대표작이다. 성현경 · 조융희 · 허용호, 《《광한루기》 역주 연구》, 박이정, 1997.

시하는 이념에 대한 수용과 비판의 긴장관계를 반영한다 하겠다.

그러므로 이 논문에서는 조선시대 대표적 교화서인 《삼강행실도》가 공식적인 부정을 허용하지 않는 권위적 지식을 전파하는 원천이었음을 전제로 그러한 지식의 수용 양상을 판소리 문학에서 확인하고자 한다. 다만, 판소리 작품군 전체를 대상으로 하면 대상이 되는 텍스트가 너무 많고 그 논의의 범주도 넓기에 평상시의 윤리 덕목이었던 '효'와 '열'을 논의의 대상으로 삼고, 이에 따라 대상 작품군도 〈춘향전〉과 〈심청전〉으로 한정한다.

2. 《삼강행실도》 언술이 판소리 문학에 수용된 양상

《삼강행실도》가 조선시대 사람이라면 누구나 그 영향을 입지 않을 수 없는 교화서라는 점은 분명하다. 하지만 그렇다고 판소리 문학과 《삼강행실도》의 관계를 《삼강행실도》가 차지하는 교화서로서의 지배적 지위에 기대어 간접 연결하는 것은 지식의 전파와 수용을 실증하는 데 문제가 있다. 그러므로 《삼강행실도》가 제시하는 교화적 지식의 영향력을 확인하기 위해서는 파급과 수용의 직접적인 흔적들을 확인해야 한다.

조선 후기의 다른 민중예술들처럼 판소리 문학도 영·정조 시대에 발생한 것으로 추정된다. 그런 것이 19세기에 이르러 향유층이 일반 서민층에서 양반층으로까지 확대되고, 20세기에는 예술 형식이 창극(唱劇)으로까지 변모되기에 이른다. 이 와중에 판소리의 변천과 주요 창자들을 정리한 문헌으로 정노식의 《조선창극사》가 1940년에 출간되었다. 이 책의 서문에서 판소리의 변천 과정에 이념적 성향으로서 '삼강오륜'이 관여되어 있음을 확인할 수 있다.

> 대개 사람에게는 삼강오륜이라는 마땅한 행위(當行)의 길이 있으니, 춘향의 정열, 심청의 지극한 효성, 홍부의 우애, 별주부의 충성은 다 이것을 상징하여, 사람으로 하여금 보고 느껴서 깨우치게 하여 그 길을 밝게 하려는 것이다. 그런즉 창극이 윤리에 관계됨이 어찌 크다고 하지 아니하겠는가. 그러나 애석한 것은 이 창극이 고급스럽게 교화(敎化)에 도움이 되지 못하고, 불행히도 천박하게 흘러 일종의 놀잇감이 되고 말았다.[13]

위 글은 《조선창극사》에 쓴 임규(林圭)의 서문인데, 〈춘향전〉을 비롯한 여러 작품을 삼강오륜의 덕목을 전파하는 수단으로 이해하고 있음을 알 수 있다. 그리하여 임규의 시각에서 보았을 때, 판소리 문학의 작품들은 삼강오륜에서 제시하는 '마땅한 행위'가 서사적으로 구현된 것일 뿐이다.

《조선창극사》의 이러한 언급은 판소리 문학의 개별 작품들에서 발견되는 《삼강행실도》 관련 언술들을 통해 상당한 구체성과 진실성을 갖는다. 〈춘향전〉이나 〈심청전〉에서 발견되는 《삼강행실도》 관련 언술들을 몇 가지 찾아보자.

> 춘향의 설부화용 남방의 유명키로, 장강의 색과, 이두의 문필과, 태사의 화순심과, 이비의 정열행을 흉중에 품어 있고……. (조상현 창본 〈춘향가〉)[14]

13 원문을 현대어에 맞게 윤색하였다. 원문은 다음과 같다. "대개 사람에게는 삼강오륜이라는 당행(當行)의 길이 있으니, 춘향의 貞烈, 심청의 至孝, 홍부의 友愛, 별주부의 忠誠은 다 이것을 상징하여 사람으로 하여금 觀感興起하여 그 길을 밝게 함에 남음이 있는 것이다. 그런즉 唱劇의 윤리상에 관계됨이 어찌 크다 하지 아니하리오. 그러나 可惜한 것은 이 창극이 우으로 향하여 敎化의 一助가 되지 못하고, 불행히 아래로 흘러 일종 玩戲物이 되고 말았다." 정노식, 《조선창극사》, 조선일보사, 1940, 林圭의 序文, 7쪽.

내 홀로 길러 내여, 칠세으 입학시켜 무우에 달통허니, 삼강 행실은 여지평생으 일삼더니……. (조상현 창본 〈춘향가〉)[15]

춘향이 여짜오되, "올라가신 도련님이 무심하야 설령 다시 안 찾으면, 반첩여으 뽄을 받어 옥창행영 지나갈 적 주야로 지키다가 황릉묘을 찾아가서 이비 혼령 모시옵고, 반죽지 저문 비와 창오산 밝은 달에 놀아 볼까 허옵는듸, 관속, 한량, 애부 말씀, 소녀게는 당치않소." (조상현 창본 〈춘향가〉)[16]

울며불며 홀연히 잠이 드니, 잠주가 호접되고 호접이 잠주되여 편편히 날어 가니 반반혈루 죽림 속으 두견이 오락가락, 귀신은 좌림허고, 적적한 높은 집이 은은히 보이난듸, 황금 대자로 새겼으되, '만고 열녀 황릉묘'라 등두렷이 걸었거늘, 이 몸이 황홀하야 문 열고 들어가니, 어떠한 두 여동이 문 열고 나오더니 춘향 전 예허여 여자오되, "낭랑께서 부르시니 나를 따라가사이다." 춘향이 여짜오되, "지명도 모르는듸 어떠한 낭랑께서 나를 알고 부르리까?" 여동이 대답을 허되, "가서 보면 알 것이니, 나의 뒤를 따르오." 여동 뒤를 다러 내연을 들어가니, 무하운창 높은 집이 백의 입은 두 부인이 문 열고 급히 나와 춘향 손길을 덥벅 잡고, "니 비록 여자오나 고금사적 통달허여, 요녀 순처 아황 여영 우리 형제 있난 줄을 너도 응당 알리로다. 이 집은 황릉묘요, 저 숲은 반죽이요, 저 강은 소상강이라. 천만고 효부 열녀 우리 형제 따러와서 동서무으 앉은 거동 이 모다 세상 효부 열녀로구나. 너도 절행이 장허기로 인간 부귀 시킨 후의 이리 다려올 터이기로, 서편의 빈교가 너 앉일 자리로구나. 오늘 너를 청허기는, 연약한 너으 몸

14 뿌리깊은나무, 《판소리 다섯 마당》, 한국 브리태니커 회사, 1982, 34~35쪽.
15 뿌리깊은나무, 앞의 책, 41쪽.
16 뿌리깊은나무, 앞의 책, 56~57쪽.

이 흉장을 과히 맞어 흉사가 가련키로 구완차 불렀으니, 이것을 먹으면 장독이 풀리고 아무 탈이 없으리라." 술 석잔, 과실, 안주, 여동 시켜 주시거늘 돌아앉어 먹은 후으, 낭랑이 다시 분부허시되, "너으 노모 기다리어 시각이 늦었으니 어서 급히 나가 보아라." 춘향이 사배 하직을 허고 깜작 놀래 깨달으니, 황릉묘는 간 곳 없고 옥방으 홀로 누웠구나. "이리 될 줄 알았으면 두 부인 되시고 황릉묘가 있었으면 이런 꼴을 안 보련마는, 내가 이것이 웬일이란 말이냐?" 울음 울고 앉었구나. (조상현 창본 〈춘향가〉)[17]

심 봉사 기가 막혀 우는 애기를 받어 안고, "우지 마라, 너그 모친은 먼 디 갔다. 낙양 동촌 이화정의 숙 낭자를 보러 갔다. 황릉묘 이비한테 하소연을 허로 갔다. 가는 날은 안다마는 오마는 날이 막연쿠나……." (한애순 창본 〈심청가〉)[18]

소상 팔경 지내갈 제, 한곳을 당도허미 옥패 소리가 쟁쟁. 어떠한 두 부인이 죽림 새로 나오는듸, 착하승 서주끈에 신을 끌고 나오면서, "저기 가는 심 소저야, 니가 나를 모르리라. 나는 다른 사람이 아니라, 창오산붕상수절이라 죽상지루내가멸이라. 천추의 깊은 한을 하소할 곳이 없었더니, 지극한 네 효성을 하직코자 나왔노라. 요, 순, 우, 탕 기천년으 지금은 어느 때며, 오현금, 남풍시를 이제까지 전하더냐? 수로 먼먼 길을 조심허여 다녀가라." 심청이 생각을 허되, "이는 아황, 여영이라." (한애순 창본 〈심청가〉)[19]

심 봉사 웃고 ᄒᆞ는 말리, "네 말리 기특ᄒᆞ다. 인정은 그러ᄒᆞ나 어린 너를

17 뿌리깊은나무, 앞의 책, 60~61쪽.
18 뿌리깊은나무, 앞의 책, 93쪽.
19 뿌리깊은나무, 앞의 책, 103쪽.

ᄂᆡ보ᄂᆡ고 안자 바더 먹난 마음 ᄂᆡ엇지 편ᄒᆞ리요. 그런 말 다시 마라." ᄯᅩ 엿자오되, "자로난 현인으로 ᄇᆡᆨ이에 부미ᄒᆞ고, 제형은 어린 여자로되 낙양 옥중의 갓친 아비 제 몸을 파라 속죄ᄒᆞ니, 그런 일 ᄉᆡᆼ각ᄒᆞ면 사ᄅᆞᆷ이 고금이 다르릿가? 고집지 말ᄋᆞ소서." (완판 〈심청전〉)[20]

심청이 엿자오ᄃᆡ, "왕상은 고빙ᄒᆞ고 어름 궁기셔 이어 엇고, 곽거라 ᄒᆞ난 사ᄅᆞᆷ은 부모 반찬ᄒᆞ여 노으면 제 자식이 상머리여 먹는다고 산 ᄌᆞ식 무드려 할 졔 금항을 어더다가 부모 봉양ᄒᆞ여쓰니, 사친지요가 옛 사ᄅᆞᆷ만 못ᄒᆞ나 지셩이면 감천이라 ᄒᆞ오니, 공양미는 자연이 엇ᄉᆞ오리다. 집피 근심마ᄋᆞᆸ소서." (완판 〈심청전〉)[21]

현대의 대표적인 창본이라 할 수 있는 조상현, 한애순의 창본과 완판 〈심청전〉 등에서 《삼강행실도》 관련 언술의 흔적들을 찾아보았다. 이 사례들은 조상현이나 한애순의 고유한 더늠이라거나, 이본적 특색으로 지칭될 만한 것은 아니다. 그만큼 여러 텍스트에서 빈번하게 등장하는 언술이다. 〈춘향전〉이나 〈심청전〉 모두에서 등장하는 이비(二妃) 아황(娥皇)과 여영(女英)은 《삼강행실도》 〈열녀도〉[22]에서 맨 처음 소개되는 인물이고, 반첩여(班婕妤)는 세 번째로 소개되는 인물이다. 심청이가 언급한 자로(子路)와 제영(緹縈), 왕상(王祥)과 곽거(郭巨)도 《삼강행실도》 〈효자도〉에 실린 인물들이다.

처음의 몇몇 사례들은 《삼강행실도》에 소개된 인물들을 단편적으로

20 정하영 역주, 《심청전》, 고려대학교 민족문화연구소, 1995, 98쪽.

21 정하영, 앞의 책, 114쪽.

22 이 논문에서 《삼강행실도》는 다음의 영인본을 이용했다. 《삼강행실도》, 세종대왕기념사업회, 1982. 그림들도 이 책에 실린 것을 스캔하여 싣는다.

그림 1 〈황영사상(皇英死湘)〉, 《삼강행실도》.

그림 2 〈첩여사연(婕妤辭輦)〉, 《삼강행실도》.

그림 3 〈자로부미(子路負米)〉, 《삼강행실도》.

그림 4 〈제영속부(緹縈贖父)〉, 《삼강행실도》.

언급한 것이라면, 긴 인용문들은 그들을 좀 더 적극적으로 수용하여 아예 등장인물로 꾸며내고 있다. 이런 장면을 통해 옥에서 죽을 날을 기다리는 춘향과 인당수로 향하는 뱃전에 선 심청에게는 자연스레 '열녀'와 '효녀'라는 사회적 지위가 부여되고, 그들의 행위는 《삼강행실도》의 윤리 범주 안에서 해석된다.

여기서 중요한 것은 그러한 효과가 아니라 그런 효과를 자연스럽게 서사화할 수 있도록 이미 '지식이 공유되었다'는 사실이다. 즉 아황과 여영으로 대표되는 《삼강행실도》 〈열녀도〉는 판소리 문학의 향유층에게 생경한 하향적(下向的) 교화서가 아니라 이미 민중예술 텍스트의 중요한 자산으로 자리매김하고 있는 것이다.

《삼강행실도》와 판소리 문학 사이의 이러한 상호 텍스트성은 물론 언술적 차원에 그치지 않을 것임이 분명하다. 앞서 예측한 바와 같이 《삼강행실도》가 제시하는 권위적 지식의 온전한 수용이란 '자발적인 죽음'으로 귀결되어야 할 성질의 것이었기 때문이다. 이제 판소리 문학 텍스트의 심층적 차원에서 《삼강행실도》는 어떻게 자리매김하고 있는지를 살펴보기로 하자.

3. 판소리 문학에서 《삼강행실도》 수용의 긴장성

판소리 문학에서 《삼강행실도》의 수용은 단면적이지 않다. 그것은 조선시대 생산된 무수한 효자실기(孝子實記)나 열녀전(烈女傳)처럼, 단일한 목적 아래 의도적으로 만들어진 텍스트가 아니기 때문이다. 즉 판소리 문학은 서사의 근원이 된 수많은 설화들을 뽑아내고 버리는 것에서부터 그것들을 윤색하거나 늘리는 것, 그리고 새로운 이야깃거리를 창조하는 과정에 이르기까지 집단적이며 적층적이었기 때문에, 이념적 역동성은 텍스트의 본질적 특성이라 할 수 있다.

가령 19세기 판소리 변화의 원동력은 기본적으로 향유층의 확대에 있는데,[23] 이것을 단순히 19세기 이전 서민층 중심의 향유에서 양반층을 아우르는 대중적 향유로의 이동으로만 이해할 수는 없다. 왜냐하면 판소리 향유층으로 새롭게 포괄된 양반층은 이전의 서민층과 달리 신분적으로나 경제적으로 광대들에게나 소리판 자체에 좀 더 큰 영향력을 행사하는 존재였기 때문이다. 그래서 '신재효'의 개작본이나 여러 창본들에서 등장하는 이러한 '좌상객(座上客)'의 등장[24]은 판소리에서 새로운 더늠의 첨가와 같은 문학적 변모와 장단·조·발성 등과 같은 음악적 변모의 배경이 되었다.

이러한 향유층의 확대에서 비롯된 판소리의 통시적 변화는 문학적 차원에서 그 결과물들이 이전의 것들을 완전히 대체하는 것이 아니라 사설집이나 소설본의 형태로 누적되어 존재한다는 점에서 공시적 다양성을 낳았다. 즉 판소리 사설에 투영되는 다양한 계층들의 이념적 시각은 크게는 다양한 이본으로, 작게는 한 이본 안에서도 서로 윤리적 지향을 지닌 채 공존하는 더늠들로 드러나게 된 것이다.

물론 이러한 윤리적 시각의 다양성이 가능하게 된 데에는 향유층의 변

23 19세기 판소리의 사적 변모에 대해서는 다음의 논문 참조. 김흥규, 〈판소리의 사회적 성격과 그 변모〉, 《예술과 사회》, 민음사, 1977 ; 박희병, 〈판소리에 나타난 현실인식〉, 《전환기의 동아시아 문학》, 집문당, 1986 ; 김흥규, 〈19세기 전기 판소리의 연행과 사회적 기반〉, 《어문논집》 30, 고려대 민족어문학회, 1991 ; 김종철, 《판소리사 연구》, 역사비평사, 1996 ; 김현양, 〈19세기 판소리사의 성격〉, 《민족문학사연구》 3, 창작과 비평사, 1993 ; 정출헌, 〈판소리 향유층의 변동과 판소리 사설의 변화〉, 《판소리 연구》 11, 판소리학회, 2000, 79~113쪽.

24 "다른 歌客 夢中歌는 황릉묘에 갔다는데 이 사설 짓는 이는 다른 데를 갔다 하니 座上 處分 어떨는지." (신재효본 남창 〈춘향가〉. 강한영 교주, 〈신재효의 판소리 여섯바탕집〉, 앞선책, 1993, 36쪽)

동 말고도 판소리라는 예술 자체의 미적 원리에서도 그 원인을 찾을 수 있다. 즉 장면의 극대화[25]와 부분의 독자성,[26] 상황적 정서의 추구[27] 등으로 개념화되는 판소리의 구성 특징이 바로 그것이다. 특정 장면에서 기대되는 미적 향취를 최대한 보장하기 위하여 전체적인 통일성과 유기성에 위배되더라도 필요 이상으로 장면을 확대하는 판소리의 예술적 특징은 인물 구성이나 사건 전개의 일관성을 위협했던 것이다.

〈춘향전〉에서 열녀 되기

다음 장면들은 이러한 서사적 충돌을 직접적으로 표현한 사례다.

> 방자놈 갓다 와서 압다 그 꼴은 사람은 못 볼네다. 누가 우던냐. 누가 와서 우는데 발 뻣고 머리를 풀고 잔디밧츨 한길은 파고 우는데 불상하고. 누구던야. 말하면 기막히지요. 발은대로 일너다고. 알면 길 가기 어렵지요. 아마도 춘향이가 왓던가보다. 짐작은 어레 하오. (이고본 〈춘향전〉)[28]

> 그때으 춘향이가 오리정으로 이별을 나갔다고 허되, 그럴 리가 있겠느냐. 내행차 배향 시의 육방 관속이 오리정에 가 늘어 있는듸, 체면 있는 춘향이가 서방 이별헌다 허고 오리정 삼로 네거리 길에 퍼버리고 앉어 울 리가 있겠느냐. 꼼짝달싹도 못 허고 담 안에서 이별을 허는듸……. (조상현 창본 〈춘향가〉)[29]

25 김대행, 〈수궁가의 구조적 특성〉, 《국어교육》 27, 한국국어교육연구학회, 1976, 155~172쪽.
26 조동일, 〈흥부전의 양면성〉, 《계명논총》 5, 계명대학, 1969 ; 이상택 · 성현경 편, 《한국고전소설연구》, 새문사, 1983, 508쪽, 재수록.
27 김흥규, 〈판소리의 敍事的 構造〉, 《고전문학을 찾아서》, 문학과지성사, 1976.
28 김진영 외, 《춘향전》 전집 13, 박이정, 2004, 359쪽.

이고본 〈춘향전〉과 조상현 창본 〈춘향가〉의 사례에서 열녀 춘향의 정숙함과 이별의 슬픔이 주는 애절함이 충돌하고 있다. 여러 이본들에서 발견되는 이러한 사례는 〈춘향전〉의 향유층이 열녀 되기에 대해 일률적인 태도를 취하지만은 않았음을 증명한다.

그리하여 《삼강행실도》가 제시하는 권위적 지식은 위의 사례에서처럼 인물 구성이나 사건 전개의 일관성 문제로 직접 표출되기도 하지만, 좀 더 심층적으로는 권위적 지식 자체의 의미를 탐색하는 단계로까지 이어진다.

가령 〈춘향가〉에서 춘향의 '열녀 되기'는 미리 예정된 것이면서도 그러한 서사 진행의 당위성은 다양한 방식으로 시험된다. 앞서 《삼강행실도》 언술의 수용 양상에서 살펴본 바와 같이, 춘향이는 삼강오륜을 알고 거기에 맞춰 훈육되었음이 끊임없이 강조된다. "호남좌도 남원부는 옛날 대방국이라 허였것다. 동으로 지리산, 서로 적성강, 남북강성하고 북통운암허니 곳곳이 승지요, 산수 정기 어리어 남녀 간 일색도 나려니와, 만고 충신 관행묘를 묘셨으니 당당한 충렬이 아니 날 수 있겠느냐."라고 시작하는 조상현 창본은 기생 춘향이 아니라 앞으로 '열녀가 될' 춘향을 제시한다.

이러한 춘향이가 "여러 골을 살았기로 호색하기 짝이 없는" 신관 사또에 맞서 "수절에도 상하가 있소?"라고 주장하는 것은 당연한 서사의 흐름이다. 그리하여 걸인으로 온 정인(情人) 앞에서, 이제 아무런 희망도 없는 상황에서조차 춘향은 자신의 열녀 되기를 포기하지 않는다. 이러한 흐름은 춘향의 열녀 되기가 《삼강행실도》에 대한 긍정적 수용과 순종임을 보여준다. 그리고 그 순종은 춘향이 꿈속에서 만난 아황과 여영의 다

29 뿌리깊은나무, 앞의 책, 47쪽.

음과 같은 축복 속에서 거룩함의 공준(公準)을 획득하는 것이다. "너도 절행이 장허기로 인간 부귀 시킨 후의 이리 다려올 터이기로, 서편의 빈교가 너 앉일 자리로구나."

그러나 춘향전 텍스트들이 한결같이 그 거룩함의 공준을 추인하는 것은 아니다. 사실 '열녀가 될' 그리고 '열녀가 되려는' 춘향이는 끊임없이 희롱 당한다. "아니, 그럼 기생의 딸이란 말이냐? 내 한번 못 불러볼까!"라며 춘향을 불렀던 이 도령부터가 진정성이 없었던 것[30]은 물론이거니와, 그네 뛰는 춘향에게 '낙태'까지 했냐고 놀려대는 방자는 그 놀림이 춘향의 말실수[31]에서 비롯된 것이기에 오히려 점잖다고 할 수 있다.

> 이러타시 실피 울 졔 春香 어모 이 말 듯고 春香안틔 나ᄀᆞᆯ 젹의 밍밍이 차리더니라 노랑 감토 노랑머리 힝ᄌᆞ치마 감발ᄒᆞ고 ᄃᆡ집평이 훗터 집고 혼존말노 自歎ᄒᆞᄂᆞᆫ 말이 烈女로다 烈女로다 ᄂᆡ ᄯᆞᆯ春香 烈女로다 <u>웬 烈女 너ᄂᆞᆫ혼 네 어미도 축 젹겻다 李道令만 書房이냐 그예서 더ᄒᆞᆫ 書房 푹 씨인 게 書房이라 인졔 어린 거시 쳣 書房 離別ᄒᆞ고 書房이니 南方이니 졉셩시런 소ᄀᆞ지ᄃᆞ 우지 말고 드러ᄀᆞᄌᆞ</u>…… ᄉᆡ 使道 到任初의 衣服丹粧 곱게 ᄒᆞ고 눈의 올케 보야시면 南原財物 네 것 되고 나도 네 德分의 호강 좀 ᄒᆞ야 보ᄀᆞ (김진영 소장 낙장 30장본 〈춘향전〉)[32]

현실적인 월매 앞에서 춘향의 열녀 되기란 '잡성스런 소가지'일 뿐이다. 월매는 춘향의 몸을, 춘향이란 인격체를 단지 재물을 쌓는 수단으로

30 이본에 따라 춘향의 신분은 기생에서부터 기생 딸에까지 다양하지만, 이 도령이 그녀를 부름에 거리낌이 없었다는 점은 동일하다.

31 그네 뛰는 춘향에게 방자가 썩 나서며 이름을 부르자 춘향이는 놀란 나머지 낙상 또는 낙태할 뻔하였다고 말실수를 한다. 이 대목은 이본에 따라 향단이의 발화로 나타나기도 한다.

32 김진영 외, 앞의 책, 300쪽.

취급할 뿐이다. 어머니에게조차 열녀 되기의 진정성을 의심받는 춘향의 이 도령과의 사랑은 서민들에게 분수를 망각한 행위로 비쳐진다.

> 굴노 사령이 나온다. 이애 일변수야. 왜야. 이애 이변수야. 왜야. 걸녀구나. 걸이단니. 춘향이가 걸여구나. 올타 잘 도엿다 그년의 게집아희 양반서방 하엿다고 일곱 자락 군복자라 알기을 우수이 알고 도고한 체 무섭던이 우리 입도듬의 걸여구나 이번 들어오거들낭 졸갈니을 부서보자. 거드러 충충 나간다. (이고본 〈춘향전〉)[33]

신관 사또의 명을 받아 춘향을 잡으러 가는 굴노 사령들의 대화이다. 이본에 따라 대사의 출입이 있기는 하지만 이 도령과의 사랑에 빠진 춘향을 이해하지 못하기는 마찬가지다. 유명한 '돈타령'으로 이어지는 이들 굴노 사령의 대화에는 평소에 도도하게 굴었던 춘향에 대한 악감정을 풀어보려는 기대감이 넘친다.

이러한 희롱이 가장 적나라하게 펼쳐지는 장면은 바로 맹인 점쟁이의 성추행 대목이다. 매를 맞고서 옥에 갇힌 춘향은 불길한 꿈을 꾸자 맹인 점쟁이를 부른다. 그런데 그는 해몽할 생각은 하지 않고 춘향이를 위로하는 척하다가 오히려 성추행을 한다.

> 저 봉사 거동보소 가는 눈을 희번더기며 수파람을 불며 들어온다 춘향이 봉사님 이리 안지시요. 봉사놈 음흉하여 하는 말이 혼자 갓첫는냐. 혼자 갓첫소. 그랴 매을 만히 마졋다던이 과이 상치나 아니하엿는냐 어데 만저보자. 춘향이 두 다리을 내여노이 봉사놈 더두무머 어불사 과이 상하엿고

33 김진영 외, 앞의 책, 367쪽.

나. 이리저리 만지면서 어늬 놈이 이다지 몹시 첫노 저와 무슨 웬수던이 김패두가 치던야 이패두가 치던야 이 설치는 내 할 테니 똑바로 일너다고. 아래 우흘 만지다가 정작 두짐 단뭇곳즐 범하거날 춘향이 분을 참지 못하여 발로 빰을 치려다가 점을 잘 못할가 하고 어리손 치는 말이……. (이고본 〈춘향전〉)[34]

춘향의 열녀 되기는 암행어사가 만난 농부들의 평판처럼 고귀한 것이기도 하지만, 한편으로는 돈을 뜯어내거나 성추행의 빌미가 될 뿐이다. 평소에 도도하게 굴었다고 투정하는 굴노 사령부터 해몽하러 와서 성추행을 하는 맹인 점쟁이에 이르기까지, 그들은 공동체가 지켜주어야 하는 '열녀의 고결함'은 안중에도 없다. 춘향은 남원 고을 전체의 지지를 받는 듯하지만 한편으로는 '숭배자 없는 성녀'이기도 하다.

〈춘향전〉은 변 사또의 수청 요구를 부당하다며 부정한 것으로 매도하지만, 춘향의 몸을 훑는 이 도령의 시선이나 하층민 맹인 점쟁이의 시선은 세련미의 차이는 있을지언정 욕망의 대상으로 춘향을 규정하는 근본적인 성격은 다르지 않다.

열녀 되기라는 《삼강행실도》의 거룩한 가르침이 이처럼 순수하게 유지되지 못하는 또 다른 사례는 춘향과 다를 바 없는 기생의 노래에서 발견된다. 칼을 씌워 옥에 갇힌 춘향이가 죽었다는 소문이 나자 교방청의 기생들이 몰려와 울며불며 천방지축의 상황을 이루는데, 거기서 어떤 기생은 춤을 추며 축하를 하는 것이다.

이리 한참 울더니마는 어떠한 기생 하나가 선춤 추면서 들어온다. "얼시구

34 김진영 외, 앞의 책, 390쪽.

절시구, 지화자자 좋구나." 여러 기생들이 어이없어, "아이고, 저년 미쳤구나. 에끼, 천하 미친년아! 춘향과 너와 무슨 혐오 있어 저 중장을 당했는듸 선춤 출입이 웬일이냐?" "너 말도 옳다마는 나의 말을 들어봐라. 진주에 의암 부인 나고, 평양에 월선 부인 나고, 안동 기생으 일진홍, 산 열녀문을 세워 있어 천추행사허여 있고, 성천 기생은 아해로되 칠거으 학문들어 잇고, 청주 기생으 화월이는 삼층각에 올랐으니, 우리 남원 교방청으 현판감이 생겼으니 어찌 아니나 좋을손가, 얼시구나, 절시구. 노모 신세는 불쌍하나 죽을 테면 꼭 죽어라." (조상현 창본 〈춘향가〉)[35]

기생들의 소동 속에 튀어나온 이 대사는 춘향의 열녀 되기에 드리운 '거룩함'을 공격하여 그 허위의식을 폭로하고 있다. 온갖 대사와 인물들, 그리고 사건들로 겨우 일관성을 갖추었던 춘향의 열녀 되기는 결국 '열녀'라는 이름으로 '치장되는' 죽음일 뿐 아무것도 아니라는 것이다.

'열녀 되기'에 교차되는 〈춘향가〉의 시각은 다양하다. 춘향이에게 그것은 천비 소생으로서 사랑의 주체성을 증명하여 인간 가치를 인정받는 수단이라면, 신관 사또는 반대로 춘향 같은 천비에게는 어울리지 않는 윤리다. 서사의 표층은 열녀 되기에 대해 신관 사또와 춘향이 갈등하는 것처럼 보이지만 실은 그렇지 않다. 왜냐하면 춘향이나 신관 사또는 '열녀 되기'가 인간다움의 징표라는 점에서는 동의하고 있기 때문이다. 오히려 이들의 믿음을 조롱하는 것은 바로 살붙이인 어머니요, 아버지 같은 점쟁이요, 형제 같은 기생이다. 기생은 너무나 어처구니없게 열녀 되기란 교방청의 현판감을 만들어 지배 이념에 순응하는 것일 뿐 그 이상의 의미는 없다고 깎아내리는 것이다.

35 뿌리깊은나무, 앞의 책, 59~60쪽.

〈춘향전〉 작품군의 이념적 지향을 하나의 방향으로 정리하기란 쉽지 않다. 그러나 그것이 어디든 앞의 사례들이 풍기는 웃음은 놀라울 만큼 정확하고도 깊이 있게 삼강의 현실적 의미를 서사화함을 확인할 수 있다.

〈심청전〉에서 효녀 되기

한편 〈심청전〉에서 '효녀 되기'에 대한 조롱은 〈춘향전〉의 '열녀 되기'에 비해 상대적으로 미약하다. 비장미 일변도로 진행되는 〈심청전〉에 희극미를 이끌어내는 역할을 맡은 뺑덕어미의 출현[36]은 그 자체로 심청의 희생을 웃음거리로 삼는 의의를 지니기도 하지만, 이는 전라도 전주 지역의 판본(완판)에 국한된다.

하지만 그렇다고 효에 대한 〈심청전〉의 자세가 천편일률적이거나 무비판적인 것은 아니다. 이제 소개할 인당수 장면은 허구적 인물의 죽음을 둘러싼 이념적 윤색(潤色)과 인간적 존엄 사이의 갈등을 잘 보여주고 있다.

> 심청이 거동 보소. 뱃머리에 나서 보니, 새파란 물결이며, 울울울 바람 소리, 풍랑이 대작하여, 뱃전을 탕탕 치니, 심청이 깜짝 놀라, 뒤로 퍽 주잖으며, "애고 아버지, 다시는 못 보것네. 이 물에 빠지면은, 고기밥이 되것구나." 무수히 통곡타가, 다시금 일어나서, 바람맞은 병신같이, 이리 비틀 저리 비틀, 치마폭을 무릅쓰고, 앞니를 아드득 물고, "애고 나 죽네." 소리하고, 물에 가 풍, 빠졌다 하되, 그러하여서야, 효녀 죽음 될 수 있나. 두 손을 합장하고, 하느님전 비는 말이, "도화동 심청이가, 맹인 아비 해원키로, 생

36 최혜진, 〈《심청가》 중 뺑덕어미 삽화의 기능과 의미〉, 《동리연구》 2, 동리연구회, 1994, 153~174쪽.

목숨이 죽사오니, 명천이 하감하사, 캄캄한 아비 눈을 불일 내에 밝게 떠서, 세상 보게 하옵소서." 빌기를 다한 후에, 선인들 돌아보며, "평안히 배질하여, 억십만금 퇴를 내어, 고향으로 가올 적에, 도화동 찾아들어, 우리 부친 눈떴는가, 부디 찾아보고 가오."
뱃머리에 썩 나서서, 만경창파를, 제 안방으로 알고, 풍 빠지니, 경각간에 바람이 삭아지고, 물결이 고요하니, 사공들 하는 말이, "風肅浪靜하기, 심낭자의 덕이로다." 술 고기 나눠 먹고, 삼승돛 곧 채어, 양편 갈라 떡 붙이고, 남경으로 향하니라. (신재효본 〈심청가〉)[37]

신재효본 〈심청가〉를 지은 신재효(申在孝, 1812~1884)는 전북 고창 사람으로, 전래의 판소리 사설을 다듬어 정리한 개작자이자 19세기 거의 모든 명창들의 후원자였다.[38] 즉 그는 당시에 인기를 끌었던 여러 판소리의 사설과 음악을 비평하고 나름의 예술적 지향으로써 개작했던 것이다. 판소리 역사에서 신재효의 막강한 영향력은 이루 말할 수 없는데, 위의 장면에서 드러나는 신재효의 목소리는 그가 개작하기 전에 널리 퍼져 있던 '유약한 심청'의 모습에 대한 불만을 토로하고 있다. 그리고 이러한 불만 토로와 개작은 우리의 관심사에 비추어 다시 보면, 심청에게 내재된 두 가지 모습, 즉 '죽음조차 두려워하지 않는 효녀다움'과 '죽음 앞에서 두려워 떠는 인간다움'이 적나라하게 갈등하고 있음을 증언하는 것이다.

생의 출발은 전적으로 인간의 몫이 아니지만, 죽음이라는 종결은 한편으로는 인간 의지의 표명이라는 점에서, 그리고 생의 의미를 완성하는 마지막 절차라는 점에서 가장 인간적인 순간이다. 그러므로 그 죽음이

37 강한영 교주(1993), 80~81쪽.
38 정출헌, 〈19세기 판소리사의 추이와 신재효〉, 《어문논집》 37, 민족어문학회, 1998, 121~154쪽.

비루하든 숭고하든 인간은 자신이 왜 어떻게 죽는가를 직시할 권리를 갖는다.

그러나 "그러하여서야 효녀 죽음 될 수 있나?"라는 신재효본 〈심청가〉의 인당수 장면은 그 권리를 허용하지 않는다.[39] 생명체로서 죽음에 대한 최소한의 두려움과 망설임마저 효녀의 의연함과 효자 되기의 순연함을 더럽히는 것으로 간주함으로써 오히려 효자 되기의 부조리와 폭력성을 반증하고 있다.

이런 점에서 보면 효녀 심청이 뱃사람을 따라 고향을 떠나는 장면은 좀 더 진실되어 보인다.

> 제의 부친을 동ᄂᆡ 사ᄅᆞᆷ의게 부쓸이고 션인덜을 ᄯᆞ라갈 제, 방셩통곡ᄒᆞ며 초ᄆᆡ신 졸나ᄆᆡ고 초ᄆᆡ폭 거듬거듬 안고 홋트러진 머리털은 두 귀 밋티 느리오고 비갓치 흐르난 눈물은 옷시 사못춘다. 업더지며 잡바지며 붓들어 나갈 제 건너집 바라보며, "아모ᄀᆡ네 집 큰아가, 상침질 수놋키를 뉘와 홈긔 ᄒᆞ랴는야? 작연 오월 단오일의 추쳔ᄒᆞ고셔 노던 일을 네가 힝여 ᄉᆡᆼ각난야? 아모ᄀᆡ네 집 자근아가, 금연 칠월 칠석야의 홈ᄭᅴ 결교ᄒᆞ자더니 이제는 허사로다. 언졔나 다시 보랴. 너히난 팔자 조와 양친 모시고 잘 잇거라."
> (완판 〈심청전〉)[40]

이본에 따라 동네 사람들의 울음바다가 이어지기도 하는 이 장면은 어찌 보면 효녀의 길을 가려는 심청의 의연함이 강조되기도 하지만, 한편

39 인당수 장면에 대한 분석은 다음의 논저에서 착상을 떠올렸다. 오카 마리, 김병구 옮김, 《기억 · 서사》, 소명출판, 2004. 오카 마리는 이 책에서 스티븐 스필버그의 영화 〈라이언 일병 구하기〉의 서사가 은폐하는 전쟁의 폭력성과 부조리를 분석하였다. 이 책의 3장 '서사의 함정'에서 많은 힌트를 얻었다.

40 정하영, 앞의 책, 132쪽.

으로는 또래 소녀들과 그네를 뛰고 수놓던 일들에 대한 아쉬움을 토로한다는 점에서 좀 더 인간적이다. 심청이는 효를 실현하기 위해 자신이 무엇을 포기하는지를 바라보고 있으며 그에 대한 애틋한 감정을 숨기지 않는다. 부모 모시고 사는 '팔자 좋은' 친구들에 대한 질투와, 그들과 다른 길을 가야 하는 자신에 대한 연민의 감정은 죽음 앞에서 인간의 고뇌를 가장 솔직하게 드러낸다.

그러나 이와 달리 신재효본 〈심청가〉의 인당수 장면은 죽음이 무엇과 교환되는지를 성찰할 기회를 앗아가버린다. "도화동 심청이가, 맹인 아비 해원키로, 생목숨이 죽사오니"라고 윤색된 심청의 대사는 죽어야만 하는 까닭을 말하고 있을 뿐이지, 그 죽음으로 심청이가 무엇을 포기하고 있는지, 무엇을 포기해야 하는지를 밝히지 않는다. 그런 점에서 심청의 죽음은 의심하거나 거부할 수 없는 당위일 뿐 인간의 주체적 선택이 아니다.

이처럼 신재효본 〈심청가〉에서 발견되는 '효녀답게 죽기'에 대한 강박은 그런 모습이 《삼강행실도》의 그림처럼 하나의 문화적 기호로서 자리매김할 것이기 때문일 것이다. 즉 심청이는 효녀 되기를 의심 없이 실천한 순교자요, 수많은 독자와 청중들에게 무엇을 어떻게 해야 하는지를 상기시키는 아이콘이다.

〈심청전〉과 〈춘향전〉에서 《삼강행실도》의 수용 양상은 똑같지 않다. 그 수용과 긴장의 정도가 다른 것은 효와 열의 대상이 부모와 남편이라는 점을 비롯하여 하나의 이야기로 작품이 짜이며 처했던 여러 서사적 조건들에도 영향을 받았을 것이다. 그러나 그러한 이질성보다는 두 이야기가 《삼강행실도》의 이념에 대한 다층적이고도 진솔한 서민층의 수용 양상을 서사화하고 있다는 동질성이 판소리 문학과 《삼강행실도》의 관계에서 좀 더 주목할 만한 점이라는 것은 분명하다.

4. '이기적 무지'의 서사적 형상화

〈춘향전〉과 〈심청전〉에서의 이기적 무지

《삼강행실도》가 제시하는 권위적 지식에 대한 판소리 문학 향유층의 수용이 모방과 배척의 긴장 속에 이루어졌음을 살폈다. 춘향전에서 기생의 발화는 그 권위에 우발적으로 균열을 일으키므로 작품에 안정적으로 나타나지는 않는다. 이에 비해 삼강의 이념을 적극 수용하여 공준(公準)을 획득한 사건들은 안정적으로 등장한다. 가령 암행어사로 내려온 이도령이 춘향의 마음을 떠보는 장면은 춘향의 열녀 되기에 적극 부응하기에 안정적으로 작품에 등장한다. 그러나 오히려 이 장면은 그러한 적극성 때문에 권위적 지식에 내재된 폭력성과 잔인함을 의도하지 않게 서사화하기도 한다.

암행어사는 자신의 정체를 숨기고 춘향에게 "너는 일개 천기으 자식으로 관장을 능욕하고 수청 아니 드는 것은 죄당만사무석(罪當萬死無惜 : 죄는 마땅히 만 번 죽어도 아깝지 않다)이려니와, 잠시 잠깐 지내가는 수의방 수청도 못 들겄느냐 아뢰어라."고 주문한다. 아마도 이 장면은 춘향의 절개를 다시 한 번 확인시키려고 삽입되었을 것이다. 물론 춘향이 이러한 향유층의 기대에 부응하여 열녀다운 거절을 함으로써 서사는 행복한 결말을 보장하게 된다. 이러한 인과성 때문에 이 장면은 앞의 기생 발화와는 달리 거의 모든 〈춘향전〉에 안정적으로 등장한다.

하지만 이 장면은 의도하지 않게 춘향에게 있어 '열녀 되기'가 갖는 의미가 무엇인지를 확인시켜준다. 즉 춘향은 다시 사랑하는 사람 앞에서 자신의 '열녀성'을 증명해야 하는 것이다. 만약 여기서 춘향이 수의사또의 요구를 수락했다면 서사는 진행될 수 없다. 다시 말해 춘향이 열녀가 될 자질이 있는가, 아니면 춘향이 열녀가 될 의향이 있는가와는 상관없이, 춘향은 열녀 됨을 입증하는 순간에만 인물로서의 생명력을 부여받는 것이다. 춘향이 죽었다는 소문이 날 정도로 고초를 당하고, 그것을 지난 밤 암행어사 자신이 직접 확인했음에도 불구하고 춘향에 대한 심문은 그치지 않는다. 춘향의 멋진 대답과 이어지는 사랑의 확인, 그리고 거창한 한바탕 잔치의 즐거움은 그 어떤 고초로도 춘향의 열녀 되기의 진정성이 보장되지 않으며, 살아남기 위해서는 '익명의 공공성' 앞에서 언제라도 자신을 인간 춘향이 아니라 '열녀 춘향'으로 증명해야 한다는 폭력성과 부조리를 은폐하고 있는 것이다.

〈춘향전〉에서 은폐되어 있는 시험의 폭력성은 〈심청가〉에서도 마찬가지다. 아버지의 눈을 뜨게 하기 위해 인당수에 뛰어든 심청에게 '대기하고 있던' 용왕이 달려들어 구원한다.

> 그 시(時) 전의 옥황상제께서 사해 용왕을 불러, 명일 오전, 출천대효 심청이가 인당수에 빠질 테니, 수궁으로 고이 모시라는 엄명이 지엄하니, 사해 용왕 명을 듣고 백옥 교자를 등대하야 그 시를 기다릴 제, 과연 옥 같은 낭자가 홀연히 물에 들거날, 고이 받들어 교자 위에 앉힌 후으 용궁을 들어가는듸……. (조상현 창본 〈심청가〉)[41]

죽음 앞에서 떨던 심청이 '인간적인 선택'을 하였더라면 서사는 진행되지 않았을 것이다. 15세 처녀로 살아오면서 무수한 인간적 욕망들을 견디며 '효녀의 길'을 걸었던 심청이지만, 인당수의 물결 앞에서 다시금 효녀 되기를 증명해야 한다. 이 상황에서는 죽음을 두려워하여 떠는 것

41 뿌리깊은나무, 앞의 책, 105쪽.

조차 허락되지 않는다. 아버지의 눈뜸을 기원하고 망설임 없이 떨어지는 심청에게는 용왕의 환대와 황후로의 재생이 보장되어 있다. 심청이가 그 길을 기꺼이 선택함으로써 서사의 전면에는 효녀 되기가 보장하는 현실의 선물들이 무엇인지 소개될 기회는 생겼으나, 목숨을 바치면서까지 효를 행해야만 하는 야만성은 은폐되었다.[42]

〈춘향전〉과 〈심청전〉의 이 두 장면에서는 열녀 되기와 효녀 되기라는 당위적 지식에 대한 순종이 어떠한 보상으로 연결되는지가 제시될 뿐 그러한 보상을 위해 어떤 고초를 겪어야 하는지는 희석되고 있다. 물론 춘향의 '십장가(十杖歌)'나 '옥중가(獄中歌)', 아버지를 위해 마지막 진지를 차리는 심청의 애원성(哀願聲)은 인간으로서 감내할 수 없는 고통의 저 밑바닥을 보여준다. 하지만 여기서 주인공이 체현하는 고통은 정의롭지 않은 현실에서 선한 인간이 겪어야만 하는 고통 그 자체, 인간으로서는 어쩔 수 없는 현실의 부당함 그 자체를 보여준다고 하기에는 미심쩍다. 암행어사와 용왕들이 대기하고 있다는 점에서, 대중예술로서 판소리 문학은 향유층의 삶에 부당한 고통이 개입되어 있다는 진실을 들춰내기보다는 그러한 고통이 있음으로써 보상이 예정된다는 낙관을 피력한다. 보상이 예정되어 있지 않다면 그토록 마음껏 향유층 앞에서 춘향과 심청이 고통을 당할 수 없다.

순종과 보상의 '자동성'은 잔치와 재생의 흥겨움 속에서 심미적으로 강고해진다. 그러나 그러한 자동성은 실상 너무나 비현실적인 것이다. 이 도령이 암행어사가 되어 춘향을 구출하는 것은 바다에 빠진 심청이가

42 끔찍하게 신체가 훼손되어 죽었다 할지라도 효자·충신·열녀들을 아름다운 모습으로 형상화하는 많은 이야기들에는 그들이 체험한 죽음의 고통보다는 그들이 추구한 이념의 가치를 더 중시하는 발상이 있다. 그런 이야기에서는 고통의 진실보다는 이념의 가치가 중요한 것이다. 이런 점에서 《강도몽유록》에 등장하는 여성 인물들의 끔찍하게 훼손된 신체와 그 묘사가 그 자체로 사대부 지배 이념에 대한 모독이자 도전이며 시위라는 조혜란의 분석은 탁월하다. 조혜란(2002), 153쪽.

죽지 않고 살아 황후가 된다는 것만큼이나 실현 불가능한 이야기다. 그럼에도 이야기에서는 삼강의 이념에 기반하여 '인과의 자동성'만이 확대될 뿐이다.

두 작품이 보여주지 않는 것은 춘향과 심청이 겪는 '고통 그 자체'가 아니라 그 '고통의 진실'이다. 암행어사는 눈으로 목격한 춘향의 고초를 모두 잊었으며, 물에 빠진 심청이는 허우적거림 한 번 없이 '대기하고 있던' 용왕 일행에게 모셔진다. 열녀 춘향의 의연함을 강조하기 위해 서술되었던 '십장가'나 아버지와의 이별을 서러워하여 흘렸던 심청의 눈물을 상기한다면, 이러한 서사의 경향은 고통의 진실을 '보여주지 않는다'기보다는 '보지 않는다'고 해야 정확할 것이다.

즉 암행어사의 얼굴을 가린 부채는 '익명의 공공성'으로 실상은 춘향의 고통에 대한 '이기적 무지'를 은폐하는 것이다. 마찬가지로 인당수의 심연(深淵)은 가난한 맹인 부녀가 사는 현실계와 옥황상제의 명을 받들어 백옥 교자를 준비한 용왕들이 즐비한 비현실계를 가르는 '경계선'이기보다는 실상은 심청의 고통스런 죽음을 탈색하는 장치이다.

그러한 무지와 탈색은 여러모로 안정적인 서사 장치를 수반한다. 가령 어사 사위 앞에서 춤을 추는 장모 월매는 "본관 사또 괄세를 마소, 본관이 아니거든 내 딸 열녀가 어디서 날꺼나, 얼씨구 절씨구."라며 열녀 춘향의 사회적 재생을 축하한다. 엉덩춤으로 이어지는 이 대사는 황성의 맹인 잔치에서 모든 맹인이 구원을 받는 것만큼이나 '이념적 환상'일 뿐이다. 효녀 심청의 효심에 온 천하가 개안(開眼)을 한다는 논리나, 본관 사또 덕분에 춘향이가 명예로운 열녀가 되었다는 논리는 모두 효녀 되기와 열녀 되기를 강요한 사회, 그리고 그 악한적(惡漢的) 대리자로서의 본관 사또라는 박해자에게 면죄부를 주고 나아가 효녀 되기와 열녀 되기라는 사회적 프로젝트의 공로자 지위를 부여한다는 점에서 고통에 대한

'이기적 무지'의 서사적 파편이다.

이처럼 보상이라는 결과를 과장하고 그 과정에 수반되는 고통에는 '진실된' 존재감을 허용하지 않는 이기적 무지는 사실 《삼강행실도》에서 촉발되는 관습의 한 양상이다.

《삼강행실도》가 판소리 문학의 향유층에 전하는 권위적 지식은 단순히 '지식' 그 자체만은 아니다. 때로는 그 지식이 구체적인 생활에 녹아들면서 실천되는 일정한 방식, 즉 관습을 강제하기도 한다. 그리고 이렇게 강제되거나 형성되는 관습은 다시 판소리 문학에 흔적을 남기고 있다. 지식이란 구체적인 현상과 현실에서 추상되는 관념이기에, 그것이 다시 현실에 결부될 때는 현실의 구체적인 조건에 맞추어 독특한 실현 방식을 수반하게 마련인데, 열녀 되기와 효자 되기라는 지식이 현실에 녹아들면서도 마찬가지인 것이다.

《삼강행실도》에서의 이기적 무지

'이기적 무지'는 그런 관습의 한 양상으로 《삼강행실도》에서 확인된다.[43]

그림 5와 그림 6은 《삼강행실도》 〈효자도〉에 실린, 위초가 다리 살을 베어 병든 아버지를 구한 이야기와 유석진이 손가락을 잘라 병든 아버지를 구한 이야기다. 두 그림에서 병든 아버지를 위해 다리 살을 베고 손가

43 홍인숙은 조선 후기 '열녀전'에서 여성의 '몸'은 '열'이라는 추상적 가치를 수행하는 물질적 근거인데, 신체 훼손 과정에서 여성 인물이 인간적으로 느끼게 되는 고통의 감각이 완전히 은폐되어 있다고 하였다. 필자는 이러한 홍인숙의 논의에 전적으로 공감한다. 홍인숙의 분석이 권위적 지식에 의한 핍박의 양상을 드러내는 것이라면, 필자의 논의는 권위적 지식이 관습으로 정착되면서 은폐되는 폭력성에 좀 더 주목한 것이라 하겠다. 홍인숙, 〈봉건 가부장제의 여성 재현〉, 《여성문학연구》 5, 한국여성문학학회, 2001, 284~286쪽. 홍인숙, 〈열녀 담론의 새로운 독해〉, 《한국고전여성문학연구》 5, 한국고전여성문학회, 2002, 100쪽.

그림 5 〈위초할고(尉貂割股)〉, 《삼강행실도》.

그림 6 〈석진단지(石珍斷指)〉, 《삼강행실도》.

락을 자르는 아들의 모습은 아버지의 시선에 들어오지 않고 있다. 가림막으로 아버지의 시선을 가린 까닭은 분명하다. 그것이 비록 효자로서 마땅히 해야 할 일일지라도, 그러한 당위의 실천자인 아들에게 그것은 차마 감내할 수 없는 고통을 주기 때문이다. 그리고 그 고통이 당위의 수혜자인 아비에게 불편한 진실이기에 가림막은 존재하는 것이다.

그러나 여기서 중요한 것은 가림막으로 수혜자인 아비의 부담을 덜고자 하는 '이기적 무지'를 확인하는 데 있지 않다. 오히려 그러한 무지는 가림막 저편에 불편한 진실이 있음을, 아들의 고통이 있음을 전제하기 때문에, 이 그림을 보는 사람들은 자신에게 부여되는 권위적 지식을 실천하는 관습이 현실에서 어떤 의미를 갖는지를 좀 더 균형감 있게 바라

그림 7 〈권씨단지(權氏斷指)〉, 《동국신속삼강행실도》.

보게 되는 것이다.

하지만 《삼강행실도》의 후속작이라 할 《동국신속삼강행실도》의 편찬에서 이러한 균형감은 상실되고 있다.

그림 7은 《동국신속삼강행실도》에 실린 〈권씨단지(權氏斷指)〉다. 이 그림의 언해는 다음과 같다.

> 권시ᄂᆞᆫ 강능부 사ᄅᆞᆷ이니 감찰 최운부의 안해라 아비 병이 극ᄒᆞ거늘 손ᄭᆞ락을 버혀 약의 ᄩᅡ ᄡᅥ 나오고 지아비 병들거늘 ᄯᅩ 손ᄭᆞ락을 버혀 피롤 내여 ᄡᅥ나오ᄃᆡ 구티 몯ᄒᆞ여 오직 원미죽만 마시고 소릐를 그치디 아니ᄒᆞ고 머리롤 빋디 아니ᄒᆞ고 오솔 그ᄅᆞ디 아니키롤 스므히롤 하다 금 샹됴애 졍문ᄒᆞ시니라[44]

병든 아비와 지아비를 위해 손가락을 자른 권씨의 이야기를 그린 이 그림에서 권씨와 아비, 그리고 권씨와 지아비 사이에는 어떠한 가림막도 없다. 권씨는 그림의 아랫부분에서 보이는 것처럼 정확히 지아비의 눈앞에서 손가락을 자르고 있다. 《삼강행실도》의 그림에서 가옥이 중국식인 것과 달리 이 그림은 좀 더 조선식으로 그려지는 등 서사에 대한 그림이 더욱 '자기화'의 양상을 띠고 있지만, 이제 여기에는 불편한 진실이 풍겨

44 한국서지학회, 《동국신속삼강행실도》 재판, 국립도서관, 1960, 690쪽. 이 논문에서 소개하는 《동국신속삼강행실도》 그림은 이 책을 스캔한 것이다.

그림 8 〈도금단지(道令斷指)〉, 《동국신속삼강행실도》.

그림 9 〈백씨단지(白氏斷指)〉, 《동국신속삼강행실도》.

야 할 최소한의 존재감은 사라지고 오직 희생의 뻔뻔한 당위만이 나타나는 것이다.

《동국신속삼강행실도》에서 이기적 무지가 완전히 사라진 것은 아니다. 다음의 그림들은 당위의 실천이 수반하는 불편한 진실에 대한 심리적 긴장을 다양한 방식으로 보여준다.

그림 8에서 손가락을 자르는 도금이와 약을 드리는 도금이가 시간적 순차에 따라 각기 따로 그려짐으로써 같은 공간이지만 약을 받는 사람은 도금이가 손가락을 자르는 사건에서 배제되어 있다. 그림 9는 《삼강행실도》에서 익히 보았던 방식으로 가림막을 쳐서 시선을 가리는 방식이다. 그림 10부터는 가림막이 없어진 모습이다. 그림 10과 그림 11은 비슷하게 보이지만 자세히 보면 시선의 차이가 있다. 즉 그림 10에서는 손가락을 자르는 이가 병든 이의 시선 밖에 있다면, 그림 11에서는 병든 이가

그림 10 〈소사단지(召史斷指)〉, 《동국신속삼강행실도》.

그림 11 〈안씨단지(安氏斷指)〉, 《동국신속삼강행실도》.

보는 앞에서 손가락을 자르고 인분(人糞)의 맛을 보는 것이다.

《동국신속삼강행실도》에서 '이기적 무지'가 사라진 것의 의미는 무엇일까? 이제 희생자에 대한 수혜자의 응시는 희생과 수혜의 공모관계를 정당화하고 조장한다. 즉 가림막이 사라진 그림들은 열녀 되기와 효자 되기가 수반하는 고통에 대한 무감각과 그 실천의 당위성이 만연한 현실을 형상화한 것이다. '이기적 무지'는 이제 굳건한 이념적 토대 위에서 '이기적 응시'로 전환되고 있음을 이 그림들은 보여주고 있다.

그리고 판소리 문학에서 발견되는 '이기적 무지'는 이러한 사회현상에 대한 서사적 반영이라 하겠다.

5. 나가며

지금까지 〈춘향가〉와 〈심청가〉를 중심으로 《삼강행실도》가 제시하는 권위적 지식의 수용 양상을 살펴보았다. 《삼강행실도》의 지식은 그것이 공공의 목소리로 전달된다는 점에서 수용자에게 내면화를 유발하지만, 그 실천이 위해적이라는 점에서 지식의 '수용과 실천'은 긴장관계에 놓여 있다고 할 수 있다. 이 긴장을 해소하기 위해 '내면화'는 좀 더 강력한 기제를 수반할 필요가 있다.

판소리 문학은 그러한 긴장을 잘 보여주는 텍스트이다. 특히 〈춘향전〉과 〈심청전〉은 열녀 되기와 효녀 되기라는 《삼강행실도》의 윤리 덕목에 대한 문학적 성찰로 이해된다. 《삼강행실도》의 파급력에 걸맞게 두 작품에서 《삼강행실도》의 언술들은 곳곳에서 발견된다. 즉 삼강의 범주 안에서 춘향과 심청을 이해할 수 있도록 지식의 공유가 이루어진 것이다.

〈춘향전〉과 〈심청전〉에서 '열녀 되기'와 '효녀 되기'라는 당위적 지식의 수용은 일면적이지 않다. 한편으로 주인공들은 그러한 윤리를 체현할 숭고한 존재로 태어나 훈육되었으면서도 서사의 곳곳에서 그들의 인간적인 번민이 발견되기도 하고, 그들의 도덕적 숭고함은 때로 다른 인물에 의해 조롱받기도 한다. 이러한 권위의 균열은 두 작품에서 균질적이지는 않지만, 《삼강행실도》의 이념에 대한 다층적이고도 진솔한 서민층의 수용 양상을 서사화하고 있다는 의의는 같다.

판소리 문학에서 《삼강행실도》의 권위적 지식이 성찰되는 양상은 역설적이기도 하다. 즉 춘향의 열녀 되기와 심청의 효녀 되기를 가장 극적으로 체현하는 장면은 오히려 역설적으로 그 당위들에 내재한 폭력성을 가장 잘 보여주기 때문이다. 가령 수의사또의 수청 요구를 춘향이 거절하는 장면이나, 심청이 인당수에 몸을 던지는 장면은 가장 극적으로 그들의 도덕적 고결함을 증명하기도 하지만, 두 인물로 하여금 그간의 모든 고초에도 불구하고 여전히 도덕적 정체성을 증명해야 할 의무를 부과한다는 점에서 폭력적이다. 즉 서사의 진행은 그들의 고통이 무엇에서 비롯되는가라는 구조적이고도 현실적인 문제보다는 그들의 고통이 무엇으로 보상받는가라는 우연적이고도 환상적인 결말에 초점을 맞추어 진행되는 것이다. 이러한 서사는 인물들이 열과 효를 지향하면서 겪어야 하는 고통의 진실을 직시하지 않는다는 점에서 '이기적 무지'로 불릴 수 있다.

보상이라는 결과를 과장하고 그 과정에 수반되는 고통에는 '진실된' 존재감을 허용하지 않는 이기적 무지는 사실 《삼강행실도》에서 촉발되는 관습의 한 양상이다. 즉 《삼강행실도》의 지식이 현실에서 실현될 구체적 양상을 정형화한 하나의 관습으로서 이기적 무지는 이해되는 것이다. 가령 병든 아버지나 지아비를 위하여 손가락을 자르거나 허벅지 살을 베는 이야기는 《삼강행실도》의 곳곳에 있는데, 이때 신체를 훼손하는 자식과 아버지 사이, 또는 아내와 지아비 사이에는 가림막이 존재한다. 이 가림막은 물론 자식과 아내의 고통에 대한 부모와 지아비의 '이기적 무지'를 확인하는 장치다. 그러나 이 가림막이 단순히 그러한 이기심을 표상하는 장치로만 이해되지는 않는다. 즉 가림막의 존재는 가림막 저편에 불편한 진실이 있음을 역설하기 때문에 오히려 당위적이고도 권위적인 지식이 현실에서 어떤 의미를 갖는지를 좀 더 균형감 있게 바라보도록 유도하기 때문이다. 그러나 《삼강행실도》의 후속이라 할 《동국신속삼강행실도》에서는 이러한 가림막이 사라진 채 신체 훼손이 일어난다. 물론 모든 신체 훼손 장면에서 가림막이 다 사라진 것은 아니어서 불편한 진실에 대한 긴장감 자체를 부정할 수는 없지만, 가림막이 사라지고 신체 훼손의 수혜자가 희생자의 고통을 응시하는 장면은 희생과 수혜의 공모관계를 정당화하고 조장하는 조선 후기의 현실을 반영하고 있음 또한 보여주고 있다. 판소리 문학에서 발견되는 이기적 무지는 이러한 사회현상에 대한 서사적 반영이라 하겠다.

V

근대적 인쇄 기술과 '삼강'의 지식 확산

주영하

서강대 사학과를 졸업하고 한양대 대학원 문화인류학과에서 〈김치의 문화인류학적 연구〉로 석사학위를, 중국 베이징의 중앙민족대학 대학원 민족학과에서 〈中國四川凉山彝族傳統漆器硏究〉로 박사학위를 받았다. 최근에는 민속학과 음식사를 중심으로 연구를 진행하고 있다. 특히 전근대와 근대의 '사유와 생활' 이 혼재되어 있는 19세기와 20세기에 한국인의 생활방식이 어떻게 변용되어왔는가를 규명하는 데 관심이 많다. 저서로 《음식전쟁 문화전쟁》, 《중국 중국인 중국음식》, 《그림 속의 음식, 음식 속의 역사》 등이 있다.

1. '모친 병에 단지'라는 신문기사

> 강원도 이천에 있는 유치원 교사 유성실 양은 원래 부모에게 효성이 극진한 딸로서 동리 사람들에게서 칭송이 많았다. 금일에는 자기 모친이 병으로 세상을 떠나게 될 지경에 이르러 그는 어머니가 세상을 떠남에 너무나 섧고 애달파서 자기 손가락을 잘라 그 피로 어머니의 생명을 회생하게 하였는데, 그 모친은 그 피를 먹고 즉시 회생하여 지금은 아주 쾌차하였다더라.[1]

위 글은 1925년 6월 24일에 발간된 필사본 신문 〈단산시보〉에 나온 '모친 병에 단지'란 제목의 기사이다. 과연 이 일이 사실인지를 확인할 수는 없지만, 신문에 실릴 정도로 당시 지역사회에서 유의미한 사건이었음은 분명하다. 이미 조선시대 《삼강행실도》에서 '단지(斷指)'는 효자의 중요한 덕목으로 소개되었다. 신체를 훼손하여 효자와 열녀가 되는 이야기는《삼강행실도》의 중요한 이야기 맥락의 하나이기도 하다.[2] 나는 이것을 '삼강적 효자 · 열녀'라고 지칭한다. 그런데 이미 서구적 근대화가 시작된 1920년대에 들어와서도 이런 신체 훼손을 통한 효자와 열녀 되기

1 독립운동사 자료 시스템, 자료번호 : DS1925062402-14.

2 강명관, 〈《삼강행실도》 — 약자에게 가해진 도덕의 폭력〉, 《한국고전여성문학연구》 5, 한국고전여성문학회, 2002, 13쪽.

가 신문에 실리고 있으니, 이것은 조선시대 성리학적 사유에서 출발한 가적(家的) 효가 20세기에도 지속되었음을 증명한다.

왜 이런 일이 발생하였는가? 나는 20세기 전반부 한국사회에서 근대주의(modernism)는 '사유와 실천'의 혼재로 인해서 제대로 정착되지 않았다는 가설을 가지고 있다. 적어도 1990년대까지도 근대주의의 이미지가 사회문화적으로 자리를 잡았지만, 여전히 전근대적인 사유와 실천이 지속되면서 오히려 강조되기도 하였다. 더욱이 국가주의가 개입하면서 효는 곧 충이라는 논리로까지 비약되었다. 그래서 충보다는 효를 강조하던 조선 후기의 인식 체계가 20세기 전반부에는 충효를 하나의 덕목으로 세우는 데로 전환되었다. 이 점은 충보다는 효를 강조하였던 조선시대 삼강에 대한 인식이 근대적 국가주의 아래에서 충을 효만큼 강조하도록 만들었을 가능성이 높다.

근대적 국가주의가 국민을 하나의 틀 속에서 통제하는 능력은 이전의 왕조국가와는 확연히 달랐다. 그 중에서도 가장 주목해야 할 것은 근대적 인쇄 기술의 등장을 통한 지식의 막강한 전파력이다. 20세기 한반도에서는 그전에 상상도 할 수 없었던 적은 경비로 똑같은 내용을 인쇄한 출판물이 전국으로 유통되었다. 그 중에서도 책과 신문은 국가나 출판인의 자본과 의지만 있으면 전 국민에게 배포하여 읽힐 수 있는 매체였다. 더욱이 사대부 위주의 문자인 한자에서 한자와 한글이 동시에 표현된 근대적 문장 서술법 방식은 근대적 인쇄 기술과 함께 특정한 지식을 일시에 전국화할 수 있는 힘을 가지고 있었다.

'삼강적 지식' 역시 근대적 인쇄 기술과 일정한 조우를 한다. 그 대표적인 사례가 출판물과 신문이다. 출판물로는 1912년의 《조선신사대동보(朝鮮紳士大同譜)》가 주목된다. 아울러 근대적 인쇄술을 통해서 지방의 향교와 문중에서 출판하는 《삼강록(三綱錄)》도 중요하다. 이것들이 문헌적인 기록이라면, 신문기사에 보이는 '삼강적 효자 · 열녀'는 매우 구체적이다. 특히 신문이라는 근대적 인쇄매체가 지닌 힘은 근대 이후《삼강행실도》의 지식 체계를 그전에 비해 좀 더 빠르게 확산시키는 도구였다. 적어도 조선시대《삼강행실도》가 사대부의 자녀와 부녀를 대상으로 지식을 확산시킨 점과는 확연히 다르게, 근대적 인쇄 기술은 그 지식의 확산을 전면화하였다.

2. 근대 출판물에 나타난 '삼강적' 인물

1910년 일제의 조선 병합 이후 조선총독부와 일본인들에 의해서 조선인 귀족의 명부를 적은 책이 여러 권 출판되었다. 민족문제연구소의《민족문제연구》1집에 실린 자료 소개에 따르면,[3]《조선귀족열전(朝鮮貴族列傳)》(조선총독부 인쇄국, 1910),《조선신사명감(朝鮮紳士名鑑)》(일본전보통신사 경성지국, 1911),《조선신사보감(朝鮮紳士寶鑑)》[4](조선출판협회, 1912), 그리고《조선신사대동보(朝鮮紳士大同譜)》(조선신사대동보 발행사무소, 1913) 등이 바로 그것이다. 주로 조선인 가운데 친일을 한 사람들을 귀족 또는 '신사'라고 규정하고 그들의 행적을 선양하는 한편 조선인 지배 계층의 효율적 통제

3 민족문제연구소,《민족문제연구》1, 민족문제연구소, 1991, 15쪽.

4 1912년 당시 경성의 조선출판협회에서《조선신사보감》이란 책을 발간하였다. 이듬해인 1913년 6월 15일에 3판은 경성의 영락정(永樂町)에 소재하던 조선문우회(朝鮮文友會) 이름으로 출판되었다. 조선문우회는 기존의 조선출판협회를 병합하여 만들어졌는데, 총재는 김윤식(金允植), 회장은 유길준(兪吉濬), 그리고 사무담당 감사는 일본인 다나카 쇼우코(田中正剛)였다. 편집부와 출판부를 설치하고 조선신사보감 예약 모집을 하면서 4판이 같은 해 10월 15일 출간될 것이라고 3판의 마지막에 광고를 붙였다. 이 책은 교육칙령, 유길준 안고문(按告文), 제자(題字), 초상(사진), 도부(都部) 및 풍경, 이조선보(李朝璿譜) 등 귀족, 그리고 신사지부(紳士之部)로 구성되었다. 신사지부는 성씨별로 숫자가 많은 성씨를 앞에 내세워 나열하였다.

를 위한 기초 자료로 이용하기 위해서 이들 책을 출판하였다.

이 책은 1913년 일본인 오가키 다케오(大垣丈夫)가 편찬과 발행을 맡아서 출판되었다. 이것은 구한말과 일제 초기의 조선인 저명인사 인명록이다. 이 대동보는 기존의 것들을 수습하여 수록자들을 선별하고, 이른바 신진명예(新進名譽)에 해당되는 사람들을 추가하여 만들었다.[5] 책의 분량은 1책 1,236쪽이며, 1만 3,000여 명에 달하는 인물들을 소개한다. 편제는 서문, 이조선보(李朝璿譜), 귀족부, 각성씨부(各姓氏部), 효자부, 열녀부, 부인부로 이루어져 있다. 인명별로 작위와 주소, 출생일, 본관, 가계, 그리고 선조와 본인의 관력(官歷), 학력, 직책, 서훈, 포상, 종교에 이르기까지 각종 자료가 간략하게 정리되었다.

오가키는 1861년 일본 이시카와현(石川縣) 가나자와시(金澤市) 출신으로 1899년 〈도쿄 사쿠라 신문(東京さくら新聞)〉을 창간하고 사장 겸 주필(主筆)로 재직하다가, 1904년 1월 조선에 건너와 경성(京城)에서 대한협회(大韓協會)를 창설하고 고문(顧問)으로 재직하였다. 한일병합 후 중국 각 지방을 유람하고 조선으로 돌아와서 1914년 경성통신사(京城通信社)를 승계 받았고, 1917년 3월에는 〈만선평론(滿鮮評論)〉지의 사장도 겸직하였다. 이런 면에서 오가키는 당시 조선에 대해서 상당한 지식을 가지고 있었으며, 한일병합을 전후하여 재조일본인들에게 조선 사정을 알리기 위해서 이 책을 편찬하고 발행했다고 할 수 있다.

그런데 《조선신사대동보》는 그 목차에 효자부와 열녀부, 부인부를 별도로 둔 점이 특이하다. 이 책보다 1년 전에 나온 《조선신사보감》은 효자와 열녀를 성씨별 인물에 포함시켰다. 이에 비해 이 책에는 효자 205명, 열녀 169명, 부인 5명이 들어 있다. 이러한 자료는 19세기 말과 20세기

5 민족문제연구소, 앞의 글.

초반에 간행된 각종《삼강록》에서 뽑아온 것으로 보인다. 동시에《조선신사보감》에 등장하는 효자와 열녀 중에서도 일부가 포함되었다. 그러나 아예 다른 인물들이 더 많다.《조선신사대동보》의 효자와 열녀에 들어 있는 내용은 다음과 같은 것이 주류를 이룬다.

효자의 경우 대체로 부모의 병환을 구하기 위해서 손가락을 잘라 피를 먹게 하는 단지(斷指), 제철에 나지 않는 긴요한 약을 하늘에 구원하여 마침내 구하는 구약(救藥), 3년 동안 부모의 묘소를 지키는 시묘(侍墓), 병이 낫지 않아 자신의 허벅지 살을 잘라 먹게 하는 할육조진(割肉調進), 그리고 부모를 극진히 잘 모신 효양부모(孝養父母) 등의 사례가 주류를 이룬다. 가령 정인창(鄭寅昌)이란 효자에 대한 내용은 다음과 같다.

> 충청북도 충주군 가흥면 가흥리 상동 1통 4호, 1864년 음력 10월 29일생으로 본관은 동래이다. 어려서 한문을 수학하였으나, 집안이 가난하고 부모가 늙어서 공양할 방법이 없었다. 이에 상업에 뛰어들었고, 처는 주점을 차렸다. 모두 아버지가 술과 고기를 좋아하여 주점을 통해서 그것을 바치려고 하였다. 어머니가 병들자 똥을 맛보고 약을 들였고, 병이 낫지 않자 손가락을 잘라서 그 피를 입에 넣었는데, 아연 회생하였다. 그러나 오래지 않아 돌아갔고, 엄숙하게 영결하면서 애통함이 대단하여 몇 번이나 기절하여 간신히 목숨을 이었다. 아버지는 여든까지 살았는데, 병으로 10여 년을 누워 있었다. 탕약 올리기를 매일같이 하였다. 똥오줌을 받아내면서 봉양하는 모습이 다른 사람은 하지 못할 일이었다. 1911년에 그의 효도를 듣고 천거하여 상금을 내렸다. 종교는 유교이다.[6]

6 大垣丈夫,《朝鮮紳士大同譜》, 朝鮮紳士大同譜發行事務所, 1913, 1176쪽.

《조선신사보감》에도 효자에 대한 내용은 위와 비슷하다. 가령 김종곤(金鍾坤)의 경우 "1901년 11월 30일에 아버지의 병이 위독할 때 손가락을 베어 피를 먹여 연명하게 함. 부친상 이후 3년 동안 시묘하고 유제(踰制)를 지켜 사림(士林)이 공의(公議)로 《삼강록(三綱錄)》에 올림. 편모(偏母)에게 효성을 다하여 향리(鄕里)에서 감탄함." 이러한 내용은 《삼강행실도》에 등장하는 전형적인 효자의 예다.

열녀의 경우에는 남편이 일찍 죽으면 시신을 수습한 후 본인도 정절을 지키기 위해 자서(自逝), 남편이 죽더라도 재혼하지 않고 정절(貞節), 남편이 병들자 할육조진(割肉調進), 남편이 죽은 이후 자식들을 훌륭하게 교양(教養), 시부모가 병들자 구약(救藥), 남편이 죽은 후에도 시부모를 효양(孝養), 시부모가 병들자 똥오줌을 받아내면서 효양(孝養) 등의 사례가 주로 나온다. 부인부에 속한 사람들의 경우 여성임에도 불구하고 학문이 높거나 개화기에 사회적 활동을 뚜렷하게 한 사람들을 명단에 넣었다.

사례 한 가지를 소개하면 다음과 같다.

> 김 부인(金夫人) 전라남도 창평군 겸면 학곡리 1통 10호. 1851년 음력 3월 12일생. 본관은 김해, 오위장 김태(金泰)의 차녀이며 최상세의 처다. 시어머니 노씨가 이질을 앓자 10여 개월을 보살피면서 낮에는 탕약과 죽을 끓이고 밤에는 하늘에 기도를 바쳤다. 시어머니의 똥을 맛보고 이를 통해서 병의 증세를 진단하였다. 결국 돌아가자 여막에 머물면서 시묘의 예를 3년 동안 하였다. 남편이 병이 나자 손가락을 잘라서 그 피를 입에 넣자 하루를 더 살다가 결국 죽었다. 시부모를 염려하여 직접 모시면서 남편을 따라 죽지 않음을 한탄하면서 극진히 봉양하였다. 그래서 남편이 살아 있을 때보다 더 잘 모셨다. 이 일은 본 읍지와 《호남삼강록》[7]에 실렸다. 아들로 영범(塋氾)이 있다.

표 1 국립중앙도서관 고서운영실 소장 일제시대 간행 《삼강록》 목록

서명	편찬	간행	간행연도
金海金氏世紀三綱錄. 1-3	金海金氏宗中 編	金海金氏宗中	1935
南平三綱錄	徐鳳烈 編	南平鄕校	1936
三綱錄	柳夏榮 編	津津堂	1934
宋氏三鋼錄	宋柱學 編	宋柱學	1939
金海金氏世紀三綱錄	金鳳斗 等編 ; 金容台 刊編金海	金氏花樹亭	1936
嶺南三綱錄	三綱編輯所 編	三綱編輯所	1938
玉山三綱錄	鄭彙永 編 ; 鄭遠永 校	慕雲堂	1927
智島縣三綱錄	鄭在烈 編	〔刊寫者未詳〕	昭和7〔1932〕
苞山郭氏三綱錄	郭璨 輯 ; 郭崇籙 校	樂世館	1925
苞山郭氏三綱錄	郭大基 ; 郭時鍾 共編	念修齋	1938

따라서 《조선신사대동보》의 일부 내용은 그전에 발간된 《삼강록》을 이용하였음을 알 수 있다. 대한제국 시기에 개화와 함께 풍속이 퇴폐해지는 것을 염려하여 《삼강록》 편찬을 강조한 사례는 《속수삼강록(續修三綱錄)》이 대표적이다. 《속수삼강록》은 그 서문을 보면 조병식(趙秉式)과 정인섭(鄭寅燮) 등이 향약(鄕約)을 맺고 각도(各道) 각향(各郡)의 삼강단자(三綱單子)를 받아 간인(刊印)하였는데 단자(單子)가 올라오는 대로 간인하였다. 이 책은 삼강에 뛰어났으나 그전의 기록에 실리지 않은 사람만 모아 엮은 책이다. 1903년에 간행된 《홍덕삼강록(興德三綱錄)》은 홍성향교(興城鄕校)에서 편찬한 것이다.

국립중앙도서관 고서운영실에서 소장하고 있는 《삼강록》 목록을 보면 1930년대에 들어와서 간행된 것이 의외로 많다. 그 간행의 주체도 문중이 주류를 이루면서 일부는 향교가 주체가 되었다.

7 여기에 나오는 《호남삼강록》은 서울대 규장각의 해제(http://kyujanggak.snu.ac.kr/BA/SGP-027-002889.htm)에 자세히 나와 있다.

사실 1920년대 조선총독부의 통치 아래에서 '전통적'인 족보의 간행이 증가한 사실과 《삼강록》의 간행은 일정한 연관성을 지닌다. 최재석의 연구에 따르면,[8] 족보의 간행은 그 이전에 비해 일제시대 때 대폭 증가하였다. 가령 국립중앙도서관에 소장되어 있는 일제시대 간행된 족보는 1922년 52책, 1934년 92책, 1939년 103책에 이른다. 결국 근대적 인쇄술의 보급은 1920년대와 1930년대에 족보 간행을 단연 1위로 올려놓는 성과를 보였다. 왜 이러한 경향이 생겼을까?

1908년 조선민적이 만들어지면서 모든 조선인은 본관과 성씨를 가지게 되었다. 연이어 조선총독부가 시행한 조선호적법은 전 조선인을 족보 체제 내로 포섭하는 결과를 낳았다. 이른바 '상상의 공동체'로서 '동성동본'이 만들어졌다. 이 점은 조선총독부가 결코 '조선시대적'이라고 할 수 있는 '동성동본' 집단을 말살한 것이 아니라, 오히려 더욱 분명한 혈연적 귀속 집단으로 만든 결과이다. 이로 인해서 족보 간행은 '동성동본' 집단의 문자화를 촉진시켰다. 아울러 경학원(經學院) 체제의 강화로 인해서 지방 향교가 조선총독부의 행정적인 관할에 들어갔고, 유림 조직이 향교를 운영하는 주체가 되면서 삼강적인 사유가 조선시대에 이어서 지속되는 결과를 낳았다.

사실 합리주의와 과학주의를 내세운 근대성(modernity)은 봉건적인 사유의 핵심인 삼강의 지식 체계를 부정하는 데서 시작되어야 한다. 그러나 조선총독부와 재조일본인들이 조선을 파악하기 위해서 시작된 '조선적'인 양상은 근대화가 가져다준 근대적 인쇄술과 국가 통제로 인해 더욱 강화되었다고 해도 과언이 아니다. 더욱이 1920년대 조선총독부는 혈연주의에 기반을 둔 가문주의(家門主義)와 성리학을 공개적으로 부정하

8 최재석, 〈일제하의 족보와 동족집단〉, 《아세아연구》 12, 고려대학교 아세아문제연구소, 1969, 221쪽.

면서도 오히려 유림들을 포섭하여 지역사회의 행정적 범주 안으로 들어오도록 만들었다. 이것이 봉건적인 사유의 핵심인 삼강의 지식 체계를 20세기 이후에도 지속시키고 확산시킨 원인이 되었다.

3. 근대 신문에 등장하는 단지와 할고

앞에서도 살펴보았듯이 삼강 중에서 효자와 열녀는 대부분 극단적인 방법을 동원하여 부모와 남편을 구하려는 의지를 보여야만 등록이 될 수 있었다. 이것은 실제로 조선시대 성리학자들의 인식 체계에서도 수용되기 어려운 점이었다. 이에 대해 강명관은 조선시대 《삼강행실도》에는 비인간적인 잔혹성이 담겨 있다고 비판하면서 극단적인 효를 강조하여 가문의 유지를 강화시키는 일에 《삼강행실도》가 이용되었다고 밝혔다.[9] 그런데 삼강의 비합리성과 잔혹성은 일제시대에도 비록 부분적이지만 실천되도록 강요되었다. 그것은 근대 신문에 등장하는 기사를 통해 더욱 적극적으로 나타났다. '단지'와 관련된 기사는 일제시대 〈동아일보〉에 자주 나온다. 1920년대 초반의 〈동아일보〉에 나온 '단지' 관련 기사 제목을 정리하면 '표 2'와 같다.

한편 '단지'에 대한 비판적인 기사도 실린다. 1924년 1월 6일자 기사에는 〈제절로 살자, 껍질 도덕인 효와 열의 '단지' 유행(제절로 살자, 껍질 도덕인 孝와 烈의 斷指류행)〉이란 글이 실렸다. 그 내용을 그대로 옮겨본다.

9 강명관, 〈《삼강행실도》—약자에게 가해진 도덕의 폭력〉, 《한국고전여성문학연구》 5, 한국고전여성문학회, 2002, 6쪽.

표 2 1920년대 초반 〈동아일보〉 기사 중 단지 관련 기사

일자	기사제목
1921년 5월 12일	慶興部 盧昌郁은 十五歲로 父親의 病勢가 日益危篤하야 命在朝夕임을 알고 斷指하야 脂血을 流入하야 生命을 約十五日間 保持케한 孝行(雄基)
1921년 6월 5일	母親臨終에 陝川의 李永田 李周聖男妹 斷指하여 피를 모친의 입에 넣어 生命을 연장케 한 세상에 드믄 남매의 효성
1921년 6월 16일	男便의 死 直前에 斷指하여 피를 넣어준 婦人 趙姓女의 렬행
1921년 12월 29일	二八處女의 斷指; 모친을 위한 효성, 무상한 죽엄의 길
1921년 12월 29일	愛女의 鮮血로 回甦한 慈母, 십오 세의 녀아로 모친 운명에 斷指
1922년 1월 1일	모친의 병에 斷指하야 회생케 한 孝女 張今山에게 金指環, 閔泳徽 씨의 선물
1922년 3월 21일	陝川高孝婦의 稱譽; 失明한 媤母를 위해 每夜井水를 떠놓고 기도하여 漸次蘇復 絶命의 境에 至한 시모를 위해 斷指하야 蘇生케 하야
1922년 5월 24일	一時에 兩手斷指, 중병 들어 백약무효인 모친을 위하야
1922년 7월 10일	曹氏門中老烈女, 老夫를 斷指하야 救護했으나 別世하매 뒤를 이어 飮毒自殺
1922년 7월 28일	姜次女女史, 吐血病으로 危急한 남편을 위해 斷指救夫(平壤)
1922년 10월 23일	남편이 오랜 병으로 절명하랴 함으로 弟割股하고 妻斷指하야 피를 먹여 십여 시간 생명을 연장타가 사망, 경남 삼천포에서
1923년 2월 5일	鄭氏의 斷指救夫(宣川)
1923년 3월 14일	병중에 있는 어머니를 위해 斷指한 兄弟
1923년 5월 19일	車仲山氏의 烈行, 其 夫를 爲해 斷指
1923년 7월 28일	二次斷指로 病夫가 蘇生, 아조 완인이 되여
1923년 11월 30일	男便을 爲해 斷指, 이상하게도 병이 나앗다
1924년 1월 5일	片母를 爲하야 斷指, 열두 살 먹은 어린 아해가

근일 경향 각처를 물론하고 소위 효자나 절부의 단지(斷指)가 매우 많이 유행되는 모양이다. 손가락 하나를 끊어서 죽은 사람이 정말 소생한다 하면 남의 아랫사람 된 사람은 손가락 하나도 남길 수가 없을 것이다. 부모가 세상을 버리려 할 때의 자식 된 마음은 정말 비통한 것이오, 남편이 운명을 하려 할 때의 아내 된 마음은 극히 아플 것이다. 이 자리를 당하여 여간 손가락쯤이야 아플 줄을 헤아릴 수 없을 것은 사실이오. 어떠한 방법으로든

지 죽어가는 목숨을 살리려 할 것은 인정의 당연한 일일 것이다. 우리는 이와 같은 아름다운 심사를 결코 가볍게 비판하고자 아니한다. 그러나 고왕금래에 단지나 열지를 한 자식이나 아내가 있다는 소문은 들었으나, 자식이나 아내를 위하여 그 같은 일을 하였다는 아비나 남편이 있다는 소문을 들은 적은 없다. 아! 이것이 도대체 무슨 모순됨이리오. 인정은 일반이 다 아비가 죽는 것을 자식이 보기나 자식이 죽는 것을 아비가 보기나 그 무엇이 다름이 있으리오. 하거든 어찌 윗사람의 단지는 없는가. 이는 두말할

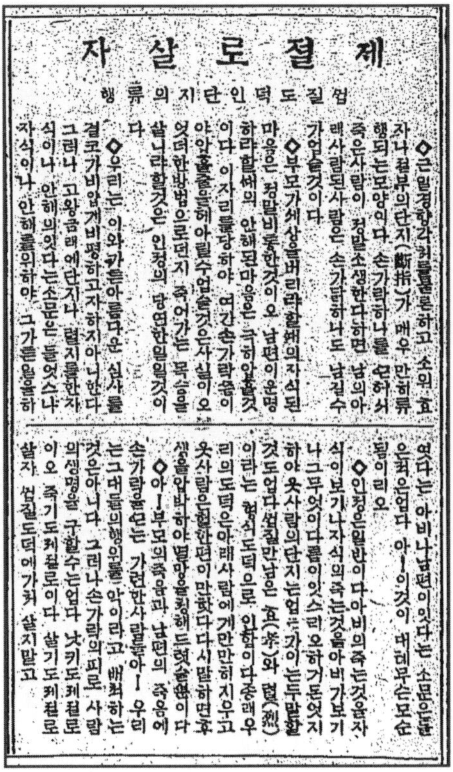
제절로살자

썹질도덕인단지의류행

◇근일경향각처를물론하고 소위효자나렬부의단지(斷指)가 매우 만히류행되는모양이다 손가락하나를 끈허서 죽은사람이 정말소생한다하면 남의아래사람된사람은 손가락하나도 남길수가업슬것이다

◇부모가세상을버리랴할때의자식된마음은 정말비통한것이오 남편이운명하랴할때의 안해된마음은 극히압흘것이다 이자리를당하야 여간손가락쯤이야앗흘줄을헤아릴수업슬것은사실이오 엇더한방법으로던지 죽어가는 목숨을 살니랴할것은 인정의 당연한일일것이다

◇우리는 이와가튼아름다운 심사를 결코가비압게비평하고자하지아니한다 그러나 고왕금래에단지나 렬지를한자식이나 안해의잇다는소문은 들엇스나 자식이나 안해를위하야 그가튼일을하엿다는 아비나남편이잇다는 소문은듯은적은업다 아!이것이 대톄무슨모순됨이리오

◇인정은일반이다아비의죽는것을자식이보기나자식의죽는것을아비가보기나그무엇이다름이잇스리오하거든엇지하야 웃사람의단지는업는가이는두말할것도업다썹질만남은 효(孝)와 렬(烈)이라는 형식도덕으로 인함이다종래우리의도덕은아래사람에게만만히지우고 웃사람은헐한편이만핫다다시말하면후생을압박하야멸망을청해드렷슬뿐이다

◇아!부모의죽음과 남편의 죽음에 손가락을끈는 가련한사람들아! 우리는그대들의행위를 악이라고 배척하는것은아니다 그러나손가락의피로 사람의생명을 구할수는업다 낫키도제절로이오 죽기도제절로이다 살기도제절로살자 썹질도덕에가처 살지말고

자료 1 〈동아일보〉 1924년 1월 6일자 기사

것도 없다. 껍질만 남은 효(孝)와 열(烈)이라는 형식 도덕으로 인함이다. 종래 우리의 도덕은 아래 사람에게만 많이 지우고 윗사람은 헐한 편이 많았다. 다시 말하면 후생을 압박하여 멸망을 청해 들었을 뿐이다. 아! 부모의 죽음과 남편의 죽음에 손가락을 끊는 가련한 사람들아! 우리는 그대들의 행위를 악이라고 배척하는 것은 아니다. 그러나 손가락의 피로 사람의 생명을 구할 수는 없다. 낫기도 저절로 이오, 죽기도 저절로 이다. 살기도 저절로 살자. 껍질 도덕에 갇혀 살지 말고.

이 기사를 통해 당시 '단지'가 매우 유행했음을 확인한다. 심지어 '단지'를 하여 곧 죽을 것 같았던 부모나 남편이 살아난 이야기가 기사로 많이 등장하였고, 그것이 오히려 더욱 '단지'를 유행시켰음을 알 수 있다. 이 점은 《삼강행실도》에서 '단지'를 표현한 것과는 확연히 다르다. 근대적인 인쇄매체 중에서 가장 효과적인 지식 확산을 조장하는 신문에서 너무나 자주 '단지'하여 부모나 남편의 생명을 살렸다는 기사가 등장하면서 유행을 조장하였던 것이다. 그런데 그 신문매체가 다시 '단지' 유행이 오로지 '껍질 도덕'에 지나지 않는다는 점을 강조한다. 윗사람을 위한 형식 도덕이 아니라, 아랫사람을 위한 실제 도덕도 필요하며, 손가락 피로 죽는 사람의 생명을 구할 수도 없음을 분명히 밝혔다.

그러나 〈동아일보〉에는 지속적으로 '단지'를 해서 부모나 남편의 목숨을 구했다는 기사가 등장한다. 심지어 '단지'한 자녀나 부인에게 효행이라는 명목으로 지역의 유지가 상을 주기도 하였다. 이에 대해 1927년 10월 1~2일에 걸쳐서 〈부인시평 : 단지의 가부, 미신에 불과〉란 기사가 2회로 나누어 실렸다. '단지'를 하면 하늘이 감동을 받아 생명을 회생시킨다는 것은 미신에 지나지 않는데도 불구하고 이것을 큰 효행이라고 하여 신문에서 찬양하거나 상을 주는 것은 잘못된 일이라며 비판하였다. 또한 이러한 행위는 곧 미신을 장려하는 일과 마찬가지라고 주장하였다. 하지만 그 이후에도 '단지'에 대한 찬양 기사는 계속해서 실렸다.

'단지'와 함께 할고에 대한 기사도 일제시대 〈동아일보〉에 다수 등장한다. 형을 위해 허벅지 살을 벤 동생과 남편을 위해 단지를 한 부인의 기사, 5년 동안 형이 나병을 앓자 18세 된 동생이 다리 살을 베었다는 기사, 임산부의 몸으로 병이 난 남편을 위하여 '할고'한 부인의 기사, 남편의 병에 인육이 좋다고 하여 '할고'한 부인의 기사, 남편의 병과 시아버지의 병을 낫게 하려고 '할고'와 '단지'를 한 부인의 기사, 남편의 학질을

자료 2 〈동아일보〉 1927년 10월 1일(왼쪽)과 10월 2일(오른쪽) 기사.

낫게 하려고 20세의 부인이 '할고'를 한 기사, 병든 남편에게 자신의 살을 베어 먹였다는 부인의 기사, 아버지의 병환을 낫게 하려고 '할고'를 한 아들의 기사, 남편을 위하여 '할고'한 노파가 난치병인 신경정신병을 완치시켰다는 기사 등이 실렸다. 그 구체적인 내용은 표 3과 같다.

그 중에서 1922년 10월 3일자 기사를 살펴보자.

표 3 일제시대 할고 관련 기사

일자	기사내용
1922년 10월 3일	남편이 오랜 병으로 절명하랴 함으로 弟割股하고 妻斷指하야 피를 먹여 십여 시간 생명을 연장타가 사망, 경남 삼천포에서
1923년 2월 14일	兄의 病에 割股한 弟, 오 년 된 형의 문등병을 낫고자 십팔 세 소년이 다리 살을 베어
1923년 5월 27일	臨產의 몸으로 病夫를 爲하야 割股, 텬도교 이세교주의 자부가
1923년 7월 22일	夫病에 人肉이 有効하다 하여 割股한 妻(三千浦)
1924년 8월 19일	斷指割股의 婦人 男便의 病과 媤父의 病에(木浦)
1925년 1월 6일	割股供夫, 남편의 癨疾이나어, 二十歲 少婦의 奇行(文山)
1926년 7월 9일	病夫에 割股 供饋, 淳昌서 병든 남편에게 살을 버혀 먹여
1932년 9월 4일	親患에 割股, 高敞郡 茂長面 茂長里 陳奎寅氏가
1938년 5월 15일	病夫를 救하고저 割股한 節婦! 群山金柔坤女史美擧
1934년 4월 6일	남편을 위하여 割股한 노파, 난치의 神經癩를 완치, 무안군하의 열부

경남 삼천포 동리 김형수(34세)는 신병으로 신음한 지 지금 수년이라 그 처 강씨(33세)와 그 아우 김덕수(23세)는 이래 장구한 세월을 하루와 같이 간호하든 바 약석의 효험이 없이 병세가 점점 위중하여져서 지난 달 23일에 이르러 그만 절명하려 함으로 그 아우 김덕수는 급히 식도로써 넓적다리 살을 베어 선혈을 그 형의 운명하려는 입에 떨어트리었더니 절명되었던 그 형은 곧 회생되어 10여 시간을 지내어 그 이튿날 오후에 또 운명하려 함으로 그 처 강씨는 왼쪽 손 무명지를 '단지'하여 그 피를 흘리어 넣었더니 다시 하룻밤을 회생하였다가 운명을 어찌하지 못하여 27일에 필경 사망하였는데, 부근 인사들은 김덕수의 우애와 강씨의 열행을 모두 칭찬하며 그곳 청년회에서도 표상을 하리라더라.(삼천포)

형을 살리기 위해 동생은 허벅지 살을 베어서 그 피를 먹게 하고, 아내는 '단지'를 하여 그 피를 먹게 하여 얼마간 생명을 연장하였다. 결국 망

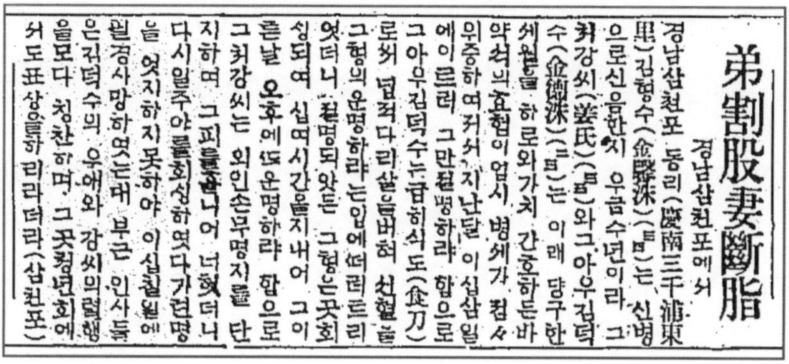

弟割股妻斷脂

경남삼천포에서

경남삼천포 동리(慶南三千浦東里)김형수(金衡洙)([illegible])는 신병으로신음한지 우금수년이라 그처강씨(姜氏)([illegible])와그아우김덕수(金德洙)([illegible])는 이래 당구한세월을 하로와가치 간호하든바약석의효험이업시 병세가 점々위중하여저서 지난달 이십삼일에이르러 그만절명하랴 함으로그아우김덕수는급히식도(食刀)로써 넙적다리살을버혀 선혈을그형의운명하랴는입에떠러트리엇더니 절명되얏든 그형은곳회생되여 십여시간을지내어 그이튼날 오후에또운명하랴 함으로그처강씨는 외인손무명지를 단지하며 그피를흘니어 너엇더니다시일주야를회생하엿다가련명을 엇지하지못하야 이십칠일에필경사망하엿는대 부근 인사들은김덕수의 우애와 강씨의렬행을모다 칭찬하며 그곳청년회에서도표상을하리라더라(삼천포)

자료 3 〈동아일보〉 1922년 10월 3일자 기사.

자가 되었지만, 그 일로 인해서 동생과 처는 청년회에서 표창을 받았다. 당시 청년회는 조선총독부에서 지역조직으로 권장하여 만들었다. 조선총독부의 《생활상태조사》[10]에서는 청년회를 사회교화사업의 조직체로 파악하였다. 이에 따라 청년회는 사회 교화의 차원에서 표창을 하는 단체로 앞장섰다. 그런데 '할고'를 하여 난치병으로 알려진 신경나병을 완치하였다는 기사도 보인다.

〈조선중앙일보〉 1934년 4월 6일자에는 전라남도 무안군의 한 노파가 남편을 위하여 '할고'를 하여 난치병을 고쳤다는 기사가 실렸다. 지금의 전라남도 신안군 도초면에 사는 송창언(56세)은 8년 전부터 난치의 병에 걸리어 백방으로 치료를 하였지만 치료가 되지 않았다. 그의 아내인 박성녀(51세)가 작년 12월에 자기의 다리 살을 단도로 베어 먹인 후 그의 남편이 점차 완치되었다는 것이다. 이는 실로 의학적 지식과는 거리가 먼, 지성이면 감천에 속하는 이야기가 아닐 수 없다. 할고의 폐해를 지적한 기사도 보인다. 〈중외일보〉 1930년 8월 23일자에는 '독! 미신의 폐,

10 조선총독부, 《생활상태조사(生活狀態調査)》(수원군 · 제주도 · 강릉군 · 경주군), 1929~1935.

남편 병에 할고(割股), 병든 남편에게 약이 된다고 넓적다리를 벤 나주 여자'란 제목의 기사가 실렸다.

> 전남 나주군 남평면 우산리 송순근(33세)의 처 이씨(29세)는 17세에 결혼하여 12년간을 동거하였는데, 금년 5월에 와서는 우연히 자기 남편 송순근이가 큰 병에 걸리어 죽게 됨으로 눈물로 세월을 보내더니 하루는 누가 와서 인육(人肉)을 먹으면 병이 낫는다는 말을 함으로 그것을 고치고자 꼭 남편 하나를 위하여 자기 몸은 조금도 생각하지 않고 왼편 넓적다리에서 살을 베어 우육(牛肉)이라 가장하고 남편에게 먹였는데 남편이 본즉 아내의 행색이 시상하더니 그 후 10여 일을 지나 할 수 없이 병석에 눕게 되었는데, 이것을 동리사람이 알고 곧 치료하는 것을 보조하여 주었으나 낫지 아니함으로 광주 태양병원에 입원시켜 수일 전에야 겨우 치료되었다고 한다.

만약 할고한 부인을 그대로 두었다면 남편보다 먼저 죽었을지도 모른다. 어떻게 이렇게 잔혹한 일이 1930년대 조선에서 일어날 수 있었는가? 비록 일제에 강점을 당해서 극도로 빈난한 생활을 이어갔지만, 일정한 근대적 의료 체제가 도입된 지 20여 년이 지났기 때문에, 할고한 부인은 외과 치료를 통해 건강을 되찾았을 수 있었다. 만약 19세기 이전에 이런 일이 발생했다면 할고 자체가 남편이나 시부모 병을 낫게 하지도 못하고 오히려 자신이 죽게 되었을지도 모를 일이다. 이런 의미에서 강명관이 말했듯이《삼강행실도》의 잔혹함은 근대인 일제시대에도 지속되었다. 조선시대에는 정문(旌門)을 내리고 세금을 감면해주는 효자와 효부, 열녀가 있었지만, 일제시대에는 어떤 장치가 있었기에 이러한 일이 지속되었는가?

근대 이후 효자와 효부, 열녀는 표창의 대상이 되었다. 〈동아일보〉 1925년 1월 23일자 기사에는 "전주교풍회(全州矯風會)의 효자(孝子) 열녀

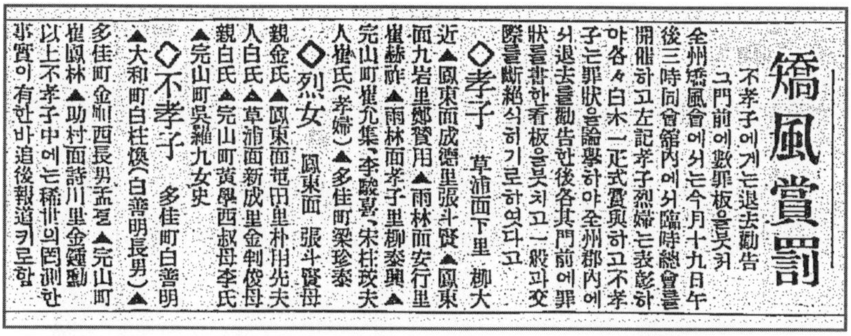

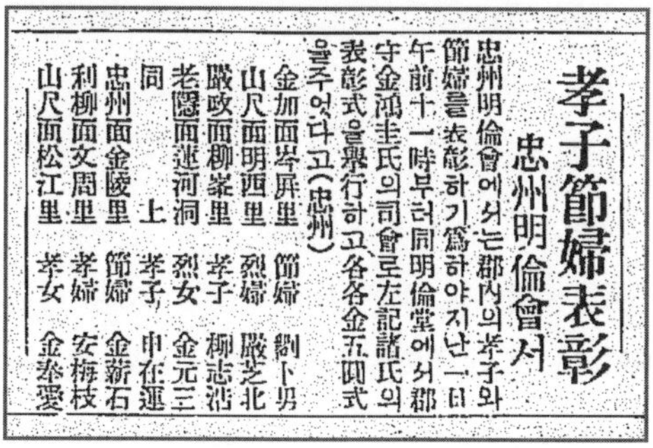

자료 4(위) '전주 교풍회의 효자 렬녀상벌(烈女賞罰), 불효자에게는 퇴거권고(退去勸告), 그 문전에 수죄판(數罪板)을 붓쳐', 〈동아일보〉 1925년 1월 23일자.

자료 5(아래 왼쪽) '효자절부표창(孝子節婦表彰), 충주 명륜회서', 〈동아일보〉 1925년 11월 11일자.

자료 6(아래 오른쪽) '효자절부표창식(임실)', 〈동아일보〉 1925년 9월 25일자.

상벌(烈女賞罰), 불효자(不孝子)에게는 퇴거권고(退去勸告), 그 문전(門前)에 수죄판(數罪板)을 붓쳐"라는 내용이 실렸다. 전주교풍회라는 단체에서 효자와 열녀에게는 상을 내리고, 불효자에게는 동네에서 쫓아내거나 그 문 앞에 불효자 간판을 붙였다는 내용이다. 특히 효자에게는 상품으로 백목(白木) 1필씩을 주었다. 같은 해 충주 명륜회에서는 효자와 열녀에게 상패와 함께 상금으로 5원을 주었다고 했다. 같은 해 임실군에서는 은배(銀杯)와 은반지, 은팔찌 등을 상품으로 내렸다.

여기에서 교풍회라는 조직은 1910년대 중반 이후 조선총독부가 권장하여 풍속 개량을 목적으로 설립된 지역 단체다. 특히 '관혼상제(官婚喪祭)의 비용 절약, 위생정신의 함양, 도박 및 사치의 금지, 농사(農事) 및 교육(教育)의 장려 등을 규례(規例)'로 정하여 생활개선운동을 도모하였다. 1938년 조선총독부 학무국에서 나온 〈조선사회교화요람(朝鮮社會教化要覽)〉을 보면 그 구성은 다음과 같다. (1) 국민정신의 작흥 : ① 국체명징(國體明徵), ② 경신숭조(敬神崇祖)의 지조(志操) 함양, ③ 심전개발(心田開發), ④ 덕교진작, (2) 공민적 교양, (3) 생활 개선 : ① 수학습업(修學習業), ② 허례 폐지, ③ 의례준칙, ④ 시간 존중, ⑤ 색복(色服) 착용과 단발, ⑥ 근검치산, ⑦ 보건위생, (4) 체육운동의 향상 등이 있다. 이것은 적어도 본격적인 전쟁 상태로 돌입하기 이전 조선총독부의 기본 정책이며, 이를 위한 사회 조직으로 교풍회가 작동하였다.

명륜회와 향교 등도 '삼강적' 행위에 대해 적극적인 권장을 하였다. 앞의 예에서도 알 수 있듯이, 일제시대 일부 유림들은 일제의 생활개선운동에 부응하여 풍속 개량에 적극적이었다. 하지만 풍속 개량이란 과거의 미풍양속을 지속시키면서 동시에 불필요한 허례를 없애는 데 있었다.[11] 명륜회의 근간은 경학원(經學院)이다. 조선총독부는 기왕의 성균관(成均館)을 없애고 1911년 6월 15일에 경학원 규정을 발포하여 경학원(經學院)을 설립하였다. 조선총독부가 제정한 경학원 규정 1조[12]에는 그 사업과 목적이 명문화되어 있다. 즉 사회 교화를 통해 미풍을 진작시키는 일에 명륜회가 앞장섰고, 그것을 지역 시군수가 지원하도록 하였다. 이것이 바로 일제시대에도 '삼강적 효자와 열녀'를 생산시킬 수 있었던 사회적 기반이었다. 조선총독부는 각종 향약과 성리학적 미풍양속을 권장하여

11 자세한 내용은 주영하, 〈1934년 조선총독부의 〈의례준칙〉 발령과 풍속교화 정책〉, 《근대성의 형성과 종교지형의 변동》 II, 한국학중앙연구원 종교문화연구소, 2006을 참조할 것.

지역사회의 단합을 도모하였다. 그래서 '단지'와 '할고'를 한 열녀와 효자는 근대 신문의 미담 기사에 올랐고, 각종 관변단체에서 그들에게 상장과 상품을 내리도록 하였다. 효는 곧 충이기 때문에 사회 안정과, 조선총독부와 천황에 복종하는 식민지 국민 만들기에 삼강적 인간상은 매우 유효하였다. 해방 이후에도 각종 충효상이 사회단체가 주도하여 오늘날까지 이어지는 저변에는 '삼강적 인간상의 재현'이라는 조선시대의 지배이데올로기가 내재되어 있다.

4. 삼강의 관습화와 지고선

> 충효정신의 구현과 그에 따른 일선 교사들의 연구 활동을 권장하며 도의를 실천하고 솔선수범하여 교사다운 교사상을 정립한다. 한편 '도덕' 교과서를 전면 개편하여 충효정신을 반영하며 구체적으로 실천효(實踐孝)를 하도록 한다. 또한 국민교육헌장의 교육 이념을 바탕으로 하여 충효정신을 근간으로 한 도의교육을 강화시켜 부모에게 효도하고 웃어른을 공경하며 나아가서는 나라와 겨레를 사랑하며 협동하고 봉사하는 국민정신을 길러서 사회의 기풍을 진작시키며 국가에 이바지할 수 있는 국민을 기르게 한다.

12 朝鮮總督府訓令 65호. "經學院은 朝鮮總督의 감독監督에 屬하야 經學을 講究하며 文廟를 祭祀하며 風敎德化를 裨補함을 目的으로 한다." 또 같은 해 8월 1일에 발표된 경학원 취지에서는 "經學을 講하고 文廟를 祀하여 敎化를 補裨케 함에 在한지라 此에 依하여 但高德篤行의 耆宿을 優待함으로써 儒林을 尊히 하고 碩學을 重히 하는 美風을 推奬코자 함에 止할뿐 아니라 更進하여 彛倫의 扶持及人心의 啓發에 資하는 바가 有케 하고자 함이니 그 責任이 重且大하다 謂할지로다."

위 글은 1977년 유신헌법이 발효된 상황에서 당시 문교부에서 제시한 〈도의교육방안(道義教育方案)〉의 주요 내용이다.[13] 사실 충효는 조선시대 성리학적 이념을 실천하는 데 가장 중요한 덕목이었다. 충효를 실천적인 덕목으로 제시하여 교화용으로 편찬한 책이 바로 《삼강행실도》이니, 앞의 예문에서 제시된 '실천효'는 결국 조선시대 성리학이 제시한 이데올로기와 같은 맥락에 놓여 있다. 그런데 왜 1970년대 말이라는 시대적 상황에서도 이른바 '충효정신'이 강조되지 않을 수 없었을까?

이에 대해 이문호는 박정희가 "한국 근대화를 위해서는 일본의 화혼(和魂 : 천황을 위해 외부의 도전에 용맹스럽게 대처하는 무용정신)과 같이 국민 정체성을 일깨워 사회 통합으로 이끄는 국가 이데올로기가 필수적이라고 생각"[14] 했기 때문이라고 보았다. 그래서 유신 체제에서 강조된 '국적 있는 교육'은 바로 이 충효정신을 주입시키는 것이었다. 이문호는 자신의 주장을 전개하기 위해 1978년 서울특별시 교육위원회에서 펴낸 《충효교육의 이론과 실제》라는 책의 서문을 소개한다.[15] 해방 이후 '단지'와 '할고'는 비인간적이며 비위생적인 행위로 치부되어 줄어들었지만, 삼강적 충효는 지속적으로 강조되었다. 특히 유신헌법과 군사정권 아래에서는 충효가 강력하게 교육현장에서 윤리교육의 핵심으로 받아들여졌다.

오늘날 삼강은 인성교육 차원에서 논의된다. "사회가 분업화되고 복잡

13 김익수, 〈한국교육철학의 과제와 전망 / 한국의 충효교육에 관한 연구〉, 《교육철학》 1, 교육철학회, 1977, 69쪽.

14 이문호, 〈"비사회인" : 충효가 남긴 근대적 한국인〉, 《한국사회학》 40-1, 한국사회학회, 2006, 69쪽.

15 "우리가 충효사상을 강조하는 것은 그것이 고대로부터 내려오는 미덕이기 때문만은 아니다. 그것은 오늘날 한국 사회가 절실히 필요로 하는 시대적 요구인 까닭이다. 지금 우리나라는 극복해야 할 많은 시련에 봉착해 있다. 밖으로 북한 공산세력의 도전을 받고 있으며, 안으로는 서구문화의 무비판적인 수용에 의하여 자아를 상실하고 있는 형편이다. 이에 우리는 공산주의에 대처하여 국토를 방위하고 자아를 확립할 수 있는 민족적 주체성이 필요한 것이다. 오늘의 청소년에게 충효사상을 고취할 필요가 여기에 있다." 서울특별시교육위원회, 《충효교육의 이론과 실제》, 농원출판사, 1978.

해짐에 따라 개인주의 생활 풍조가 번져가면서 자녀에 대한 올바른 인성 교육이 더욱 절실해지고 있습니다. …… 예로부터 바른 생활의 길잡이로 우리 겨레의 마음의 양식이 되어왔고, 귀중한 가르침으로 삼아온 것이 '삼강오륜'이었습니다. …… '삼강'은 사람이 지켜야 할 세 가지의 강목이고 '오륜'은 사람이 지켜야 할 다섯 가지의 윤리라는 뜻입니다. '삼강오륜'은 우리 조상 대대로 지켜온 '충성'과 '효성', 그리고 '질서'의 사상이랍니다."[16] 여기에서 언급하는 삼강은 본래의 의미에서 볼 때 맞는 이야기다.

그러나 앞에서 살펴본 대로 만약 잔혹한 신체 훼손과 허망한 욕구로 충과 효를 다하는 것이 '삼강적 인간상'이라면 오늘날 '삼강'에 대한 과도한 의미 부여와 복원은 고려해야 한다. 조선시대 성리학적 인간상을 만들기 위해서 편찬된 《삼강행실도》가 500년 이상 도덕의 요목으로 그 지식이 확산되었다. 책을 통한 '삼강'의 지식 체계는 전근대의 인쇄 기술과 근대의 인쇄 기술을 아우르면서도 살아남았다. 한 권의 책이 지닌 막강한 지식 확산의 힘을 《삼강행실도》에서 발견하는 이유가 바로 여기에 있다. 그래서 적어도 1960년대에 태어난 한국인들은 《삼강행실도》를 보지도 않고 교육 현장에서 '단지'와 '할고'의 미덕을 배웠다. 지금으로부터 500여 년 전 교화를 목적으로 출간된 한 권의 책이 전근대와 근대를 통과하면서 정치경제적 기반을 계속 확보한 결과, 그 지식은 관습으로 전환되고 관습은 '지고선(至高善)'으로 시민권을 가지게 되었다.

16 송명호 글, 최민주 그림, 《이야기 삼강오륜》, 창작나무, 2004, 머리말.

《삼강행실도》에 수록된 효·충·열의 내용

▪ **효자(孝子)**

한문본			언해본
나라	제목	풀이	수록 유무(순서)
우(禹)	舜帝大孝	순임금의 큰 효성.	
주(周)	文王問安	문왕의 문안.	
한(漢)	文帝嘗藥	문제가 약을 맛보다.	
주(周)	伯奇履霜	백기가 서리를 밟다.	
노(魯)	曾參養志	증심이 뜻을 받들어 봉양하다.	
노	閔損單衣	민손의 홑옷.	O (1)
노	子路負米	자로가 쌀을 져오다.	O (2)
노	樂正傷足	악정이 발을 다치다.	
노	楊香搤虎	양향이 범을 움켜잡다.	O (3)
-	伯兪泣杖	백유가 매를 맞고 울다.	
초(楚)	老萊斑衣	노래의 색동옷.	
초	皐魚道哭	고어가 길에서 통곡하다.	O (4)
한(漢)	緹縈贖父	제영이 아버지 죄를 속하다.	
한	陳氏養姑	진씨의 시어머니 봉양.	O (5)
한	蔡順桑椹	채순이 오디를 따다.	
한	劉平感盜	유평이 도둑을 감동시키다.	
한	廉范負骨	염범이 유골을 져오다.	
한	江革巨孝	강혁의 큰 효성.	O (6)
한	薛包洒掃	설포의 쓰레질.	O (7)
한	姜詩出鯉	강시가 잉어를 나오게 하다.	
한	孝娥抱屍	효아가 주검을 안다.	O (8)
한	申屠哀感	신도의 애절한 감동.	
한	茅容設饌	모용의 반찬 장만.	
한	黃香扇枕	황향이 베개에 부채질하다.	O (9)
한	丁蘭刻木	정난이 목상을 새기다.	O (10)
한	董永貸錢	동영이 돈을 빌다.	O (11)
한	古初伏棺	고초가 관에 엎드리다.	
한	鮑山負筐	포산이 광주리를 지다.	
한	宗承生竹	종승이 대나무를 나게 하다.	
한	陸績懷橘	육적이 귤을 품다.	
한	郭巨埋子	곽거가 아들을 묻다.	O (12)
촉(蜀)	元覺警父	원각이 아버지를 깨우치다.	O (13)
촉	杜孝寄魚	두효가 물고기를 보내다.	
촉	孟熙得金	맹희가 금을 얻다.	O (14)

한문본			언해본
나라	제목	풀이	수록 유무(순서)
위(魏)	王裒廢詩	왕부가 시를 폐하다.	O (15)
오(吳)	孟宗泣竹	맹종이 대숲에서 울다.	O (16)
진(晉)	王祥剖氷	왕상이 얼음을 갈라지게 하다.	O (17)
진	盛彦泣蠐	성언이 굼벵이 때문에 울다.	
진	劉殷夢粟	유은이 꿈에 곡식을 얻다.	
진	許孜埋獸	허자가 짐승을 묻다.	O (18)
진	王延躍魚	왕연이 물고기를 나오게 하다.	O (19)
진	潘綜救父	반종이 아버지를 구하다.	O (20)
진	法宗求骸	법종이 유해를 찾다.	
진	吳猛蚊噬	오맹이 모기에게 물리다.	
송(宋)	王彭泉湧	왕팽이 샘을 솟게 하다.	
송	子平營葬	자평이 무덤을 만들다.	
제(齊)	虛之感神	허지가 신명을 감동시키다.	
제	黔婁嘗糞	검루가 똥을 맛보다.	O (21)
제	叔謙訪藥	숙겸이 약을 구하다.	O (22)
양(梁)	吉翂代父	길분이 아버지를 대신하다.	O (23)
양	子輿退水	자여가 강물을 물러나게 하다.	
양	不害捧屍	불해가 주검을 들추다.	O (24)
후위(後魏)	王崇止雹	왕숭이 우박을 그치게 하다.	O (25)
북주(北周)	柳遐孝德	유하의 효덕.	
수(隋)	普林號犬	보림이 개를 울리다.	
수	孝肅圖像	효숙이 초상을 그리다.	O (26)
수	盧操順母	노조가 어머니에게 순종하다.	O (27)
당(唐)	少玄漬骨	소현이 뼈에 피를 적시다.	
당	季詮隨溺	계전이 어머니를 따라 물에 빠지다.	
당	許坦擊獸	허탄이 맹수를 치다.	
당	袁師狼馴	원사가 이리를 따르게 하다.	
당	仁傑望雲	인걸이 구름을 바라보다.	
당	文貞穿壙	문정이 광을 파다.	
당	義婦割股	의부가 다리 살을 베다.	
당	唐氏乳姑	당씨가 시어머니에게 젖을 먹이다.	
-	劉政焚香	유정의 분향.	
-	明達賣子	명달이 아들을 팔다.	
송(宋)	杜羔感親	두고가 어버이를 감동시키다.	

한문본			언해본
나라	제목	풀이	수록 유무(순서)
송	文讓烏助	문양을 까마귀가 도와주다.	
송	郭琮祈壽	곽종이 장수를 빌다.	
송	壽昌尋母	수창이 어머니를 찾다.	
송	徐積篤行	서적의 독실한 행실.	O (28)
송	蘇頌救母	소송이 이미니를 구하다.	
송	詹女紿賊	첨씨의 딸이 도둑을 속이다.	
-	趙婦鬻子	조효부가 아들을 팔다.	
송(宋)	吳二免禍	오이가 화를 면하다.	O (29)
원(元)	王閏抱父	왕윤이 아버지를 안다.	
원	王薦益壽	왕천이 아버지의 수명을 늘리다.	O (30)
원	楊皞感天	양호가 하늘을 감동시키다.	
원	黃贇夢父	황빈이 아버지를 꿈꾸다.	
원	紹祖衛父	소조가 아버지를 지키다.	
원	湯霖哭氷	탕임이 얼음을 구하려고 울다.	
원	孫抑救親	손억이 어버이를 구하다.	
원	吳祐奪刃	오우가 칼을 빼앗다.	
원	周樂同死	주악이 아버지와 함께 죽다.	
명(明)	王興臥氷	왕홍이 얼음에 눕다.	
명	甄氏心驚	진씨가 가슴이 두근거리다.	
명	劉氏孝姑	유씨가 시어머니에게 효도하다.	O (31)
신라	知恩賣身	지은이 몸을 팔다.	
신라	薛氏分鏡	설씨가 거울을 쪼개다.	
백제	向德刲髀	상덕이 넓적다리를 베다.	
백제	聖覺養母	성각의 어머니 봉양.	
고려	尉貂割股	위초가 다리 살을 베다.	
고려	徐稜得蛙	서능이 개구리를 얻다.	
고려	文忠定省	문충의 문안.	
고려	婁伯捕虎	누백이 범을 잡다.	O (32)
고려	希參捍母	희삼이 어머니를 보호하다.	
고려	辛氏扼賊	신씨가 도둑의 목을 조르다.	
고려	潘腆買父	반전이 아버지를 사다.	
조선	虫介斷指	충개가 손가락을 자르다.	
조선	石氏負姑	석씨가 시어머니를 업다.	
조선	林氏救姑	임씨가 시어머니를 구해내다.	

한문본			언해본
나라	제목	풀이	수록 유무(순서)
-	孝新廬墓	효신의 여묘살이.	
조선	自强伏塚	자강이 무덤에 엎드리다.	O (33)
조선	石珍斷指	석진이 손가락을 자르다.	O (34)
조선	貴珍斷指	귀진이 손가락을 자르다.	
조선	朴善廬墓	박선의 여묘살이.	
조선	恩時斷指	은시가 손가락을 자르다.	
조선	四月斷指	사월이 손가락을 자르다.	
조선	成茂求魚	성무가 물고기를 구하다.	
조선	殷保感烏	은보가 까마귀를 감동시키다.	O (35)

■ 충신(忠臣)

하(夏)	龍逢諫死	용봉이 간하다가 죽다.	O (1)
상(商)	比干心剜	비간이 심장을 베이다.	
상	箕子爲奴	기자가 종이 되다.	
상	夷齊采薇	백이·숙제가 고사리를 캐다.	
주(周)	周公秉珪	주공이 규를 잡다.	
진(晉)	欒成鬪死	난성이 싸우다가 죽다.	O (2)
진	解揚成命	해양이 명령을 완수하다.	
위(衛)	石碏純臣	석작은 순신이다.	O (3)
위	武子貨醫	무자가 의원을 매수하다.	
위	史魚角諫	사어가 죽음으로 간하다.	
진(陳)	洩冶諫淫	설야가 음란함을 간하다.	
제(齊)	丑父任患	추보가 환난을 대신 당하다.	
제	王孫誅齒	왕손가가 요치를 베다.	
제	王蠋絶脰	왕촉이 목을 끊다.	O (4)
초(楚)	申胥哭庭	신포서가 뜰에서 울다.	
초	屈原沈淵	굴원이 못에 빠져 죽다.	
진(秦)	茅焦伏質	모초가 모탕에 엎드리다.	
한(漢)	紀信誑楚	기신이 초를 속이다.	O (5)
한	張良報仇	장양이 원수를 갚다.	
한	王陵廷爭	왕릉이 조정에서 다투다.	
한	汲黯直諫	급암의 직간.	
한	蘇武杖節	소무가 절을 짚다.	O (6)
한	班伯讜言	반백의 곧은 말.	

한문본			언해본
나라	제목	풀이	수록 유무(순서)
한	朱雲折檻	주운이 난간을 부러뜨리다.	O (7)
한	龔勝推印	공승이 인을 물리치다.	O (8)
한	李業授命	이업이 목숨을 바치다.	O (9)
한	二王舍生	두 왕씨가 생명을 버리다.	
한	傅燮按劍	부섭이 칼을 어루만지다.	
한	諸葛忠武	제갈양의 충무.	
진(晉)	嵇紹衛帝	혜소가 임금을 호위하다.	O (10)
진	吉家世忠	길씨의 집안이 대대로 충성하다.	
진	卞門忠孝	변씨 집안의 충효.	O (11)
진	桓彝致死	환이가 목숨을 바치다.	O (12)
진	張禕飲酖	장위가 독약을 마시다.	
진	陶潛不仕	도잠이 벼슬을 아니 하다.	
송(宋)	袁劉名義	원씨 · 유씨의 명의.	
양(梁)	三江死難	세 강씨가 국난에 죽다.	
양	張嵊許國	장승이 몸을 바치다.	
진(陳)	廣達忠槩	광달의 충절.	
원위(元魏)	高允信貞	고윤의 정직함.	
당(唐)	褚幹極諫	저씨 · 한씨의 극간.	
당	仁傑諷諫	인걸의 풍간.	
당	柬之反正	간지의 반정.	
당	九齡執法	구령의 집법.	
당	李盧死位	이징과 노혁이 순직하다.	
당	顏袁罵賊	안고경과 원이겸이 역적을 꾸짖다.	O (13)
당	張許死守	장순과 허원이 죽음으로 지키다.	O (14)
당	張興鋸死	장홍이 톱질당해 죽다.	O (15)
당	甄濟待刃	진제가 칼날을 기다리다.	
당	秀實奪笏	수실이 홀을 빼앗다.	O (16)
당	演芬快死	연분이 쾌하게 죽다.	O (17)
당	孫揆束板	손규가 판자에 묶이다.	
후량(後梁)	彥章馬踣	언장의 말이 거꾸러지다.	
후당(後唐)	裵約效順	배약이 충순을 다하다.	
후주(後周)	韓通遇害	한통이 살해되다.	
남당(南唐)	仁贍城守	인섬이 성을 지키다.	
송(宋)	李沆守法	이항이 법을 지키다.	

한문본			언해본
나라	제목	풀이	수록 유무(순서)
송	范鎭勇決	범진의 용감한 결단.	
-	韓琦元勳	한기의 원훈	
송(宋)	呂誨先見	여회의 선견.	
송	祖禹切諫	조우가 간절히 간하다.	
송	王稟赴汾	왕품이 분수에 빠져 죽다.	
송	若水效死	약수가 목숨을 바치다.	O (18)
송	劉韐捐生	유갑이 목숨을 버리다.	O (19)
송	孫傅死從	손부가 죽음으로 따르다.	
송	叔夜扼吭	숙야가 목 졸라 죽다.	
송	傅察植立	부찰이 굽히지 아니하다.	O (20)
-	郭永唾罵	곽영이 침을 뱉어 꾸짖다.	
송(宋)	克戩守汾	극전이 분주를 지키다.	
송	宗澤過河	종택이 하수 건너기를 원하다.	
송	邦乂書襟	방예가 옷깃에 쓰다.	O (21)
송	岳飛涅背	악비가 등에 물들이다.	O (22)
송	陳寅伏劍	진인이 칼날에 엎드리다.	
송	江唐死義	강만리와 당진이 절의에 죽다.	
송	尹穀赴池	윤곡이 못에 빠져 죽다.	O (23)
송	應鑣死井	응표가 우물에 빠져 죽다.	
송	王劉報國	왕씨 · 유씨의 보국.	
송	秀夫同溺	수부가 같이 물에 빠지다.	
송	天祥不屈	천상이 굴복하지 않다.	O (24)
송	枋得茹蔬	방득이 나물을 먹다.	O (25)
금(金)	德基守官	덕기가 관직을 지키다.	
금	和尙噀血	화상이 피를 뿜다.	O (26)
금	絳山葬君	강산이 임금을 장사하다.	O (27)
금	資倫投江	자륜이 강에 몸을 던지다.	
금	蝦蟆自焚	하마가 스스로 불에 타 죽다.	O (28)
원(元)	窟哇當賊	굴와가 적을 막다.	
원	不華力鬪	불화가 힘껏 싸우다.	
원	余闕自剄	여궐이 스스로 목을 찌르다.	
원	普顔全忠	보안이 충성을 온전히 하다.	O (29)
원	弘毅死國	홍의가 나라를 위해 죽다.	
원	朴張見害	박씨 · 장씨가 살해당하다.	

한문본			언해본
나라	제목	풀이	수록 유무(순서)
원	丁郭就死	정공 · 곽공이 죽음에 나아가다.	
명(明)	徐達功業	서달의 공업.	
신라	堤上忠列	제상의 충렬.	O (30)
신라	讚德觸槐	찬덕이 괴화나무를 들이받다.	
신라	訥催盡節	눌최가 절의를 다하다.	
신라	竹竹不凋	죽죽이 시들지 아니하다.	
신라	丕寧突陳	비령이 적진으로 돌격하다.	O (31)
신라	匹夫矢集	필부에게 화살이 모이다.	
백제	成忠獄死	성충이 옥에서 죽다.	
고려	諸將討賊	여러 장수가 도적을 토벌하다.	
고려	鄭顗死事	정의가 일에 죽다.	
고려	文李拒狄	문대 · 이희적이 오랑캐를 막다.	
고려	洪宋誅逆	홍문계 · 송송례가 역적을 베다.	
고려	禹倬敢諫	우탁이 용감하게 간하다.	
고려	兆年進戒	조년이 경계를 올리다.	
고려	鄭李上疏	정추 · 이존오의 상소.	O (32)
고려	夢周隕命	정몽주의 운명.	O (33)
고려	吉再拒節	길재가 절개로 항거하다.	O (34)
고려	原桂陷陳	김원계가 적진에 빠져 죽다.	O (35)

■ **열녀(烈女)**

우(禹)	皇英死湘	아황 · 여영이 강상에서 죽다.	
주(周)	太任胎教	태임의 태교.	
주	姜后脫簪	강후가 비녀를 빼다.	
한(漢)	昭議當熊	소의가 곰을 막다.	
한	婕妤辭輦	첩여가 연을 사양하다.	
한	王后投火	왕황후가 불에 뛰어들다.	
한	馬后衣練	마후가 대련을 입다.	
당(唐)	文德逮下	문덕의 사랑이 아래에 미치다.	
송(宋)	曹后親蠶	조후가 친히 누에를 기르다.	
명(明)	孝慈奉先	효자가 선조를 받들다.	
위(衛)	共姜守義	공강이 절의를 지키다.	
제(齊)	孟姬舒帷	맹희가 휘장을 치다.	
송(宋)	伯姬逮火	백희가 불에 타 죽다.	O (1)

한문본			언해본
나라	제목	풀이	수록 유무(순서)
초(楚)	伯嬴持刃	백영이 칼을 잡다.	
초	貞姜劉臺	장강이 대에 머물다.	
송(宋)	女宗知禮	여종이 예를 알다.	O (2)
제(齊)	殖妻哭夫	식의 아내가 지아비에게 곡하다.	O (3)
제	宋女不改	송나라 여자가 개가하지 않다.	O (4)
한(漢)	節女代死	절녀가 대신 죽다.	O (5)
양(梁)	高行割鼻	고행이 코를 베다.	O (6)
한(漢)	穆姜撫子	목강이 전실 자식을 양육하다.	O (7)
한	禮宗罵卓	예종이 동탁을 꾸짖다.	O (8)
한	貞義刎死	정의가 목을 찔러 죽다.	O (9)
한	媛姜解梏	원강이 질곡을 벗기다.	O (10)
위(魏)	令女截耳	영녀가 귀를 자르다.	O (11)
오(吳)	呂榮執仇	여영이 원수를 갚다.	
진(晉)	王妃距胡	왕비가 오랑캐에게 항거하다.	
진	辛氏就死	신씨가 죽음을 택하다.	
진	宗氏罵晞	종씨가 교회를 꾸짖다.	
진	杜氏守尸	두씨가 주검을 지키다.	
진	閻薛效死	염씨 · 설씨가 목숨을 바치다.	
진	毛氏彎弓	모씨가 활을 당기다.	
진	楊氏義烈	양씨의 의열.	
진	張氏墮樓	장시가 누각에서 떨어지다.	
송(宋)	李氏感燕	이씨가 제비를 감동시키다.	O (12)
원위(元魏)	劉氏憤死	유씨가 울분으로 죽다.	
수(隋)	柳氏同穴	유씨가 무덤을 같이하다.	
수	元氏毁面	원씨가 얼굴에 상처를 내다.	
수	柳氏投井	유씨가 우물에 몸을 던지다.	
수	崔氏見射	최씨가 화살에 맞다.	O (13)
당(唐)	淑英斷髮	숙영이 머리털을 자르다.	O (14)
당	象子遁去	상자가 달아나다.	
당	上官完節	상관씨가 절개를 보전하다.	
당	魏氏斬指	위씨가 손가락을 자르다.	O (15)
당	玉英沈海	옥영이 바다에 빠지다.	
당	秦氏瞑目	진씨가 눈을 감다.	
당	二竇投崖	두 두씨가 벼랑에서 떨어지다.	

한문본			언해본
나라	제목	풀이	수록 유무(순서)
당	董氏封髮	동씨가 머리털을 싸매다.	
당	景文守正	경문이 정의를 지키다.	
당	烈婦中刀	열부가 칼에 맞다.	
당	周妻見賣	주적의 아내가 팔려가다.	
오대(五代)	李氏負骸	이씨가 유해를 지고 오다.	O (16)
송(宋)	趙氏縊輿	조씨가 수레에서 목을 매다.	O (17)
송	徐氏罵死	서씨가 꾸짖고 죽다.	O (18)
송	希孟赴水	희맹이 물에 뛰어들다.	
송	李氏縊獄	이씨가 옥중에서 목매다.	O (19)
송	趙氏遇害	조씨가 살해되다.	
송	雍氏同死	옹씨가 함께 죽다.	O (20)
송	貞婦清風	정부의 청풍.	O (21)
송	梁氏被殺	양씨가 살해되다.	O (22)
요(遼)	挼蘭躍馬	뇌란이 말을 달리다.	
-	住住死崖	주주가 언덕에서 떨어져 죽다	
금(金)	莊潔頓坐	장결이 주저앉다.	
금	欒氏觸賊	난씨가 도둑을 머리로 받다.	
금	獨吉縊死	독길씨가 목매어 죽다.	
금	妙眞赴井	묘진이 우물에 빠지다.	
금	明秀具棺	명수가 관을 갖추다.	O (23)
원(元)	貞烈焚死	정렬이 불에 타 죽다.	
원	兪母自誓	유모가 스스로 맹세하다.	
원	淑安爪面	숙안이 얼굴을 할퀴다.	
원	義婦臥冰	의부가 얼음에 눕다.	O (24)
원	冬兒自縊	동아가 스스로 목매다.	
원	錦哥井死	금가가 우물에 빠져 죽다.	
원	貴哥縊廐	귀가가 마굿간에서 목매다.	
원	劉氏握手	유씨가 남편의 손을 잡고 죽다.	
원	張氏自刀	장씨가 스스로 찔러 죽다.	
원	童氏皮面	동씨가 낯가죽을 벗기우다.	O (25)
원	張女投水	장씨의 딸이 물에 몸을 던지다.	
원	王氏經死	왕씨가 목매어 죽다.	O (26)
원	彩鸞心淸	채란의 맑은 마음.	
원	毛氏刳腸	모씨가 창자를 찢기다.	

한문본			언해본
나라	제목	풀이	수록 유무(순서)
원	淑靖投河	숙정이 강물에 몸을 던지다.	
원	朱氏懼辱	주씨가 욕당할까 겁내다.	O (27)
원	王氏死墓	왕씨가 무덤에서 죽다.	
원	許氏仆地	허씨가 땅에 엎어지다.	
원	翠哥就烹	취가가 삶겨지길 원하다.	O (28)
원	妙安淬刀	묘안이 칼을 갈다.	
원	節婦投江	절부가 강에 몸을 던지다.	
원	華劉雙節	화씨 · 유씨의 두 절개.	
원	劉氏斷舌	유씨가 혀를 잘리다.	
원	姑婦幷命	시어머니와 며느리가 함께 죽다.	
명(明)	甯女貞節	영씨 딸의 정절.	O (29)
명	王氏號慟	왕씨가 울부짖다.	
명	潘氏隕命	반씨의 죽음.	
명	傅妻俱死	부씨의 아내가 함께 죽다.	
백제	彌妻啖草	도미의 아내가 풀을 먹다.	O (30)
고려	玄妻死水	현씨의 아내가 물에 빠져 죽다.	
고려	鄭妻偕沈	정씨의 아내가 함께 물에 빠지다.	
고려	安妻俱死	안씨의 아내가 함께 죽다.	
고려	崔氏奮罵	최씨가 분내어 꾸짖다.	O (31)
고려	三女投淵	세 처녀가 못에 뛰어들다.	
고려	烈婦入江	열부가 강에 뛰어들다.	O (32)
고려	金氏死賊	김씨가 도둑에게 죽다.	
고려	慶妻守節	경씨의 아내가 절개를 지키다.	
고려	宋氏誓死	송씨가 죽기로 맹세하다.	
조선	林氏斷足	임씨가 발을 잘리다.	O (33)
조선	金氏撲虎	김씨가 범을 때리다.	O (34)
조선	韓氏絶粒	한씨가 곡기를 끊다.	
조선	黎貴縊葉	여귀가 나무에 목을 매다.	
조선	金氏同窆	김씨가 함께 묻히다.	O (35)

서론. 역사 속의 책, 지식과 관습의 매개물

- Wiegelmann, Gunter, *Everyday and Festival Dishes : Change and Comtemporary Position,* N. G. Elwert, 1967.
- 가와다 준조, 임경택 옮김, 《무문자사회의 역사》, 논형, 2004.
- 강영환, 《인간의 얼굴을 가진 지식 — 인문학의 철학을 위하여》, 소나무, 2002.
- 고병익, 〈동아시아 나라들의 상호 소원(疏遠)과 통합〉, 《동아시아, 문제와 시각》, 문학과지성사, 1995.
- 橋本萬太郎 編, 《漢民族と中國社會》, 山川出版社, 1996.
- 김근, 《한자는 중국을 어떻게 지배했는가》, 민음사, 1999.
- 김기봉, 《역사란 무엇인가를 넘어서》, 푸른역사, 2002.
- 도현철, 〈조선의 건국과 유교문화의 확대〉, 《동방학지》 124, 연세대학교 국학연구원, 2004.
- 로제 샤르티에·굴리엘모 카발로 엮음, 이종삼 옮김, 《읽는다는 것의 역사》, 한국출판마케팅연구소, 2006.
- 엄묘섭, 〈조선시대 유교적 가치체계에 관한 고찰 — 지식사회학적 관점에서〉, 《한국사회학》 Vol.19 No.1, 한국사회학회, 1985.
- 오영섭, 〈朝鮮光文會 硏究〉, 《한국사학사학보》 3, 한국사학사학회, 2001.
- 월터 J. 옹, 임명진 옮김, 《구술문자와 언어문자 — 언어를 다루는 기술》, 문예출판사, 1995.
- 韋森, 〈習俗的本質與生發機制探源〉, 《中國社會科學》 2000年 第5期, 2000.
- 이훈상, 〈한국사에서 근대성을 둘러싼 글쓰기 주체와 공공성의 한국적 양식의 모색〉, 《제44회 전국역사학대회 — 공동주제 : 역사에서의 공공성과 국가》, 역사학회, 2001.
- 일조각 편집부, 《한국사시민강좌》 37, 일조각, 2005.
- 정승모, 〈세시관련 기록들을 통해 본 조선시기 세시풍속의 변화〉, 《역사민속학》 13, 역사민속학회, 2001.
- 정승모, 〈조선풍속과 民의 존재방식〉, 《역사속의 민중과 민속》, 이론과실천, 1990.
- 竹村卓二 編, 《儀禮·民族·境界:華南諸民族〈漢化〉の諸相》, 風響社, 1994.
- 피터 버크, 박광식 옮김, 《지식, 그 탄생과 유통에 대한 모든 지식》, 현실문화연구, 2006.

Ⅰ. 《삼강행실도》 판본의 간행과 유통

- 고두행, 〈동국여지승람 '효자·열녀' 조의 분석〉, 전북대 교육대학원 석사학위논문, 1980.
- 김두헌, 《한국가족제도연구》, 을유문화사, 1961.
- 김용덕, 《조선후기사상사연구》, 을유문화사, 1977.
- 김원룡, 〈삼강행실도 판본고〉, 《동아문화》 4, 동아문화연구소, 1965.

- 김종택, 《조선의 여인》, 문화출판사, 1984.
- 김준석, 〈조선전기의 사회사상〉, 《동방학지》 29, 연세대학교 국학연구원, 1981.
- 김치우, 〈朝鮮朝 前期 地方刊本의 硏究 — 冊板目錄 所載의 現存刊本을 中心으로〉, 성균관대 대학원 박사학위 논문, 1999.
- 김항수, 〈《三綱行實圖》 편찬의 추이〉, 《진단학보》 85, 진단학회, 1998.
- 김항수, 〈조선전기 《三綱行實圖》와 《小學》의 편찬〉, 《한국사상과 문화》 19, 한국사상문화학회, 2003.
- 김훈식, 〈16세기 '이륜행실도' 보급의 사회사적 고찰〉, 《역사학보》 107, 역사학회, 1985.
- 류탁일, 〈初刊 三綱行實圖에 대하여〉, 《국어국문학》 11, 부산대학교, 1974.
- 박병호, 《한국의 전통사회와 법》, 서울대출판부, 1985.
- 박주, 〈정조대의 '오륜행실도' 간행보급에 대한 일고찰〉, 《수촌박영석교수화갑기념한국사학논총》, 1992.
- 박주, 《조선시대의 정표정책》, 일조각, 1990.
- 송일기·이태호, 〈조선시대 '행실도' 판본 및 판화에 관한 연구〉, 《서지학연구》 21, 서지학회, 2001.
- 송일기·이태호, 〈初編本 '三綱行實圖' 編纂過程 및 版畫樣式에 관한 연구〉, 《서지학연구》 25, 서지학회, 2003
- 송종숙, 〈二倫行實圖 考〉, 《서지학연구》 4, 서지학회, 1989.
- 송종숙, 〈三綱行實圖 板本考》, 중앙대 대학원 석사학위논문, 1988.
- 신승운, 〈《奎章全韻》을 통해서 본 正祖朝의 書籍 頒賜와 그 規模〉, 《한국도서관정보학회지》 Vol.35 No.4, 한국도서관정보학회, 2004.
- 신채식, 〈송대 사대부의 충효의식 연구〉, 《역사교육》 24, 역사교육연구회, 1978.
- 안병희, 〈中世語의 한글資料에 대한 綜合的인 考察〉, 《규장각》 3, 서울대학교 규장각, 1979.
- 이광규, 《한국가족의 사적 연구》, 일지사, 1977.
- 이능화, 《조선여속고》, 학문각, 1968.
- 이병도, 《한국유학사》, 아세아문화사, 1987.
- 이성구, 《한국의 효》, 지문출판사, 1987.
- 이순구, 〈조선초기 주자학의 보급과 여성의 사회적 지위〉, 《청계사학》 3, 청계사학회, 1986.
- 이숭녕, 〈임진왜란과 민간인 피해에 대하여〉, 《역사학보》 17·18, 역사학회, 1962.
- 이태진, 〈〈동국여지승람〉 편찬의 역사적 성격〉, 《진단학보》 46·47, 진단학회, 1979.
- 이태진, 〈15·16세기 신유학정착의 사회경제적 배경〉, 《규장각》 5, 서울대학교 규장각, 1981.
- 이태진, 《한국사회사연구》, 지식산업사, 1986.
- 정옥자, 〈여말 주자성리학의 도입에 대한 시고〉, 《진단학회》 51, 진단학회, 1981.
- 정옥자, 《조선후기 문화운동사》, 일조각, 1988.
- 지두환, 〈조선전기의 종법제도 이해과정〉, 《태동고전연구》 1, 한림대학교 태동고전연구소, 1984.
- 志部昭平, 〈宣祖時改譯の三綱行實について〉, 《朝鮮學報》 145, 1992.
- 志部昭平, 〈諺解三綱行實の傳本とその系譜〉, 《東洋學》 19, 1989.

- 志部昭平, 《諺解三綱行實の文獻學的研究》, 汲古書院, 1990.
- 최길성, 《한국의 조상숭배》, 예전사, 1986.
- 최재석, 《한국가족연구》, 민중서관, 1966.
- 하우봉, 〈세종대의 유교윤리 보급에 대하여〉, 《전북사학》 7, 전북사학회, 1983.
- 한영우, 《조선전기 사회사상연구》, 지식산업사, 1983.
- 홍윤표, 〈三綱行實圖의 書誌 및 國語史的 意義〉, 《진단학보》 85, 진단학회, 1998.

Ⅱ. 《삼강행실도》의 편찬 배경과 조선 초·중기 사회의 변화

- 김훈식, 〈《삼강행실도》 보급의 사회사적 고찰〉, 《진단학보》 85, 진단학회, 1998.
- 이혜순, 〈열녀상의 전통과 변모〉, 《진단학보》 85, 진단학회, 1998.
- 田汝康, 이재정 옮김, 《공자의 이름으로 죽은 여인들》, 예문서원, 1999.

Ⅲ. 지식의 유통에 있어 《삼강행실도》 판화의 기능과 특징

- 《湖林博物館名品選集》 II, 호림박물관, 1999.
- 김원룡, 〈《삼강행실도》에 대하여〉, 《삼강행실도(효자편)》, 세종대왕기념사업회, 1971.
- 김원룡, 〈三綱行實圖刊本攷〉, 《동아문화》 14, 동아문화연구소, 1965.
- 김진영, 〈行實圖의 傳記와 版畵의 相關性〉, 《한국문학논총》 22, 한국문학회, 1998.
- 김항수, 〈조선전기 《三綱行實圖》와 《小學》의 편찬〉, 《한국사상과 문화》 19, 한국사상문화학회, 2003.
- 김훈식, 〈朝鮮初期 《三綱行實圖》 보급의 대상〉, 《인제논총》 12권 1호, 인제대학교, 1996.
- 송일기·이태호, 〈조선시대 행실도 판본 및 판화에 관한 연구〉, 《서지학연구》 21, 서지학회, 2001.
- 송일기·이태호, 〈初編本 《三綱行實孝子圖》의 編纂過程 및 版畵樣式에 관한 硏究〉, 《서지학연구》 25, 서지학회, 2003.
- 이수경, 〈朝鮮時代 孝子圖 硏究〉, 서울대 대학원 석사학위논문, 2001.
- 정병모, 〈《삼강행실도》 판화에 대한 고찰〉, 《진단학보》 85, 진단학회, 1998.

Ⅳ. '삼강'의 권위적 지식이 판소리 문학에 수용된 양상

- 강명관, 〈《삼강행실도》 — 약자에게 가해진 도덕의 폭력〉, 《한국고전여성문학연구》 5, 한국고전여성문학회, 2002.
- 강한영 교주, 《신재효의 판소리 여섯바탕집》, 앞선책, 1993.
- 김대행, 〈수궁가의 구조적 특성〉, 《국어교육》 27, 한국국어교육연구학회, 1976.
- 김종철, 《판소리사 연구》, 역사비평사, 1996.
- 김항수, 〈《三綱行實圖》 편찬의 추이〉, 《진단학보》 85, 진단학회, 1998.

▪ 김항수, 〈조선 전기 《三綱行實圖》와 《小學》의 편찬〉, 《한국사상과 문화》 19, 한국사상문화학회, 2003.
▪ 김현양, 〈19세기 판소리사의 성격〉, 《민족문학사연구》 3, 창작과비평사, 1993.
▪ 김훈식, 〈《삼강행실도》 보급의 사회사적 고찰〉, 《진단학보》 85, 진단학회, 1998.
▪ 김흥규, 〈19세기 전기 판소리의 연행과 사회적 기반〉, 《어문논집》 30, 고려대 민족어문학회, 1991.
▪ 김흥규, 〈판소리의 사회적 성격과 그 변모〉, 《예술과 사회》, 민음사, 1977.
▪ 김흥규, 〈판소리의 敍事的 構造〉, 《고전문학을 찾아서》, 문학과지성사, 1976.
▪ 박희병, 〈판소리에 나타난 현실인식〉, 《전환기의 동아시아 문학》, 집문당, 1986.
▪ 뿌리깊은나무, 《판소리 다섯 마당》, 한국 브리태니커 회사, 1982.
▪ 성현경 · 조융희 · 허용호, 《《광한루기》 역주 연구》, 박이정, 1997.
▪ 오카 마리, 김병구 옮김, 《기억 · 서사》, 소명출판, 2004.
▪ 이상택 · 성현경 편, 《한국고전소설연구》, 새문사, 1983.
▪ 정노식, 《조선창극사》, 조선일보사, 1940.
▪ 정출헌, 〈19세기 판소리사의 추이와 신재효〉, 《어문논집》 37, 민족어문학회, 1998.
▪ 정출헌, 〈판소리 향유층의 변동과 판소리 사설의 변화〉, 《판소리연구》 11, 판소리학회, 2000.
▪ 정하영 역주, 《심청전》, 고려대학교 민족문화연구소, 1995.
▪ 조동일, 〈흥부전의 양면성〉, 《계명논총》 5, 계명대학, 1969.
▪ 조혜란, 〈《강도몽유록》연구〉, 《고소설연구》 11, 한국고소설학회, 2001.
▪ 조혜란, 〈원귀들의 통곡성 — 《강도몽유록》〉, 《여/성 이론》 7, 여성문화이론연구소, 2002.
▪ 최혜진, 〈〈심청가〉 중 뺑덕어미 삽화의 기능과 의미〉, 《동리연구》 2, 동리연구회, 1994.
▪ 허재영, 〈조선시대 여자 교육서와 문자생활〉, 《한글》 272, 한글학회, 2006.
▪ 홍인숙, 〈봉건 가부장제의 여성 재현〉, 《여성문학연구》 5, 한국여성문학학회, 2001.
▪ 홍인숙, 〈열녀 담론의 새로운 독해〉, 《한국고전여성문학연구》 5, 한국고전여성문학회, 2002.

Ⅴ. 근대적 인쇄 기술과 '삼강'의 지식 확산

▪ 강명관, 〈《삼강행실도》 — 약자에게 가해진 도덕의 폭력〉, 《한국고전여성문학연구》 5, 한국고전여성문학회, 2002.
▪ 김익수, 〈한국교육철학의 과제와 전망 / 한국의 충효교육에 관한 연구〉, 《교육철학》 1, 교육철학회, 1977.
▪ 大垣丈夫, 《朝鮮紳士大同譜》, 朝鮮紳士大同譜發行事務所, 1913.
▪ 민족문제연구소, 《민족문제연구》 1, 민족문제연구소, 1991.
▪ 송명호 글, 최민주 그림, 《이야기 삼강오륜》, 창작나무, 2004.
▪ 이문호, 〈"비사회인": 충효가 남긴 근대적 한국인〉, 《한국사회학》 40-1, 한국사회학회, 2006.
▪ 조선총독부, 《생활상태조사(生活狀態調査)》(수원군 · 제주도 · 강릉군 · 경주군), 1929~1935.
▪ 최재석, 〈일제하의 족보와 동족집단〉, 《아세아연구》 12, 고려대학교 아세아문제연구소, 1969.

ㄱ

ㅇ

ㅈ

ㅊ

ㅌ ㅍ

조선시대 책의 문화사

삼강행실도를 통한 지식의 전파와 관습의 형성

지은이 | 주영하 옥영정 전경목 윤진영 이정원

1판 1쇄 발행일 2008년 11월 28일
1판 2쇄 발행일 2009년 10월 30일

발행인 | 김학원
편집인 | 선완규
경영인 | 이상용
기획 | 정미영 최세정 황서현 유소영 유은경 박태근 김은영 김서연
마케팅 | 하석진 김창규
디자인 | 송법성
저자 · 독자 서비스 | 조다영(humanist@humanistbooks.com)
조판 | 홍영사
스캔 · 출력 | 이희수 com.
용지 | 화인페이퍼
인쇄 | 청아문화사
제본 | 정민제본

발행처 | (주)휴머니스트 출판그룹
출판등록 | 제313-2007-000007호(2007년 1월 5일)
주소 | (121-869) 서울시 마포구 연남동 564-40
전화 | 02-335-4422 팩스 | 02-334-3427
홈페이지 | www.humanistbooks.com

ISBN 978-89-5862-264-2 93900

만든 사람들

기획 | 박태근(ptk2001@humanistbooks.com) 최세정
편집 | 임미영
디자인 | 송법성